日本語史叙述の方法

ひつじ研究叢書〈言語編〉

第 115 巻	日本語の名詞指向性の研究	新屋映子 著
第 116 巻	英語副詞配列論	鈴木博雄 著
第 117 巻	バントゥ諸語の一般言語学的研究	湯川恭敏 著
第 118 巻	名詞句とともに用いられる「こと」の談話機能	金英周 著
第 119 巻	平安期日本語の主体表現と客体表現	高山道代 著
第 120 巻	長崎方言からみた語音調の構造	松浦年男 著
第 121 巻	テキストマイニングによる言語研究	岸江信介・田畑智司 編
第 122 巻	話し言葉と書き言葉の接点	石黒圭・橋本行洋 編
第 123 巻	パースペクティブ・シフトと混合話法	山森良枝 著
第 124 巻	日本語の共感覚的比喩	武藤彩加 著
第 125 巻	日本語における漢語の変容の研究	鳴海伸一 著
第 126 巻	ドイツ語の様相助動詞	髙橋輝和 著
第 127 巻	コーパスと日本語史研究	近藤泰弘・田中牧郎・小木曽智信 編
第 128 巻	手続き的意味論	武内道子 著
第 129 巻	コミュニケーションへの言語的接近	定延利之 著
第 130 巻	富山県方言の文法	小西いずみ 著
第 131 巻	日本語の活用現象	三原健一 著
第 132 巻	日英語の文法化と構文化	秋元実治・青木博史・前田満 編
第 133 巻	発話行為から見た日本語授受表現の歴史的研究	森勇太 著
第 134 巻	法生活空間におけるスペイン語の用法研究	堀田英夫 編
第 137 巻	日韓対照研究によるハとガと無助詞	金智賢 著
第 138 巻	判断のモダリティに関する日中対照研究	王其莉 著
第 139 巻	語構成の文法的側面についての研究	斎藤倫明 著
第 140 巻	現代日本語の使役文	早津恵美子 著
第 141 巻	韓国語 cita と北海道方言ラサルと日本語ラレルの研究	円山拓子 著
第 142 巻	日本語史叙述の方法	大木一夫・多門靖容 編

ひつじ研究叢書
〈言語編〉
第142巻

日本語史叙述の方法

大木一夫・多門靖容 編

ひつじ書房

はじめに

1. 日本語史叙述という問題

　日本語史とは日本語の「歴史」であり、日本語史研究は日本語の「歴史」研究であるが、日本における日本語史研究は、きわめて実証的な側面が強く、時間的にさかのぼった日本語の、いわば歴史的事実・歴史上の現象を丁寧に記述していくというのが、その大きな特色であった。そのこと自体はきわめて重要な側面であることは間違いないところであって、それを美質ととらえることもできるだろうし、また、そのような歴史的事実・歴史上の現象の記述なくして歴史を描き出していくことはできないともいえる。ただ、そのことが、すなわち日本語を歴史として叙述することになっているといってよいのだろうか。

　一般に歴史というものを考えたとき、それは単に歴史的事実・歴史上の現象が記されるというところにとどまっているだろうか。答えはおそらく否であろう。そこには事実・現象が示される以上のものがあるであろう。つまり、そこには何らかの叙述の方法があって、事実・現象が示される以上のものになっているのではないだろうか。

　このようにみると、日本語史においても——言語の歴史はそのような歴史とは異なるということがあって、上述のようになっているという可能性も否定はできないが、その点も含めて——歴史としての叙述の方法や叙述のあり方を考えておく必要があるように思われる。しかしながら、日本語史研究は、そのことを十分検討してこなかったということがあるのではないか。ここに、日本語史研究における日本語史叙述という問題があるのである。

2. これまで日本語史叙述について、どのように考えられてきたのか

　もちろん、これまでも日本語史叙述について、全く考えられてこなかったわけではない。たとえば、山口佳紀（1973）は次のように述べる。

　　　世に、「言語の実態を明らかにする」と称する研究の中には、「実態」や「事実」が、一定の理論や立場を前提にすることなく把捉され得るものと考えているのではないかと疑われるものが、往々にして存在するように思われる。しかし、何らかの立場を前提にしないで、「実態」や「事実」が摘出できるはずはない。（中略）

　　　かくして、国語史研究は、深刻な理論的反省を経験することが少なく、ひたすら「実態」の研究を積み上げて来た感がなくもない。方法的な深化や問題意識の更新といった点で見るべきものが少ないというようなことは、恐らく、右のような学問的態度に基づく所が多いのではないかと考えられる。

つまり、日本語史研究（国語史研究）は、その叙述の方法・理論を十分検討しないまま「「実態」の研究を積み上げて来た」というのである。このような点は、近時においても「その批評が現在も有効である」（大槻信2012）とされるところからすると、全く過去のことではないといってよい。また、小松英雄（1999）が日本語史研究について、「文献資料に見いだされた事実を指摘しただけであり、その事実を日本語史の流れのなかに位置づけようとしていないことに気づいて愕然とした」と述べるのは、同様の感慨であろう。

　このような日本語史研究批判は、同時に方向性の示唆をもつものでもあって、山口は「何らかの立場」「理論的反省」を求めることからわかるように、日本語史理論の必要性を説く。小松も方法的な反省をおこなう必要を述べ、自身、機能主義的な言語変化の把握にもとづく叙述を進めている。

　また、阪倉篤義は「史的概念としての「変遷」」という視点から、次のように述べ、日本語史叙述のキーワードとして「変遷」という

概念を示す（松村明他 1975）。

　　こういう「変化」に対して、「変遷」という語は、まず、い
ま少し体系的な推移について言われるべきであろう。（中略）

　　さらに必要なことは、こうした推移が、どのような方向性を
もち、それが日本語の推移の方向に対してどのような意味をも
つかを明らかにすることである。（中略）そういう事態の発生
する、より根本の理由は日本語における表現のスタイルが、た
とえば総合的から分析的な方向へむかうということにあった、
と解するような立場である。

　　「変化」が、主として具体的な形態の面について言われるの
に対して、「変遷」は、むしろ右のような、体系における価値
の側面について言われることになる。

これは、日本語の体系的な側面の移り変わりを「変遷」としてとら
えるという方向性を指向する叙述についての考え方といってもよい。

　しかし、小松英雄（1999）が「過去の日本語に関する情報を編
年的に羅列したものが日本語史ではありえないと否定的に言い切る
ことは容易であっても、これこそ日本語史研究の実践であると、具
体例を提示して明言することは至難である」とするように、方法論
の必要性はわかるにしても、では具体的にはどうするのか、という
ことを示していくところに、高い壁があったのであった。

3.　では、どうするのか

　では、どうするのか。むろん現在、その答えが簡単にまとまる状
況になっているとはいえないし、もとより、歴史叙述の方法という
ものは歴史認識のあり方であるから、研究者によって異なるもので
あって、ひとつにかぎられるものではない。しかし、だからこそ、
叙述の方法に関する議論は広くおこなわれるのがよい、ということ
は間違いのないところかと思う。

　また、最近は、「事実の羅列」ではない日本語史についての言及
にふれる機会が増えつつある感を受ける。たとえば、「全体を一つ
の物語にまとめたく思う」（野村剛史 2002）という発言や「歴史的

はじめに　　VII

変化をダイナミックに捉える」（青木博史2010）、「合理的なストーリーを描く」（肥爪周二2007）、「ロープ状の言語史記述モデル」（矢田勉2006）などの言及は、日本語史叙述がいかにあるべきかという方向性を含んだものといってよい。

　そのような状況を考えると、日本語史研究者が日本語史叙述の方法を具体的に提示して、日本語史の叙述の方法について広く議論することが可能になってきているといえそうであるし、また、もしそうであるなら、実際に、日本語史を歴史として叙述する方法を具体的な事例をもとに具体的に論じ、日本語史を歴史として叙述する理論、考え方の検討をおこなってみるのがよいのではないか。

　以上のようなことから生まれたのが、本書『日本語史叙述の方法』である。

4．本書の構成

　本書は上述のような問題意識のもとに、日本語史を歴史として叙述する理論、考え方の検討についての論文、および、日本語史を歴史として叙述する方法の具体的な提示を試みる論文をおさめるものである。まず、日本語史叙述についての総論、あるいは、理論的な問題に重点をおく論考が配され、その後、日本語学が通例おこなう言語の単位を軸にした分野わけにならい、順に音韻史・文字表記史・文法史・語彙史・文章文体史というように、日本語史叙述の方法の議論が進む。

　まず、前者の論考について述べれば、**大木一夫「言語史叙述の構造」**は、日本語史もその一部をなす言語史叙述とは、そもそもどのようなものなのか、その構造について論ずるものである。そこでは、一般の歴史叙述とはどのようなものかという議論をふまえて、言語史叙述がもつ構造とその内実を示そうとする。本書全体の総論にあたるものである。次の**福島直恭「行為要求表現「～なさい」の成立に関する一考察―日本語史記述における「視座」の確認」**は、行為要求表現「～なさい」の成立を題材としているが、基本的には言語史叙述における視座を問題にするものである。歴史を叙述するにあ

VIII

たって叙述者の立ち位置にもとづく視座があるということは、歴史叙述が叙述者の主体的な行為である以上、当然考えられなければならないことである。しかし、従来はそのことに意識的ではなかった。すでにこの点についての理論を掲げた福島による、従来の「中央の視座」を転換しようとする叙述の試みである。続く**小柳智一「文法変化の方向と統語的条件」**は、安易に受け入れられがちな「文法化」について、より厳密に考察を加える議論である。言語史には言語変化が内在する。その言語変化の方向性を考える議論として「文法化」の概念が盛んに用いられているが、法則的に掲げられるその方向性は所与のものではなく、その形式のもつ事情や条件に左右されるものであり、なぜそのような方向性をもつのかということを問うべきだとするものである。以上、3編が日本語史叙述についての総論的なもの、理論的な問題に重点をおくものである。

これ以下、音韻史・文字表記史・文法史…と進む。これらは、いわば各論といってもよいかもしれないが、いうまでもなく、このような議論は叙述に関する理論とこれまでの研究動向の分析すなわち叙述の歴史、そして、具体的な叙述の実践のそれぞれの側面を多かれ少なかれ含むものであるから、編者の好みでこの位置におかれるにすぎず、みる人によっては、これは各論ではなく総論に位置づけるべきだと考えるものあるだろう。そういう点で、配置は便宜である。

さて、音韻史の問題として、**肥爪周二「音韻史―拗音をめぐる2つのストーリー」**は、音韻史の叙述において、その立場や方法、考え方も近い二人の論者が同じ現象をめぐってまさに正反対ともいえる帰結を導き出している場合を掲げる。そして、そのような状況にはどのような要因が潜んでいるのか、言語史叙述における解釈という問題を叙述の体系性や「偶然」という要素を絡めて説く。同時に示される歴史叙述のアナロジーという見方にも注目したい。また、**高山知明「ハ行子音の脱唇音化―個別言語の特色と音韻史」**は、言語史叙述において個別言語の言語史が必要とされる事情ということを問題とする。言語史研究とは究極的には人間の言語が一般的にいってどのように変化していくのかということを明らかにすることだという見方があり得、なかでも音韻史という外的要因が少ない分野

においては、そのように考えたくなるのであるが、高山はそのなかで個別言語の歴史の必要性をハ行子音の歴史を例に論ずる。

次に文字表記史の問題として、**矢田勉「言語史叙述と文字・表記史叙述―その共通点と相違点」**は、音韻史・文法史などにおける歴史叙述と文字表記史の叙述のあり方には大きな懸隔があることを論じ、何をもって文字表記史の対象とすべきなのかということから問い直す。日本語の表記はとにかく多様なあり方を示すが、それをどのように文字表記史の有意味な対象とするのかということである。一見、茫洋としてつかみどころのない文字表記史も、むしろそのような性格そのものを視点とした把握が有効であるということを説く。**乾善彦「古代日本語書記史の可能性」**は、文献に現れた現象を文献の古い順に並べることで導き出された歴史叙述が覆されることになった事実をとりあげる。そこにはひとつの到達点をめざした一直線の歴史が存在した。そして、そこには同時にある種の危うさも潜んでいたのであった。では、どうしたらよいのか。乾の議論は位相をふまえることによって、その解決の方策をさぐる。

続いては文法史の議論である。**青木博史「日本語文法史の再構をめざして―「二段活用の一段化」を例に」**は、これまで数多くの事実の指摘のあった「二段活用の一段化」をとらえ直す。二段活用の一段化は院政時代からはじまり江戸時代中頃に完了するというが、青木は言語変化のスパンとしては長すぎるし、あまり使用されない形式から変化がはじまるという言語変化一般からは考えにくい現象があるとする。では、二段活用の一段化とはいかなる現象なのか。方言や位相という観点を含めながら、二段活用の一段化というストーリーを描き直す。**矢島正浩「否定疑問文の検討を通じて考える近世語文法史研究」**は、否定疑問文を素材にして、表現指向のあり方とその地域差を視野に入れた文法史を構築しようとする。中央語が上方語から江戸語へと交替する近世期は、地域的に異なる言語体系である上方語・江戸語を十全にとらえることができる。そこに着目して表現指向の差異と文法変化の差異の関係を問おうとするものである。そこでは、上方語から江戸語へ一直線につなぐ日本語史の描き方が同時に問われることにもなる。

そして語彙史。**小野正弘「日本語史叙述の方法─語彙史」**は、語彙史のなかでも意味変化をいかに描き出すのかという方法を具体的に述べる。事実の羅列を脱して、言語史としてあるまとまったストーリーを描くためには何が必要なのか。本論はまさに具体的である。この点についての具体的な方法の提示は、言語史家がもつべき歴史叙述のための強力な武器となるもので、上述の「具体的にはどうするのか」という積年の難問に対する回答のひとつになるものである。これに対して、**鳴海伸一「語史研究の方法」**は、これまでの語史叙述をふりかえることで、語の歴史叙述のあり方をさぐる。語史を描くというのはどのようなことか、また、何ができで何ができないのかという語史研究の立場と方法を整理して示す論考で、叙述の歴史から叙述の方法を考え、今後の語史研究に資することをめざしている。

　最後は文章文体史の論考である。**山本真吾「文体史はいかに可能か」**は、文章の歴史的研究のうちの文体という側面を考える。そもそも定義そのものに十分な共通理解があるといいにくい文体の、その歴史とは何か。また、音韻史や文法史とは異なり、文体史には不連続性があるのではないか。このような問題の解決方策をさぐりつつ、平安時代を起点として文体史構築のための鍵概念の検討を、これまでの研究を丁寧にかえりみながら、緻密に進める。そして、**多門靖容「歌の表現史─萬葉集と古今集」**は、文をこえたより大きな言語単位の歴史叙述の方法を提示する。文をこえた言語単位の歴史をどのようにとらえるかという問いに対する答えとして、「文→文章」と言語の単位を大きくしていくとらえ方が有力のように思えるが、必ずしもそうではなく、また異なる見方があることを主張し、その立場からの表現史を構築する。文より大きな単位の歴史を扱う方法の多様性と可能性を示すものである。

　以上が本書におさめられる論考であるが、先述のように、この種の議論はどのようなものでも、叙述の理論・叙述の歴史・叙述の実践という側面を同時にもつが、その重みには自ずと違いがある。いずれの側面が軸になっているか、あるいは、バランスよく述べられているかという視点から上記の論考を整理すると、次の図のようになろう。あえて分類すれば、①叙述の実践に軸があるものが青木・矢

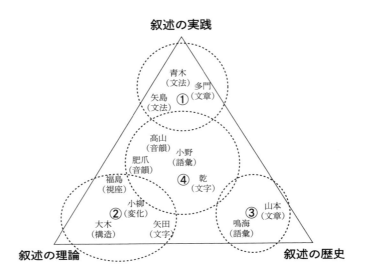

島・多門論文、②叙述の理論に軸があるものが大木・福島・小柳・矢田論文、③叙述の歴史に軸があるものが鳴海・山本論文、そして④バランス型が肥爪・高山・乾・小野論文というところだろうか。

5.「叙述」という用語

ところで、本書は『日本語史叙述の方法』と題するが、なぜ「叙述」なのか——なぜ「記述」ではないのか——と思われる向きもあるかもしれない。実際、本書の論考のなかにも「歴史叙述」ではなく、「歴史記述」という用語が用いられている場合もある。そういう点で、「歴史記述」ではなく「歴史叙述」とするところをひとことだけ述べておく。

歴史を描くにあたっての用語として、「歴史叙述」も「歴史記述」も、いずれも普通に用いられるものと思われる。若干、「記述」のほうが響きが客観寄りといえようか。しかしながら、言語研究における「記述」description（linguistic description）とは、構造言語学以降、ある言語体系の特徴・諸相を客観的・明示的に、ありのままに描くということを意味するもので、描く主体の態度というもの

を含まないというニュアンスがある。むろん構造言語学的な description であっても、それが記述者の立場とは全く関係なく独立に、ということは当然あり得ないものの、やはり、主体の態度からは独立した客観的なものというとらえ方がより前面に出るもののように思われる。しかし、そのような見方の行き着き先のひとつが、上述のような「「実態」の研究」や「事実の羅列」だったのだとすれば、まずは「叙述」といっておくのがよいように思われるのである。いうまでもなく、「叙述」だから主観的でもよいということでは全くない。このことは強調しておくべき点である。が、同時に、叙述者の立場ということをより強く意識させる「歴史叙述」という言い方のほうが、今回のような問題設定にはふさわしいのではないかと考えるのである。もちろん、本文中でそれぞれの論者が「記述」というときであっても、それは、記述者の立場とは独立的な、という意味ではなく、本書題の「叙述」という言い方に近似するものである。

　本書は論文集であるので、必ずしも前から順にお読みになる必要はない。上で本書の構成を述べた際に示した図などを参考に、興のおもむくところからお読みいただければよいが、同時に、前のほうにはより総論・理論寄りのものを、そして、後に進むにしたがって、言語単位が次第に大きくなるように各論を配しているので、前から順にお読みいただくのもよいかと思う。ぜひ日本語史叙述の方法についての総論・理論、そして具体的な叙述の実践を味わっていただきたい。

編者

大木一夫

多門靖容

参考文献

青木博史（2010）『語形成から見た日本語文法史』ひつじ書房

大槻信（2012）「研究資料（史的研究）」『日本語の研究』8（3）: pp.9–13. 日本語学会

小松英雄（1999）『日本語はなぜ変化するか――母語としての日本語の歴史』笠間書院（新装版 2013）

野村剛史（2002）「連体形による係り結びの展開」上田博人編『シリーズ言語科学 5 日本語学と言語教育』pp.11–37. 東京大学出版会

肥爪周二（2007）「閉鎖と鼻音」『日本語学論集』3: pp.23–44. 東京大学大学院人文社会系研究科国語研究室

松村明他（1975）『シンポジウム日本語① 日本語の歴史』学生社

矢田勉（2006）「国語学（国語史）」『文学・語学』184: pp.71–73. 全国大学国語国文学会

山口佳紀（1973）「国語史研究の方法に関する覚え書」『文学・語学』66: pp.1–10. 全国大学国語国文学会（山口佳紀『古代日本語史論究』風間書房 2011 所収）

目　次

はじめに　　　　　　　　　　　　　　　　　　　　　　　　v

言語史叙述の構造　　　　　　　　　　　　　　大木一夫　　I

行為要求表現「〜なさい」の成立に関する一考察
　　　　　日本語史記述における「視座」の確認　　福島直恭　　27

文法変化の方向と統語的条件　　　　　　　　　小柳智一　　55

音韻史　拗音をめぐる２つのストーリー　　　　肥爪周二　　75

ハ行子音の脱唇音化　個別言語の特色と音韻史　高山知明　　95

言語史叙述と文字・表記史叙述　その共通点と相違点　矢田勉　　123

古代日本語書記史の可能性　　　　　　　　　　乾善彦　　145

日本語文法史の再構をめざして
　　　　　「二段活用の一段化」を例に　　　　青木博史　　169

否定疑問文の検討を通じて考える近世語文法史研究　矢島正浩　　187

日本語史叙述の方法　語彙史　　　　　　　　　小野正弘　　215

語史研究の方法　　　　　　　　　　　　　　　鳴海伸一　　235

文体史はいかに可能か　　　　　　　　　　　　山本真吾　　265

歌の表現史　萬葉集と古今集　　　　　　　　　多門靖容　　291

　　あとがき　　　　　　　　　　　　　　　　　　315
　　執筆者一覧　　　　　　　　　　　　　　　　317
　　索引　　　　　　　　　　　　　　　　　　　321

xv

言語史叙述の構造

大木一夫

1. 言語の「歴史」？

　言語は変化する。そのすがたを「歴史」と呼んでよいのだとすれば、それは言語の歴史ということになる。が、そのようにいうことは可能なのだろうか。少なくとも、普通の歴史あるいは一般の歴史とおぼしき政治史や社会史などは、意志をもって生きる人々の行動の史的跡づけのように思われ、言語の歴史とは相当異なるもののようにみえる。それでも、それは言語の歴史であるといってよいと考えるのだとすれば、そこには、では言語の歴史とはいかなるものであるのかという問いが横たわっている。なかでも、言語の歴史とはどのように描かれるものなのか、それは普通の歴史の描かれ方とは異なるものなのか、といったような問題は——それは大問題であって一夜にしてかたづくようなものではないとはいえ——十分に考えられるべき問題になってくる。

　これまで、言語の「歴史」としての日本語の「歴史」は、一往描かれ、年表的事実はかなり明らかになっているといってよい。ただ、それが日本語という言語の歴史叙述なのかと問われると、心もとない面があるということは否めない。そこで、ここでは言語の歴史、あるいは日本語の歴史はいかに叙述されるのかということにかぎり、さらにその叙述の構造という点に絞って考えてみることにしたい。

2. 言語史学＝言語生活史研究

　言語史叙述の構造を考えるにあたっては、そもそも言語史研究がいかなるものであるかということを意識しておかなければならないが、その際、問題となるのは時枝誠記の言語史学・国語史研究につ

いての考え方である（時枝誠記1944、1949、1960）。時枝は音韻史・文字史・語彙史・文法史という見方を「要素史的国語史研究」と呼び、その限界を強く主張する。この「要素史的国語史研究」とは、現在進められる日本語史研究にほかならない。つまり、この時枝の見方を考えることなしには、日本語史研究がいかなるものであるかということを基礎づけることはできないと思われるのである。

　この「要素史的国語史研究」にかわる時枝誠記の考え方は、言語生活史をもって国語史とするものである。時枝は次のように考える。すなわち、文学史において文学作品の変遷を例に考えれば、「古今集」の成立とは「万葉集」が次第に形式や内容を変じて「古今集」になるということではない。「万葉集」という作品はある時期に完結し統一された作品であり、「古今集」もまた別の時代に完結し統一された作品であり、個々別々の独立した作品である。そこに歴史的変遷が認められるのは、「古今集」の成立に「万葉集」の制約が認められるからであって、そこに漸次的変化転成があるからではない*1。同様に、言語も日々繰り返されているがそれは個々独立して完結するものであり、芸術的表現活動と本質を同じくするものであって、言語史も文学史と同様にとらえられるべきである、とする。いいかえれば、文学史とは図1に認められる波状型の起伏のようなもので、それは1本の棒が伸縮して生じたのではなく（個々の棒それ自体は決して伸縮起伏しない不動の完結体であり統一体である。「古今集」「万葉集」などの個々の作品にあたる）、長短様々の棒が並んだために生じた起伏であるのと同様に、言語史もこのような個々の言語の上に構成される歴史的変遷の波であるとするのである。

図1　時枝誠記の言語の変遷（時枝誠記1944）

そして、言語とは言語主体の音声・文字による思想の表現および理解の過程であって、「読む・書く・聞く・話す」という行為にほかならないとする言語過程観にもとづき、以上のような言語史観を背景に、時枝は言語史とは「読む・書く・聞く・話す」の歴史、すなわち言語生活史であると主張する。そのために、時枝の構想する国語史研究は、音韻・文字・語彙・語法等に関する「要素史的国語史研究」ではないことになったのであった。

　では、時枝の否定するような、言語を赤色が褪せて褐色に変わるようなものとしてとらえることはできないのだろうか。つまり、漸次的変化としての言語の変化を考え、それにもとづいて言語史を構想することは不可能なのかということである。時枝のたとえにしたがっていえば、たしかに図1の個々の棒は伸縮したりはしないものということになる。が、この図1についてもう少し精細に考えてみる。ある言語主体の今現在の言語が1本の棒であるとしたとき、10年経ったその言語主体の言語はそれと同じ棒ではなく、別の棒ということになるであろう。時枝の言語観によれば、言語は同様に日々繰り返されつつも、個々独立して完結するものであるからである。そして、現在の棒と10年前の棒とでは、それが全く同じ長さとはいえず、若干なりとも変わっていると考えるのが妥当であろう（真田信治1990、6.3参照）。さて、この棒の間隔を1年、半年、1ヶ月、1週間、1日…と、さらに細かくしていくとどうなるだろうか。このことは、言語とは日々繰り返されるものであるから、不当な考え方ではない。すると、図1が「棒」として離散的なものとして把握されていたのに対して、上方が波状型になっている「板」としてとらえることができるようになるのではないか。つまり、図1の離散的であるが、「波状型の起伏として見えるもの」は、実は連続的な波状型の起伏といってよいものなのである。もちろん、1回1回の言語作品は常に他の言語作品と時間的に連続してはいないから、厳密にいえば離散的である。しかし、連続的な波にきわめて近似しているということは可能であるように思われる。あたかも、音波におけるデジタル波形がアナログ派形に近似するものであり、サンプリング周波数が細かければ細かいほど再現性があがるということに相

言語史叙述の構造　　3

似するのである。上では個人の言語にかぎって考えたが、言語社会のなかに存在する「共通習慣」をもつ多くの人々を考えると、それは2次元的「板」から3次元的「立体」になる。こうみると、時枝の立場を理解したとしても、言語の漸次的な変化というとらえ方は、あながち不当ではないのではないか。

　もちろん、時枝は次のように批判するだろう。それは「主体的な作用を客体的に投影することであつて、比喩的にはさういふ説明が許せるであらうが、それは言語の具体的な経験をそのまゝに記述したことにはならない」（時枝誠記1941: 11）と＊2。だが、過去は、後に述べるように過去そのままに再現することはできない。となると、過去の言語を描き出すためには、結局は何らかの比喩的なもの、モデル的なものを構築するしかない（それは、言語生活史としての国語史であっても同じことである）。つまり、漸次的変化をもつ要素主義的言語史を考えるということも、あながち的外れではないといってよい。

　そこで、以下では、現在通常日本語史研究と考えられるもの、すなわち時枝の「要素史的国語史研究」における叙述の構造を考えていくことにする。

3．歴史の物語り論と歴史叙述の構造

3.1　歴史の物語り論

「言語の歴史」が歴史なのだとしたら、言語史叙述も歴史叙述の一種だということになる。そして、言語史叙述も一般の歴史叙述のもつ構造をもつことになるであろう。では、歴史叙述はどのような構造をもつものなのだろうか。

　この歴史叙述の構造ということでとりあげるべきなのは、「物語り」という概念であろう。「物語」といえば、桃太郎とか浦島太郎といった昔話的なものや「竹取物語」「源氏物語」などの古典文学作品が思い起こされ、同時に虚構の作り話というイメージも湧く。が、もちろん、ここでの物語りは、それを意味しない。ここでの「物語り」とはnarrativeであって、端的にいえば、時間的に隔たっ

た2つ以上の出来事を時間的に組織化・統合化する行為である。そして、歴史が物語りであるというのは、歴史叙述はnarrativeとして語られるものである、あるいは、物語り行為という言語行為によって紡ぎ出されるものだという考え方である。さらにいえば、歴史は物語ることによってしか描き出せない、すなわち、歴史とは言語的に語り出すことによって制作されるものであるという議論である。このような考え方は、アメリカの哲学者アーサー・ダントーにはじまり、アメリカの歴史学者ヘイドン・ホワイト、フランスの哲学者のポール・リクールらによって展開され、広く議論されてきた考え方である。日本においては哲学者の野家啓一がこの見方にもとづいて議論を繰り広げてきた（ダント1965、White 1973、リクール1983等、また、野家啓一2005等）＊3。そして、この見方からは、野家啓一によれば、次のような性質（野家啓一の「歴史哲学テーゼ」）が措定されることになる（野家啓一2005）＊4。

(1) ① 過去の出来事や事実は客観的に実在するものではなく、「想起」を通じて解釈学的に再構成されたものである。［歴史の反実在論］

② 歴史的出来事（Geschichte）と歴史叙述（Historie）とは不可分であり、前者は後者の文脈を離れては存在しない。［歴史の現象主義］

③ 歴史叙述は記憶の「共同化」と「構造化」を実現する言語的制作（ポイエーシス）にほかならない。［歴史の物語論］

④ 過去は未完結であり、いかなる歴史叙述も改訂を免れない。［歴史の全体論（ホーリズム）］

⑤ 「時は流れない。それは積み重なる。（Time does not flow. It accumulates from moment to moment.）」［サントリー・テーゼ］

⑥ 物語りえないことについては沈黙せねばならない。［歴史の遂行論（プラグマティックス）］

個々の内容の詳細については野家にしたがってもらうほかないが、これはおおよそ次のような言明である。すなわち、過去の出来事・

事実は（少なくとも歴史の叙述される現在においては）実在しない
ものであるから、直接に観察することは不可能であって、過去とは、
もちろんさまざまな根拠にはもとづくものの、その根拠をもとに叙
述主体によって再構成されることなしには立ち現れることはない
（＝①）。その過去の出来事といってもすべての過去の出来事を示し
たところで、それは歴史とは呼べず（後述のダントー「理想的編年
史」参照）、現在の時点から歴史叙述に必要なものを選りすぐり、
それをもとに組織化・統合化をおこなうのであるから、歴史的出来
事が歴史叙述の文脈を離れることはできない（＝②）。また、歴史
（叙述）は選択された歴史的出来事を筋・プロットなどによって組
織化・統合化（＝「構造化」）して、聞き手に向かって語り出す
（「共同化」、言語的制作）ことによって成り立ち得るものである
（＝③）ということを示している*5。そして、そのような歴史叙
述は、他の歴史叙述と有機的に関連しあいながら整合的なネットワ
ークを形作っているものであって（＝全体論・ホーリズム）、あら
たな根拠の発見や視点の転換が起こることによって、それは全体の
なかに整合的に組み込まれ変更されていくものである。したがって、
歴史叙述はどこかで完成するということはなく、不断の改新がおこ
なわれていくということを意味する（＝④）*6。このような歴史
のとらえ方は賛否両論を生み出すことになり、すべての歴史家が受
け入れているわけではないとはいえるものの、このような見方をふ
まえずに歴史や歴史叙述について議論することはできない状況にな
っている。実際、歴史家においても二宮宏之・小田中直樹らはこれ
を受け入れて議論を進めているし（二宮宏之2004、小田中直樹
2002）*7、日本語史においても福島直恭がこの見方に言及してい
る（福島直恭2013）。

3.2　物語り論と歴史叙述の構造

　そして、以上のような見方は歴史叙述の構造を考える基盤を提供
するものであるといえる。すなわち、それは物語りの構造という点
からである。このことを考えるにあたっては、ダントーの示した物
語文という概念をみてみるのが有効であろう（ダント1965）。物語

りとしての歴史は典型的には次の（2）のような文によって叙述される（例文は貫成人（2010）及びその改変による）。

(2) a　文豪夏目漱石は 1867 年 2 月 9 日に生まれた。

　　b　1815 年、ワーテルローに臨むナポレオンは破滅への一歩を踏み出した。

　　c　三十年戦争は 1618 年、プラハにおける擾乱によって勃発した。

この（2）は歴史叙述に現れがちな文であるが、これが物語文である。これは単に観察したことを記述している文ではなく、歴史叙述に特有の文である。そのことを示すために、ダントーは理想的編年史家というものを想定する。

(3)　さてここで私の構図に、理想的な編年史家を取り入れてみたい。彼はたとえ他人の心のなかであれ、起こったことすべてを、起こった瞬間に察知する。彼はまた瞬間的な筆写の能力も備えている。「過去」の最前線で起こることすべてが、それが起こったときに、起こったように、彼によって書き留められるのである。その結果生ずる生起しつつある叙述を、私は「理想的編年史」（Ideal Chronicle）と名付けることにしよう。いったん出来事 E が、無事過去のなかに落ちつくと、その十分な記述は、理想的編年史に含まれる。

（ダント 1965：邦訳 181）

つまり、この理想的編年史家はすべての事柄を「理想的編年史」に記すことができる記載者である。これは、観察したことを記述するという点では完全な記載者である。ところが、この理想的編年史家には、物語文を述べることはできない。たとえば、(2a)「文豪夏目漱石は 1867 年 2 月 9 日に生まれた」という文はこの記載者には述べることができない。この記載者は子供の生まれた時点でのこの出来事を記述するのだとすれば、1867 年 2 月 9 日に生まれたその子は、その時点では未だ命名されない一人の男の子にすぎない。後日命名されるその名前も金之助であって漱石ではない。なおかつ、その子供が文豪になるかどうかは、その時点では全くわからない。つまり、理想的編年史家は「夏目家に男の子が 1867 年 2 月 9 日に

生まれた」ということはできるが、（2a）の物語文を述べることは不可能なのである。これは（2b）（2c）の物語文についても同様である。この点について、ダントーは次のように述べる。

> （4）もとより理想的編年史は完全である。ただそれは、目撃者が記述するという意味で、起こることすべてを同時に、起こったときに、起こった通り目撃できるような理想的な証人が記述するという意味において完全なのである。だが、これだけでは十分ではない。なぜならばいかなる出来事についても、そこでその出来事が目撃されているのではないような一連の記述があるのであり、こうした記述は必然的に、しかも原則的に理想的編年史から除外されているからである。ひとつの出来事についての真実全体は、あとになってから、時にはその出来事が起こってからずっとあとにしかわからないし、物語のなかのこの部分は、歴史のみが語りうるのである。それはちょうど、最良の証人すらも知りえないような事柄である。私たちがわざと、理想的な編年史家にもたせずにおいたのは、この未来についての知識であった。　　　　　　　　　（ダント1965：邦訳184）

そして物語文とは、さきの（2a）でいえば、夏目家に男の子（金之助）が生まれた時点について、その子が漱石という筆名を使う文豪になった時点から述べているものということになる。つまり、物語文とは、先行する時点Aに起きた出来事を後続する時点Bから述べるという、少なくとも2時点を問題とする構造をもつものなのである。したがって、ある1時点しか問題にできない理想的編年史家は、物語文を発することはできないのである。結局は、夏目家に生まれた男の子が、漱石と名乗り、文豪となるということは、歴史のみが語り得るということになる。これは物語文が当事者には不可能な形で出来事を記述できるということであって、ダントーは「歴史家は行為を時間的パースペクティブのもとでみるという独自の特権を有している」（ダント1965：邦訳221）とするのである。ここでは、物語文に即して考えてきたが、より複雑な歴史叙述においてもこれと同様の側面をもつことはいうまでもない。

ただし、先行する時点Aと後続する時点Bが描かれ、2点が問題
とされたとしても、これだけでは歴史、あるいは物語りとはいいに
くい。この時点Aと時点Bの出来事が、何からの形で組織化・統
合化されるということが必要なのである。たとえば、ホワイトがあ
げる「聖ガルの年代記」をみてみる（White1973、ホワイト1981。
ここでは貫成人2010によって示す）。

　（5）　709　厳冬、ゴットフリート公没。

　　　　710　厳しい年、収穫不足。…

　　　　712　到るところで洪水。

　　　　714　ピピン宰相没。

　　　　718　シャルル、サクソン族を圧倒。…

　　　　725　サラセン最初の到来。…

　　　　732　シャルル、土曜日にポワティエでサラセンと戦う。

この年代記はたしかに2点以上を眺められるようになっているが、
これでは歴史・物語りとはいいにくい。では、次のようなテクスト
であればどうであろうか（貫成人2010による）。

　（6）　ゴットフリート公が亡くなって以来、冬は寒く、夏は水害
　　　　で不作の年が続いた。頼みの宰相ピピンまで亡くなり、蛮
　　　　族の侵攻も盛んだった。ひとびとの不安は増すばかりだ。
　　　　ところが、ピピンの跡を継いだ息子のシャルルは、北から
　　　　侵攻してきたサクソン族を撃退し、直後に襲ってきたサラ
　　　　センをもついには打ち破る。シャルルの死後、その息子が
　　　　七五一年に王位についてカロリング朝を創始した。

これは（5）にもとづくものであるが、相当程度歴史らしくなって
いる。（5）では不明だった気候や農業の収穫、外敵の侵攻とシャ
ルルの関係、また、カロリング朝の成立事情がわかるようになって
いるからである。これは（6）が「筋が通ったテクスト」になった
ということであり、また、物語り的にいえば、筋・プロットが成立
したともいえる。つまり、このような筋・プロットといったものに
よって2つの時点が組織化・統合化されているということになる。
そして、このようなものが歴史＝物語りには必要だということを意
味している。

この時間的に前後する2時点とその2点間の関係ということが問題になるということに関して、ダントーは次のように定式化する。

　（7）　そこで私は、物語説明の構造を代表する次のようなモデルを提出する。

　　　　①xはt_1時にFである。

　　　　②xにHが、t_2時に生じる。

　　　　③xはt_3時にGである。

　　　①、③はともに被説明項を構成し、②は説明項である。②を満たすことが、①—③の説明になる。さしあたり一般法則の問題にはかかわらないことにして、いまやいかなる意味において歴史説明が物語の形式をとるかが完全に明らかになったと言っておこう。①、②、③がすでに物語構造をなしているという意味においてそうなのである。そこには①始め、②中間、③終り、がある。

（ダント 1965：邦訳284–285）

つまり、これはt_1とt_3という2つの時点だけでは物語構造をなすことはできず、t_1におけるFとt_3におけるGとを関連づけるt_2におけるHが必要であるということを述べているものである。すなわち、先行する時点A、後続する時点Bがあってもほとんど意味をなさない場合もある。それは両者の関連性がみられない場合である。したがって、先行するA、後続するB、そしてそれを結びつける説明項が必要なのである。それがダントーのいう「始め—中間—終り」ということであって、相互に関連づけられた「始め—中間—終り」があって物語りとして成り立つということである。これは物語りの構造といってもよい。そして、こう考えるとき、「筋が通ったテクスト」がもつ筋・プロットとは、このような何らかの形で関連づけられた3項構造を指すということもできる。結局、歴史＝物語りには関連づけられた3項構造が必要なのだといえ、これが歴史叙述の構造ということができるのである。

3.3　言語史叙述の物語り的構造

以上のような物語りの構造は、言語史叙述が歴史叙述なのだとし

たら、当然言語史叙述にも同様に存することになる。その点について、係り結びの消滅を例に確かめておくことにする。係り結びとは、文中における係助詞ゾ・ナム・ヤ・カ・コソと文末述語の形態が呼応するという古代日本語にみられた現象であるが、この現象は室町時代の後半までには、ほぼみられなくなっている。これについての通説的な叙述はおおむね次のようなものである。

（8）鎌倉時代に終止形と連体形とが合一化する。平安時代末から、会話語を連体形で終える言い方が盛んに用いられるようになった。終止形で、それ以外にはないと言い切る固い感じよりも、余情をもった、柔らかい感じの連体形が好まれたからであろう。（中略）／　連体形の終止法が一般化し、文末を終止形・連体形のどちらで終えても、変わりがないようになる。これが連体形・終止形の合一化である。（中略）／　「ぞ・なむ・や・か」といった連体形で結ぶ係結びは平安時代末期に、終止形・連体形の機能の差の消滅とともに係結びの意義が消滅し、形式も混乱した。

（山口明穂他『日本語の歴史』東京大学出版 1997: 94–95、109）

これは、ダントーの定式化にしたがえば、次のようにまとめられる。

（9）①係り結び（x）は平安時代（t_1時）に盛んに使用されている状態（F）である。

②係り結び（x）に関して、文末を終止形・連体形のどちらで終えても変わりがないという状態（H）が、平安時代末期（t_2時）に生じる。

③係り結び（x）は鎌倉時代以降（t_3時）に衰退が進む状態（G）である。

これは、①始め―②中間―③終りをもち、①③の被説明項が②の説明項によって説明されている。この②は①③の2点を組織化・統合化するものである。つまり、物語りの構造を備えているといってよい。このようにみると、言語史叙述も、一般の歴史叙述と同様の構造を備えているとみるべきであろう。

4. 言語史叙述における組織化・統合化
物語りの筋、いくつか

　上述（9）の係り結びの消滅についての叙述において、①③という時間的に前後する2点の組織化・統合化を担っているのは②であるが、これはなぜ係り結びという現象がなくなってしまったのかという係り結びの消滅の原因を述べるものであるから、①から③への展開を結びつけるものは因果関係であるといってよい。つまりこの場合、時間的に前後する2点の出来事が因果関係という関係づけによって組織化・統合化されているのである。ただ、この歴史叙述における物語り的な組織化・統合化のあり方、いいかえれば物語りの筋・プロットは、因果関係によるものばかりではない。では、言語史叙述においては、物語り的な組織化・統合化のあり方、物語りの筋・プロットにはどのようなものがあるのであろうか。もちろん、ホワイトの議論のように文学者N.フライの文学理論を利用してプロットの類型を提示したものはあるが（White 1973）、それを言語史叙述にあてはめるのは相当程度難しく、また、そもそも物語り的プロットがかぎりある類型にまとめられるというのも、楽観的な観測のようにも思う。ただ、言語史叙述において、物語り的叙述を組織化・統合化するプロットにはどのようなものがあり得るのかを考えておくことは、全く無意味なことでもないであろう。これまでの日本語史の叙述においても、野村剛史が係り結びの変遷を述べるなかで「ストーリーを述べた」「物語にまとめたく思う」のような言い方をし（野村剛史2002）、また、青木博史も複文における名詞節の歴史として「ストーリー」を「述べた」とするが（青木博史2005。また、青木博史2013等）、ここにみられる「ストーリー」とは、ここでの言い方にしたがえば、組織化・統合化のあり方、あるいは、筋・プロットということの一端であろう。つまり、どのような筋・プロットがあるのかということを考えるということは、言語史叙述における「ストーリー」とはいかなるものかということを問うことになると思われるのである。そこで、以下では言語史叙述における筋というべきものにはどのようなものがあるのか、すなわ

ち、2つ以上の時点の組織化・統合化のあり方について考えてみることにする。

4.1 出来事の歴史的意味づけ

組織化・統合化のあり方として、まずあげられるのは出来事の歴史的意味づけというべきものであろう。文法史において、古代日本語が近代日本語に展開するにつれて分析的傾向を帯びるということが指摘されている（田中章夫1965）。分析的傾向とは、①ある表現を担う形式が整理され、②個々の形式の意味がかぎられた単純なものになり、③複雑な表現は単純な形式に分散され、それらのコンビネーションによるようになるということである。つまり、「種類の少ない、単純な表現単位のコンビネーションによって、複雑、微妙な表現を成立させようとする傾向」である。その例として、古代語の推量の助動詞にはム・ラム・ケム・ラシ・マシ・ジ・マジ・ベシ・メリの9種類があったが、現代語ではダロウだけで済ませているということ、助動詞ウ・ヨウは意志・推量を表していたが、現代語では意志だけになるということ、打消意志・推量マイはナイ＋ツモリダやナイ＋ダロウのように複数の単位で表現するようになるといったことがあげられる。

この分析的傾向ということをさきの（7）の構造で考えてみると、t_1では種類の多い複雑な表現形式による表現がされていたということであり、t_3では種類の少ない単純な表現単位のコンビネーションによって複雑微妙な表現を成立させているということである。そして、t_1からt_3への移行を「総合的表現」から「分析的表現」への変遷という述べ方で歴史的な意味づけをしたものである。これは、「中間」、すなわちt_2の時点での出来事が示されるわけではないが、先行時点t_1と後続時点t_3とそれを結びつける意味という3項構造をなしているといえる。このような出来事の歴史的意味づけというものが、時間的に前後する2点の出来事の組織化・統合化のあり方の1つであるといってよいであろう。このようなものとしては、文の構造史において、古代語の文構造を係り結び的断続関係が前面に出るもの、近代語のそれを論理的格関係が前面に出るものとし、歴

言語史叙述の構造　13

史的に「係り結び的断続関係から論理的格関係へ」という変遷をみる（尾上圭介 1982）というような把握があげられよう。

　ただし、出来事の歴史的意味づけというものは——現象群Aから現象群Bへというとらえ方ではなく——ある現象1つに目をつけて、当該現象のある時代からそれがなくなる時代へ、あるいは、その逆の当該現象が生まれる時代へという言い方で「歴史的意味づけ」を名乗ることができるともいえる。しかし、その現象があまりに個別的現象であるとすると、それは歴史的意味づけらしくなく、「事実の羅列」と評される可能性がつきまとう。それに抗して、種々の現象を統合して「現象群A」として括りあげるのには、広い視野と、それまで関係があるとは必ずしも思われなかった諸現象を統合することを必要とするため、個別的ではない「現象群A」として、歴史的意味づけを与えることのできるような現象群を見出すことは容易ではないということはあるだろう。そういう点で、このようなタイプの叙述のハードルは高いともいえる。

4.2　因果関係

　また、次にあげられるのは、さきにみたような因果関係である。言語の歴史を因果関係を軸に叙述するということにはさまざまなヴァリエーションがあり得ると思われる。たとえば、[kᵾsa]（草）という狭母音の無性化や [jomojamo] ＞ [jomojama]（四方八方、四方山）のような同化、[marasuru] ＞ [masuru] ＞ [masu]（ます）のような音脱落を、発音の労力を軽減するために、コミュニケーションに差し支えのない範囲で調音活動を省力化したものとみることや、新語形成としての短縮（略語）をやはり労力の軽減とみることは、因果関係による言語史叙述の一端になっていくものであろうし、あるいは、「見れる」「起きれる」などの、いわゆる「ら抜きことば」や、「違う」の形容詞化（「違くて」「ちげー」）のような類推による新形の成立を言語運用における記憶の効率化のための変化とみることも同様であろう。また、同音衝突時の治療の例（シリツ→イチリツ（市立）、ワタクシリツ（私立））を伝達力の向上のための変化とみることも、やはり、因果関係をもって言語史を語るもの

ということになるだろう。以上は言語体系内に事情があるものといってよいが、言語体系外に因果関係の事情をもつものもある。新方言や非関西地方における関西方言の採用といったことは表現効果の向上のための変化だといえるであろうし、全国共通語の採用とは、自身のアイデンティティの調整のために高い威信をもつ言語を採用する変化だといえ、これらも、言語史として叙述されることになれば、因果関係をもって2つ以上の時点の出来事を組織化・統合化するものということになるであろう。

　この因果関係による組織化・統合化とは、いってみれば、なぜ言語は変化するのかという問いに関わるものでもある。「歴史」というような看板を必ずしも表に掲げないような研究分野においても言語変化研究として進められているというべきであって、言語変化については、日本語研究では文献言語史家よりも、むしろ方言研究に携わる研究者のほうが積極的に関わっているようにも思われる（たとえば小林隆編（2008）。「方言形成論」とは言語変化論である）。また、言語はなぜ変化するのかという問いに大局的にこたえる議論が出てきてもいる。古いものも含めて注目すべきところを示せば、有坂秀世・小柳智一の議論があげられよう（有坂秀世1959、小柳智一2013、2014）。有坂は音韻変化の原因（厳密には、音韻制度を変化させる根底をなす欲求）を次のようにまとめている。おそらく、この有坂の「原因」は、実際は音韻変化にかぎったものではないと思われる。

（10）A. 表現の目的に関係あるもの
　　　　I. 表現手段を簡易ならしめる欲求
　　　　　1. 発音を容易ならしめる欲求
　　　　　2. 記憶の負担を軽減する欲求
　　　　II. 表現手段を有効ならしめる欲求
　　　　　1. 発音を明瞭明晰ならしめる欲求
　　　　　2. 言語単位の自己統一を明瞭明晰ならしめる欲求
　　　　　3. 種々なる表現効果を目指す欲求
　　　B. 表現の目的に関係無きもの
　　　　I. 言語活動以外の隣接領域に起つた変化の影響

II. 身体的又は精神的素質の変化

また、小柳智一の言語変化の要因の説はきわめて注目すべきものであり、小柳は言語変化の要因といえるものは、新しい言語表現を人々が漸次的におこなう「採用」を進める要因であるとする。この「採用」は「旧来にない何らかの利点があると判断される場合」に進む、つまり、言語変化の要因は旧来にない何らかの利点を求めてということになる。そして、その利点とは、(a) 機能的利便性と(b) 評価的社会性の 2 点であって、(a) の機能的利便性とは、新出の言語表現が機能的に優れている、つまり使い勝手がよいということであり、(b) 評価的社会性とは、新出の言語表現をめぐる評価が高いということである。以上の有坂・小柳の枠組みは、さらに若干の検討の余地はあり、さらなる組織化も必要ともいえるものの(その検討については別稿を期する)、因果関係を考えるにあたっての一定の準拠枠になり得るものと思われる。

4.3 言語変化の機構・型

言語史叙述における組織化・統合化のあり方として、さらにもう1つ掲げておく必要のあるものは、言語変化の機構・型というべきものである。言語史叙述には何らかの言語変化が含意されるのであるが*8、その言語変化について、それはどのような過程を経るのか、その変化の進展する方向性にはどのようなものがあるのか、あるいは、変化の過程に類型はあるのかというようなことが問題になると考えられ、そのような視点から、2つの時点の出来事の関係性を説明するというあり方が、それである。つまり、言語変化のしくみ、変化の機構とその類型を描くことによる組織化・統合化である。

変化の方向性を考えるということでいえば、歴史に何らかの法則性があるという議論、一般的な歴史でいえばマルクスの唯物史観が思い起こされる。が、現在の歴史学はそのような史観に沿う方向ではなく、実際に、歴史における法則を打ち立てるというのは全く現実的な話ではない。これは言語の変化においても同様で、ある変化にかかる条件が整うとその場合は必ず決まった変化を起こす、ということを想定するのはやはり非現実的である。条件が整っても変化

は起こらないということはいくらもあるし、一定の条件が整った環境において変化が起きたとおぼしき場合でも、ではなぜほかならぬそのときにその変化が起こったのかということには答えられない場合も多い。しかしながら、言語の変化についていえば、一定の範囲内に起こる変化にかぎって考えたとき、そこでの変化は全く区々であって、類似性をもたないというのも言い過ぎのように思われる。一定の範囲内に起こる変化のなかに一定程度の変化の傾向性があるということは認めてもよいところがあろう。近年よくとりあげられるいわゆる文法化という見方はそのようなものである。この文法化というのは、語彙的な形式が文法的な形式になるという変化機構についての議論であって、同時に、その方向性は語彙的なものから文法的なものへという方向の変化が原則で、その逆は起こらないという「一方向性の仮説」が掲げられるのは、言語変化の方向性に関わる問題である。

　そして、このような見方は文法化にかぎったことではない。たとえば、山口仲美が具体的な感覚を表す感覚語は抽象的な感情語に転化しやすいのに対して、その逆はほとんどみられないとするのは、これに類するものである（山口仲美 1982）。また、鳴海伸一は古典中国語では副詞ではなかった漢語が日本語に受容され変容するなかで副詞として用いられるようになる語例をとりあげ、その変容の過程がどのようなものであるのかを検討した上で、この副詞化の過程には一定程度の類型があることを示している（鳴海伸一 2015）。鳴海は時間副詞化と程度副詞化を中心に検討しているが、後者の程度副詞化についていえば、(a) 量的意味の獲得を介して程度的な意味を獲得する過程（「相当」「随分」等）、(b)「真実性」の意味をもとに程度的な意味を獲得する過程（「真実」「本当」等）、(c)「比較性」の意味をもとに程度的な意味を獲得する過程（「むげ」等）について詳述しており、それぞれ、複数の語がその過程に沿って変化することを明らかにしている。このうちの (a) について示せば、「相当」「随分」は古典中国語においては、そもそもいずれも量的意味をもっていたわけではなく、「相当」は〈釣り合う〉、「随分」は〈分相応〉といった対応関係を表す語であった。それが日本語のな

かで量の対応として用いられることによって量的意味を獲得し、その量的意味が分量の大きさを表すことにつながり、そして、それが抽象的な程度の高さを表すようになるという共通の過程をもつことを論じている。言語要素の範囲をかぎらず、どのような範囲であっても適応できる変化の傾向性や変化の型を考えようとするのは難しいように思われる（もしそうするなら、きわめて漠然とした説明にとどまるか、ほとんど信じることのできない説明になるであろう）が、このような一定の範囲にかぎって考えるとすると、一定程度の変化の類型を見出すことはあり得ることのように思われる。そういう点で、このような視点から言語史として叙述されることになれば、言語変化の機構・型という筋立てをもって、2つ以上の時点の出来事を組織化・統合化するということになるであろう。

　なお、過去を描くということは、さきの（1）①のように過去そのものを蘇らせることではなく、解釈学的に再構成するものなのだとすれば、結局は、過去の叙述は「モデル」というべきもので示されることになるのだと思われる。たとえば、平安時代の日本語の記述といっても、平安時代の言語そのもの全体を蘇らせているのではなく、平安時代の言語に近似したある種のモデルを提示しているというべきである*9。そうであるとするならば、言語史が言語変化の機構のモデルによって叙述されるというのは、叙述のあり方として肯われるところである。典型的なモデル的叙述としては、文字表記のあり方が書記者の許容できる労力と読解者の許容できる労力の均衡点に成り立ち、文字記号に盛り込むべき情報量も変わってくるという矢田勉の議論がある（矢田勉2012、図2）*10。文字が一部特権階級に独占されている状況や文字に芸術的価値が見出されている状況（図2破線＝《書写》）では、読み手の読解の労力もはばからず文字を書くことに労力を惜しまず手間をかけることができる。当然情報量も少ない。一方、書記技術の革新が起こり、同じ情報量を記すための労力が削減されるということになると、書記者側の曲線が上方に移動する（図2太線＝《印刷》）、そのことによって均衡点は移動し、読者の労力は低くなり（矢印a）、盛り込まれる情報も多くなる（矢印b）とする。これは文字表記の労力情報均衡モデ

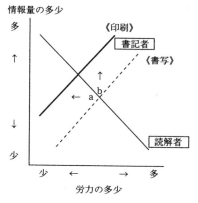

図2　文字表記労力情報均衡曲線（矢田勉2012）

ルというべきものであろうが、2つ以上の時点の出来事を組織化・統合化するには、このようなモデルによるということも当然あり得ることである。

5．歴史叙述の不断の更新

　ところで、さきに掲げた野家啓一のテーゼ（1）が「④過去は未完結であり、いかなる歴史叙述も改訂を免れない」とするように、歴史叙述は不断に更新されるものである。もちろん、このようなことは歴史の物語り論によるまでもないことであって、新しい根拠が見出されたり、あらたな検討の視点が提示されたりすれば、それをもとに、これまでの歴史叙述は検討の俎上にあげられ、必要に応じて叙述は改新されていくものである。このことは、言語史叙述においても同様のことであって、当然意識されるべきことである。比較言語学におけるヒッタイト語の解読は喉音理論の更新に大きく関わり、印欧語史に見直しを迫るものであったことはよく知られている。こういったことは、当然ながら日本語史においても同断である。

　たとえば、さきに掲げた近代語における分析的傾向ということについてみてみることにする。近代語が「種類の少ない、単純な表現単位のコンビネーションによって、複雑、微妙な表現を成立させようとする傾向」をもつということの原因については、実は田中章夫

はすでに共通語と方言を対比するなかで、「東京方言が、共通語として、語法体系の異なる各地の方言との、激しい接触をもったこと」をあげている（田中章夫1965）。しかしながら、そこでは方言が種類の多い複雑な表現形式による表現をもつということがあるということを示すにとどまり、そのような原因把握ができるのはどうしてか、というような議論はおこなわれていない。当時の研究状況ではそれはむしろ当然で、方言との接触という点に言及していることのほうがむしろ先進的だったというべきなのであるが、近年にいたって、この分析的傾向の理解に関わる根拠と呼べそうなものについての言及がなされるようになってきている。1つは方言接触による単純化という現象である。渋谷勝己は同じ言語の複数の方言がある場所において接触した際に、それらの方言の多様性が淘汰され、単純化されてできる言語体系であるコイネについてとりあげ、田中のあげる分析的特徴がこれに合致することを述べる（渋谷勝己2008）。これは田中の理解が正鵠を射ていたことを示すといえるが、さらに方言接触の頻度が高い地域社会では単純な言語体系が指向されるということが明らかになってきている。これは言語変容類型論と呼ばれる議論の成果である（朝日祥之2010、2013等）。朝日祥之はTrudgillの議論にもとづき、地域社会の特性と言語接触にともなう言語変容のあり方を表1のようにまとめている。

表1　言語変容の類型化の試み（朝日祥之2013）

	言語変化の方向性	方言接触の度合い	コミュニティのタイプ	ネットワーク構造	共有情報量
鶴岡市	単純化	高	地方都市	弱い	少ない
西神ニュータウン	単純化	高	計画都市	弱い	少ない
櫨谷町	単純化	高	農村社会	強い	多い
サハリン	複雑化	低	農村社会	弱い	少ない
秋山郷	複雑化	低	農村社会	強い	多い

この議論をきわめて単純化していえば、方言接触の頻度が高く、移動性も高く、社会的ネットワークが密接ではない社会（西神ニュータウン）では、言語は単純な方向に変化し、逆に、方言接触の頻度が低く、移動性も低く、社会的ネットワークが密接な社会（秋山

郷）では、言語は複雑に変化するということになる。このことを近代語における分析的傾向と合わせて考えると、この現象が起こっているのは中央語、すなわち、近世前期以前であれば畿内、近世後期以降であれば江戸・東京という都市社会においてであって、都市社会とは移動性が高く、社会的ネットワークが密接ではなく、そして、方言接触の頻度が高い社会だといってよい。つまり、分析的傾向とは都市社会に生起した単純化の方向を目指す言語変化だということになるのである。加えて、この都市型言語が分析的・客観的表現をとるということは、小林隆・澤村美幸の示す言語的発想法の地域差という議論でも明らかにされている（小林隆・澤村美幸2010、2014）。ものごとをどのように表現するかということに関わって、言語化（あることを口に出して言うか）・定型化（決まった言い方をするか）・分析化（細かく言い分け、場面ごとに専用の形式を用意するか）・客観化（感情を抑制して客観的に話すか）などの7つの発想法に地域差があり、それは社会組織・商工業交通の発達・人口などの社会構造の点から考えるに、そのような表現法をとるのは都市型社会のものの言い方であるということを明らかにしている。この点からも、近代語の分析的傾向とは中央語が都市型言語の性格をもつゆえの現象であり、現代に向かうにしたがって、より都市化の度合いが上がってきたことによって進展してきたものと考えられるのである。

　このように、種類の少ない、単純な表現単位のコンビネーションによって、複雑、微妙な表現を成立させるようになる、という近代以降顕著になる現象について「分析的傾向」という歴史的な意味づけをおこなうという歴史叙述から（その意味づけそのものは遺棄されるわけではないが）、方言学・社会言語学における新しい理解を根拠として、それは都市型言語による現象である、あるいは、都市化の進展による現象であるという因果関係による歴史叙述に改訂されつつあるといえる。このような歴史叙述の不断の更新は常に求められているものといえる*11。

6. 小展望

　ここまで歴史の物語り論にしたがって、言語史叙述のあり方について述べてきた。とくに歴史叙述が3項構造をもつものであって、そのうちの時間的に前後する2時点を組織化・統合化するものという1項について、言語史叙述の場合にかぎって議論をめぐらしてきた。そこでは、出来事の歴史的意味づけ、因果関係、言語変化の機構・型という3つの叙述のタイプ、あるいは筋立てのタイプを示した。結局は、このような筋立てを十分示し得ない論に対して「事実の羅列」という評言が浴びせられることになるのではないかとも思われるが、それにしても、筋立てのタイプがこの3種にかぎられるということは保証のかぎりではない、ということはいうまでもない。さらに他の筋立てはあるのかといったことは今後当然問われることになる。また、ここで示した筋立てであっても、どのような因果関係が認められ得るのか、あるいは、言語変化の機構・型にはどのようなものがあるのかといった、さらに細部の検討が必要であろう。もちろん、そのような検討は具体的な歴史叙述が進むことによって、進展するものともいえようが。

　その他にも、物語り論的な視点からは、過去は解釈学的に再構成されたものなのだとすれば、言語的に制作されたものの確からしさはどのようにして確保されるのかという、いわゆる「決定不全性」が関わる問題も課題になってくるであろう。そもそも、一般的な歴史との異同については、ほとんど手つかずのまま残っている。

　考えるべき点も多いが、このような言語史についての検討ははじまったばかりである。問題群の山脈の、山裾に立ったにすぎない。

＊1　時枝誠記のいう「変遷」とは異なった主体における言語の歴史的な異なりを指し、一方、「変化」とは個々のもの自体が移り変わることを指す。たとえば、赤色が褪せて褐色に変わるような自然現象は変化である。時枝誠記（1944）参照。

＊2　ただし、この批判は、文字によってある意味を理解したことによって、すなわち文字が意味をもっている、と考えることに対してのものである。が、ここでの考え方もおそらくこの批判にあたるものと思われる。なお、引用は通行字体にあらためた。

＊3　この他、貫成人（2010）などもこの問題を扱った著作であり、この議論に導かれたところも多い。なお、完結した言語構造体としての story を「物語」、他者に向けられた言語行為としての narrative を「物語り」と書き分けるという慣習もあることから、ここではもっぱら「物語り」と表すことにする。また、Danto は多く「ダントー」と表記されるが、邦訳本は「ダント」とするので、邦訳本引用にかぎってダントとする。

＊4　野家啓一（2005）の引用にあたっては、本稿の引用番号と区別するため原文の（1）（2）（3）…は、①②③…にあらためる。これはダント（1965）の引用も同様である。

＊5　このテーゼでは、①「想起」や③「記憶」などのような個人的で、かつ主観的とも思われることばづかいがなされているが、それは、「物語り」論の射程が、古老の物語から歴史叙述、科学の理論に至るまでの幅広いものであることと、素朴実在論に対立する立場をもつということを際立たせるためのレトリカルな表現であって、歴史叙述とは個人の主観によって恣意的に叙述される、あるいは虚構のお話であるということを意味するものでは全くない。

＊6　⑤⑥はここでは省略するが、⑥については、野家自身が「増補新版へのあとがき」で「物語りきれぬものは、物語り続けねばならない」と修正すべきだとする（野家啓一2005）。これは、④の倫理的ないいかえである。

＊7　もちろん、歴史（家）の立場が揺らぐことになると考えて拒絶的な反応をする場合もないわけではないが（たとえば、遅塚忠躬2010）、実証史学の祖 L. ランケのいう「wie es eigentlich gewesen ist」（それは実際いかにあったか）ということを無邪気に主張できなくなるといったところでは変わらざるをえないものの、歴史叙述をおこなう歴史家の実践的営みが根柢から変わるという性格のものではないように思われる。

＊8　ある言語史研究が、現在とは異なる時代の共時的記述を標榜したとしても、そこには変化が含意されているのはいうまでもない。歴史言語学が現代語と全く差異のない無変化の世界を描き出そうとすることはないからである。

＊9　不可知的なものの記述がモデルであるということの議論は、（自然）科学についての議論であるが、戸田山和久（2015）参照。

＊10　矢田勉（2012）では、文字表記の労力情報均衡モデルの議論を言語変化の要因ととらえているようにもみえるが、ここでは言語変化の機構の議論と理解することにする。

＊11　日本語学会2013年度秋季大会シンポジウム「日本語史はいかに叙述されるべきか」における、新しい日本語史の説明方法がいくつも並び立つような状況になったとき、それらはどのように選択されるのかということや、種々の出来事のうち何を偶然の現象と考えるかということは、新証拠の発掘や解釈の深化などによって、次第に明らかになるという側面もあるのではないかという議論もこの問題に関わることであろう。

参考文献

青木博史（2005）「複文における名詞節の歴史」『日本語の研究』1（3）：pp.47–
　　60. 日本語学会
青木博史（2013）「日本語文法史研究の射程」『国語研プロジェクトレビュー』
　　4（2）：pp.82–88. 国立国語研究所
朝日祥之（2010）「方言接触とことばの変化」『日本語学会2010年度秋季大会
　　予稿集』pp.29–32. 日本語学会
朝日祥之（2013）「言語変容の類型化に向けて」『国語研プロジェクトレビュ
　　ー』4（1）：pp.10–17. 国立国語研究所
有坂秀世（1959）『音韻論 増補版』三省堂
小田中直樹（2002）『歴史学のアポリア—ヨーロッパ近代社会史再読』山川出
　　版社
尾上圭介（1982）「文の基本構成・史的展開」川端善明他編『講座日本語学2
　　文法史』pp.1–19. 明治書院
小林隆編（2008）『シリーズ方言学1方言の形成』岩波書店
小林隆・澤村美幸（2010）「言語的発想法の地域差と歴史」『国語学研究』49：
　　pp.73–86.「国語学研究」刊行会
小林隆・澤村美幸（2014）『ものの言いかた西東』岩波書店（岩波新書）
小柳智一（2013）「言語変化の段階と要因」『学芸国語国文学』45：pp.14–25.
　　東京学芸大学国語国文学会
小柳智一（2014）「言語変化の傾向と動向」『日本エドワード・サピア協会研究
　　年報』28：pp.17–27. 日本エドワード・サピア協会
渋谷勝己（2008）「ことばとことばの出会うところ」金水敏他『シリーズ日本
　　語史4日本語史のインターフェイス』pp.139–175. 岩波書店
田中章夫（1965）「近代語成立過程にみられるいわゆる分析的傾向について」
　　『近代語研究』1：pp.13–25. 武蔵野書院
遅塚忠躬（2010）『史学概論』東京大学出版会
時枝誠記（1941）『国語学原論』岩波書店
時枝誠記（1944）「言語学と言語史学との関係」橋本博士還暦記念会編『橋本
　　博士還暦記念国語学論集』岩波書店（時枝誠記1976所収）
時枝誠記（1949）「国語史研究の一構想」『国語と国文学』26（10）、（11）（時
　　枝誠記1976所収）
時枝誠記（1960）「国語史研究と私の立場」『国語と国文学』37（10）（時枝誠
　　記1976所収）
時枝誠記（1976）『言語生活論』（時枝誠記博士論文集第三冊）岩波書店
戸田山和久（2015）『科学的実在論を擁護する』名古屋大学出版会
真田信治（1990）『地域言語の社会言語学的研究』和泉書院
鳴海伸一（2015）『日本語における漢語変容の研究—副詞化を中心として』ひ
　　つじ書房
貫成人（2010）『歴史の哲学—物語を超えて』勁草書房
二宮宏之（2004）「歴史の作法」『歴史を問う4歴史はいかに書かれるか』
　　pp.1–57. 岩波書店

野家啓一（2005）『物語の哲学』岩波書店（岩波現代文庫）

野村剛史（2002）「連体形による係り結びの展開」上田博人編『シリーズ言語科学5 日本語学と言語教育』pp.11–37. 東京大学出版会

福島直恭（2013）「日本語の歴史的研究における「視座の転換」の可能性」『学習院女子大学紀要』15: pp.139–152. 学習院女子大学

矢田勉（2012）『国語文字・表記史の研究』汲古書院

山口仲美（1982）「感覚・感情語彙の歴史」森岡健二他編『講座日本語学4 語彙史』pp.202–227. 明治書院

ダント，A. C.（1965）『物語としての歴史―歴史の分析哲学』（河本英夫訳）国文社 1989（Danto, Arthur C. *Analytical philosophy of history*, Cambridge U.P.,1965., "The problem of other periods" *The journal of philosophy,* vol. LXIII, 1966）

リクール，P.（1983）『時間と物語 I 』（久米博訳）新曜社 1987（Ricœur, Paul *Temps et récit Tome 1*, Seuil）

White, Hayden（1973）*Metahistory : the historical imagination in nineteenth-century Europe*, Johns Hopkins University Press.

ホワイト，H.（1981）「歴史における物語性の価値」ミッチェル，W. J. T. 編『物語について』（海老根宏他訳）平凡社 1987（White, Hayden. "The value of narrativity in the representation of reality" In Mitchell, W. J. Thomas. ed. *On Narrative*, University of Chicago Press）

付記　本稿は科学研究費補助金（基盤研究（C）、課題番号26370524「日本語史叙述の方法に関する基礎的研究」）の研究成果の一部である。

行為要求表現「〜なさい」の成立に関する一考察
日本語史記述における「視座」の確認

福島直恭

1. 問題の設定

　本稿は、例えば「薬を飲みなさい」とか「早く寝なさい」などという行為要求表現＊1の「〜なさい」が、このような形式で定着したプロセスを江戸時代後期の言語資料を基にして考えてみようとするものである。「〜なさい」の「なさい」は一般的な文法記述においては補助動詞「なさる」の命令形と分類されているが、四段活用動詞「なさる」の命令形として期待される形態は「なされ」のはずである。ところが後期江戸語の文献では「なされ」も現れるが「なさい」の方がはるかに多く現れる。さらに現代標準日本語に至っては、「なさる」の命令形として「なされ」が現れることはほとんどなく、現れるとしたら「なさい」である。これは例えば同じく四段活用で「動詞連用形＋テイル」の形で現れる補助動詞「やる」にあてはめるとすれば、「優しく教えてやれ」ではなくて「優しく教えてやい」という形で現れるようなものであって、「〜なさい」は、なぜそういう形で現れるのか、説明が必要な現象だと思う。この点は本動詞「なさる」の命令形「なさい」も同様であるが、本稿では、用例数が圧倒的に多い補助動詞「なさい」を念頭に置いた記述とする。また、この「なさい」と同様の振る舞いをみせる行為要求表現形式として「ください」「いらっしゃい」「おっしゃい」「さっしゃい」などもあり、これから本稿で展開する考察の基本的な部分はそれらにも適用できるものであるが、今回は紙幅の制約もあり、考察対象の中心に据えるのは「なさい」だけとする。

　「なさる」の命令形がなぜ「なさい」なのかという問題に関して、「なさい」という形はどのようにして生まれたのかという方向からの説明なら、いくつかの辞書類にみられる。例えば、『日本国語大

辞典（第2版）』（小学館）の「なさい」の項では、「『なされ』の変化したものとして『なさる』の命令形とする。『なさいませ』の下略という考え方もある。」と説明されている。他の辞書をみると、古語辞典や江戸語を対象とした辞書などでは、そもそも「なさい」が項目として立てられておらず、しかも「なさる」の項にも「なさい」という形の存在に言及していないものが多い。収録語彙数が多い大辞典類には「なさい」という項目がみられるものもあるが、その場合はたいてい『日本国語大辞典』と同じで「なされ」の変化した形という意味の記述になっている。そういう中において『大辞林（第2版）』（三省堂）には、以下のような記述が見られる。

　　　動詞「なさる」の命令形。（本来は動詞「なさる」の連用形の音便形「なさい」に助動詞「ます」の命令形「ませ（または「まし」）」の付いた「なさいませ（または「なさいまし」）」の省略形）

管見の限りでは、これが「なされ」が変化して「なさい」になったという一般的な説明とは違う、「なさい」の由来に関する最も詳しい説明であり、『日本国語大辞典』の『「なさいませ」の下略という考え方』に該当するものだと思われる。なぜ「〜なされ」→「〜なさい」ではなく「〜なさりませ」→「〜なさいませ」→「〜なさい」と考えたのかは『大辞林』にも説明がない。本稿の筆者が想像するに、おそらく前者より後者の方が、変化の道筋として無理がないと判断したからであろう。「なされ」→「なさり」とか「なさり」→「なさい」という変化ならともかく、「なされ」→「なさい」という語形変化を想定するのは確かに難しいように思うし、「なされ」→「なさり」→「なさい」という連続的変化だと考えるのは、行為要求表現として2番目の「なさり」で言い切る段階が文献上で全く確認できないので無理であろう。よって、本稿の筆者も「なさりませ」→「なさいませ」→「なさい」というプロセスを想定する方が妥当だと思う。ただし、本稿の筆者が必要だと思う説明は、このような、「なさい」という形の由来に関する説明ではなく、「なさい」といういわば破格の形式が、「なされ」という本来的な形式をさしおいて優勢になったのはなぜなのかという点に関する説明なのであ

る。そういう問題設定に対しての、それを正面から取り上げて議論
している先行研究は見当たらないように思う。

2. 日本語の歴史記述における「視座」

2.1 「視座」という存在を認識する必要性

　前節で述べたような「〜なさい」という形の成立について考察す
るに当たって、本稿では、従来とは異なる「視座」からの日本語の
歴史記述ということを意識して書き進めていくつもりであることを
まずはじめに断っておく。これは、本稿の筆者が福島直恭（2013）
で提唱した、「日本語史研究における視座の転換」というテーマの
実践の試みともいえるものである。

　一般に歴史記述というものは、その記述を行う記述者が、現在の
時点から過去を観察して、その過去の一連の出来事を言語によって
できるだけ忠実に復元する作業のように思われがちだが、実際は、
歴史記述の対象としての「歴史」が、過去に所与の存在としてある
わけではない。歴史とは、記述者が、過去の無数の事実や出来事の
中から、いくつかだけを拾い集めて、自分なりに関係づけて作り上
げたストーリーなのであり、その言語化されたストーリーが歴史そ
のものなのである。言語化されたストーリーは歴史の複写物なので
はない。ストーリー自体が歴史なのである。よって、本稿で「歴史
記述」という場合、それは「歴史を記述する」という意味ではなく
て「歴史として記述する」という意味である。そのように考えた場
合、記述者は、どの時代の、どの地域の、どういう立場の人間で、
どういう視点から、どういう価値観に基づいて過去を編集したのか
ということが問題になる。それらをまとめて本稿では「視座」と呼
ぶということである。そうすると、ストーリーの書き手（記述者）
が、どのような視座から、どのように過去を編集したかによって、
異なる歴史が視座の数だけ存在し得るということになる。視座が異
なると、取り上げる事項も異なるし、取り上げられた事項の中の重
点の置き所も異なる。また、取り上げられた事項の意味づけとか役
割も異なる可能性が大いにあるのである。

行為要求表現「〜なさい」の成立に関する一考察　　29

これまでの日本語史研究における歴史記述のうちのかなり多くは、いわゆる「中央の視座」からの記述といえる。「中央の視座」からの記述というのは、地域としては政治や経済や文化の中心地、社会階層としては、指導者層とかそれに準じるエリート層など、それぞれの社会で権威を持つ階層、そういう地域のそういう立場の視点から、そういう立場の価値観をもって過去を編集したものという意味である。そして、注意しなければならないことは、多くの歴史記述が「中央の視座」からのものに偏ることによって、視座そのものの存在を、記述者も読み手も意識しにくくなっているということである。つまり「中央の視座」からの記述は、それがあるひとつの視座からの記述であり、他の視座からの記述も同じくらい可能であるという事実に気付かせにくいものになりがちであるということである。

2.2　本稿の視座

　2.1 で述べたように、すべての歴史記述はそれぞれある特定の視座からのものでしかない。よって、記述者は、自分がどのような視座からその記述を行っているのかを自覚する必要があるし、その視座は、数ある視座のひとつに過ぎないことも自覚する必要がある。さらに読み手の方も、その歴史記述がどのような視座から行われたものであるのかを認識しながら読む必要があるし、それ以外の視座から行われる可能性もあったことを認識しながら読む必要がある。

　本稿では、「なさい」と「なされ」の他に、従来の視座からの史的研究ではあまり重要視されていなかった「なせえ」という行為要求表現形式も、非常に重要な考察対象として、これの役割に焦点を当てた記述を試みる*2。いうなれば、従来の多くの江戸語研究がそうであったような「中央の視座」からの転換を試みようというものである。本稿で試みる「視座の転換」というのは、当該の言語社会において権威のない言語変種だとか、威信のない言語形式であっても、記述対象としての価値を十分認めて、それらの機能とか、それらの使用者の意識を尊重したストーリーを構築するという方向に、記述者の価値観を変えることである。その結果として、例えば「なせえ」という形の影響力について考えてみるという発想がうまれる

のである。これがひとつの「視座の転換」である。こういう「視座の転換」は、今までとは違う問題設定や、今までとは違う解釈をもたらす可能性があることを示すことが本稿の目的である。

2.3 「江戸語」「江戸ことば」という概念について

　日本語史研究の分野では「江戸語」という用語は定着しており、相当程度の共通理解が成立していると考える研究者が多いのではないかと思う。例えば松村明（1980）には、次のような記述がある

　　国語史の上で、江戸時代は、享保（1764–1772）あるいは宝暦（1751–1764）頃を境にして前期と後期に分けられる。上方語を中心とする前期に対して、後期は江戸語を中心とする時期である。後期においても、上方語はなお全国に通用する言語として行われていたのであるが、同時に、江戸という都市に発達した江戸語が独自なことばとして成立し、上方語と並んで、次第に全国に通用する言語となっていった。

このような表現で描き出された「江戸語」は、例えば現代標準日本語とか平安時代の京都方言などと同様に、ひとつの完結した言語体系として現代の言語研究者には認識されているはずである。上の引用からも分かるように、日本語研究者にとっての「江戸語」とは、「江戸時代の国語」としての資格を有する権威ある言語変種のことであり、「全国に通用する」かどうかという点も重視されている。「中央の視座」からの日本語史研究においては、このような言語変種こそが記述の価値があると認められやすいのである。しかし、このような現代の日本語研究者が思い描く「江戸語」とは別に、江戸時代の日本語話者たちの意識の上に「江戸ことば」という存在が、少なくとも18世紀終盤には形成されていたことも確かだと思う。『浮世風呂』の中に見られる上方語話者と江戸語話者の二人の女性による、それぞれの言葉遣いに関する論争などは、彼女たちのどちらもが、「上方のことば」とは別物としての「江戸ことば」という認識をもっていたからこそ成り立つものであろう。もちろんこの「江戸ことば」の方は、研究者ではなく一般の日本語話者の認識なのだから、ひとつの完結した言語体系としての存在を意味していた

行為要求表現「〜なさい」の成立に関する一考察　　31

とは限らず、江戸に特有な発音とか語彙とか言い回しなど、いわゆる言語の片々（linguistic items）の束のことを指しているのかも知れない。また、全国に通用するかどうかなどという基準は問題にはならない。本稿が考察対象とするのはこの「江戸ことば」の方である。その使用者である江戸の庶民達と同様、本稿の筆者にとっても、それが過不足のない完結したひとつの体系をなしているなどという前提は必要ない。重要なことは、この「江戸ことば」は、その存在を信じる人々にとって、江戸の一般庶民としての自分たちのアイデンティティーのよりどころのひとつとなるような、シンボル的な存在だったということである。

　ここでこの「江戸ことば」の比較対象として思い合わされるのは「江戸っ子」という概念の成立である。「江戸っ子」は江戸で生まれたすべての人間を指すものではなく、江戸という地域が誕生すると同時に存在していたわけでもなく、江戸時代の18世紀中頃以降に成立した概念だといわれる。典型的には江戸の下町に生まれ育った中、下層階級の人々で、粋でいなせで金離れがいいなどという性格や行動様式を備える人物がステレオタイプとしての「江戸っ子」となる。そういう人物は18世紀中頃から現れ始めたというのではなく、そういう特徴を共有する人々をひとつのグループとしてまとめて考えるという発想がそのころに成立したという点が重要である。本稿の筆者には、「江戸ことば」の方もそれと類似的な存在のように思われるからである。「江戸っ子」と「江戸ことば」は、江戸時代後期の江戸という空間の中で、おそらく相互にその存在を支え合ってきたふたつの認識上の枠ぐみなのであろう。「粋でいなせで喧嘩っぱやく、金離れがいい」などという性格上の諸特性は「江戸っ子」を規定するための特徴であった。これと同様に「江戸ことば」の方にも象徴的な特徴がいくつかあり、「なさい」が「なせえ」になるような連接母音 ai の長母音化は、「江戸ことば」のもっとも重要な特徴として働いていたはずである。「江戸語」だとか「江戸ことば」という完結した言語体系がまずあり、その特徴としてこれこれというものがあったというのではない。それらの特徴の存在が「江戸語」「江戸ことば」を他から区別可能な存在として感じさせる

働きをしていたということである。本稿では「なさい」とか「なせ
え」という形式が、「江戸ことば」の重要な特徴として、その使用
者達のアイデンティティーを支えていたという見方を基盤として、
これらの行為要求表現の成立についての考察を進めていく。

3. 行為要求表現の全体像と「なさい」

「〜なさい」という行為要求表現が定着するプロセスを考えるに
当たっては、「なさい」以外の行為要求表現形式にはどのようなも
のがあり、それらと「〜なさい」はどのような関係にあったかとい
うことを理解する必要がある。本稿では後期江戸語における『「な
さい」以外の行為要求表現形式』を、まず次のⅠ、Ⅱのように大き
く二分して考えていく。

Ⅰ．補助動詞「なさる」の命令形としての「なされ」と「なせ
え」、およびそれらに助動詞「ます」の命令形がついた「な
さりませ（まし*3）」「なさいませ」など。

Ⅱ．Ⅰの諸形式に「なさい」を加えた上で、それらをひとまと
めにして（それらのまとまりを本稿では「なさい系」と呼
ぶ）、その「なさい系」以外の行為要求表現。

まずこの3節ではⅡについての検討を行い、Ⅰに関しては次の4節
でとりあげる。

3.1　後期江戸語資料に見られるさまざまな行為要求表現

本稿の筆者は、福島直恭（2015）において、洒落本、滑稽本、
人情本などの会話部分を言語資料とした調査に基づいて、後期江戸
語における行為要求表現といえる諸形式の出現状況と推移について
整理した。この3.1ではその福島直恭（2015）の記述をもとにし
て、「なさい系」以外の行為要求表現としては、どのような表現形
式があったのかを、「なさい系」も含めた形でまず列挙する。次に
3.2において、それらの行為要求諸表現がどれくらい現れたのか、
またそれらの諸形式の使用状況が時間の推移とともにどのように変
化していったのか、そしてそれらの中において「なさい系」はどの

行為要求表現「〜なさい」の成立に関する一考察　　33

ようなポジションを占めていたのかを説明する。

　次のa〜hは、福島直恭（2015）において洒落本、滑稽本、人情本の調査から採取された行為要求表現を形式を基準として分類したものである。aが「なさい系」でb以下が「なさい系」以外である。

a.　「（本動詞・補助動詞）なさる」の命令形「なされ」および「なさい」、「なせえ」、さらにそれらに助動詞「ませ」がついたもの。→「なさい系」

b.　（本動詞・補助動詞）連用形＋「な」および「ねえ」。

c.　（本動詞・補助動詞）未然形＋「っしゃれ（さっしゃれ）」および「っしゃい（さっしゃい）」、「っせえ（さっせえ）」、さらに「未然形＋し」→「っしゃい系」

d.　「（本動詞・補助動詞）くださる」の命令形「くだされ」および「ください」、「くだせえ」、さらにそれらに助動詞「ませ」がついたもの。→「ください系」

e.　本動詞・補助動詞命令形・助動詞命令形での言い切り。ただし、「なさい系」「っしゃい系」「ください系」の諸形式は、このグループには入れずに、それぞれa、c、dに入れた。

f.　動詞連用形＋終助詞「や」

g.　「お」＋本動詞連用形、および動詞＋「て」＋「お」＋補助動詞連用形

h.　誘いかけ。発話者が聞き手に「（一緒に）〜しよう」と働きかける行為で大半は助動詞「う／よう」を用いたもの。「〜べし」という表現もごく少数ある。

これらの他に、現代語でいえば「〜することがよい」とか「〜しないことが悪い」という意味の発話をすることによって、〜させようとするものや、「〜たい」「〜てもらいたい」という形や「願う」などの動詞によって話し手の願望を表明することによって、その願望を叶えるための行為を聞き手に間接的に要求するもの、「早くしないか」のように疑問文（否定疑問文が多い）を用いて実質的に依頼行為を行っているもの、「早く！」のように行為を要求する直接的な言語表現形式部分を顕現させないような表現などもそれぞれある程度の頻度で使われていた。ただしこれらはa〜hの諸形式とは違って、

その表現の仕方が必ずしも行為要求の専用形式とはいえないと考えられるので、すべてまとめて「その他」の行為要求表現としておく。

3.2　行為要求表現の使用状況

　次の表1は、8種の洒落本、滑稽本（『浮世風呂』）、人情本（『春色梅児誉美』『春色辰巳園』）に現れたa〜hおよび「その他」の行為要求表現の出現数を示したものである。なお、（　）内の％付きの数値は、それぞれの資料にみられる行為要求表現全体の中でその形式による行為要求が占める割合である。表1からわかるように、「なさい系」は洒落本、滑稽本、人情本のどの資料においても相当数の使用が見られる。

表1　行為要求表現の形式別出現数

	洒落本	『浮世風呂』	人情本
a.　なさい系	63 （20.6 %）	92 （21.3 %）	74 （17.5 %）
b.　〜な・〜ねえ	26 （ 8.5 %）	69 （16.0 %）	158 （37.4 %）
c.　っしゃい系	13 （ 4.2 %）	23 （ 5.3 %）	6 （ 1.4 %）
d.　ください系	11 （ 3.6 %）	3 （ 0.7 %）	15 （ 3.6 %）
e.　命令形	94 （30.7 %）	74 （17.2 %）	24 （ 5.7 %）
f.　〜や	24 （ 7.8 %）	11 （ 2.6 %）	3 （ 0.7 %）
g.　お＋連用形	3 （ 1.0 %）	70 （16.2 %）	69 （14.4 %）
h.　誘いかけ	14 （ 4.6 %）	29 （ 6.7 %）	17 （ 4.0 %）
その他	58 （19.0 %）	60 （13.9 %）	56 （14.2 %）

行為要求表現のうち、「なさい系」をはじめとして従来の分類でいえば「命令表現」に該当する諸形式の使用状況やそれらの推移について考えるために、表1のデータを基にして作成したのが次の図である。ただし「命令表現」だけに絞っているので、表1で「その他」としてまとめた行為要求表現と、d「ください系」およびh「誘いかけ」は除いてある。そのため表1の割合とこの図の示す割合は一致していない。

　松村明（1998）をはじめとする多くの先行研究では、福島直恭（2015）や本稿で調査対象としたような時期の洒落本、滑稽本の『浮世風呂』、人情本の『春色梅児誉美』『春色辰巳園』について、洒落本→滑稽本→人情本の順で、より古い時期の江戸庶民の口頭言

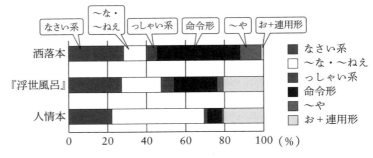

図　後期江戸語の行為要求表現諸形式の推移

語を反映した資料であると考えている。そういうとらえ方から図を見るとすれば、いろいろな行為要求表現形式の使用状況が時間の推移に従って上から下のように変化してきたということになる。

　図からわかる特徴的なことは、「命令形」と「〜や」による行為要求表現は目立って割合が小さくなっていることと、逆に「な・ねえ」と「お＋連用形」による行為要求表現は目立って大きくなっていることであろう。使用例を細かく見ていったり、もっと後の時代の資料と比較したりすると、これらも単に使用割合の増減だけではすまない問題を含んでいることがわかるが、本稿の目的からは外れる事項なので「命令形」「〜や」「な・ねえ」「お＋連用形」の変化に関してはこれ以上問題にしない。本稿にとって重要なことは、洒落本〜滑稽本〜人情本に反映された言語の間でも使用割合が大きく変化している表現形式がいくつもある中において、「なさい系」は、どの資料においても使用割合が1位か2位で、主要な行為要求表現形式として、安定して多数の使用がみられることである。つまり、「なさい系」諸形式だけを対象とする次節以降の検討は、日常の言語生活において頻繁に現れる行為要求表現の中でも、出現頻度の高い諸形式を扱った考察であるということになる。

4.　「なさい系」諸形式の中における「なさい」

4.1　「なさい系」諸形式の出現数

本稿で考察の対象とした「なさい」という行為要求表現形式は、

1節でも述べたように、現代の日本語研究においては動詞「なさる」の命令形と位置づけられている。「なさる」の命令形としては、江戸語では他に「なせえ」および「なされ」という形式も存在していた。また、この「なさい」「なせえ」「なされ」に助動詞「ます」の命令形「ませ」が後接した形式も江戸語には見られる。この4節では、それら「なさい系」の行為要求表現諸形式についてより詳しく見ていく。本稿の中心的な考察対象である「なさい」と、それ以外の「なさい系」の行為要求表現形式との関係を明確にして、「なさい系」の中における「なさい」のポジションがどのようなものであったのかを検討し、「〜なさい」という形の行為要求表現が定着した要因を考えるためである。

　まず、今回調査した洒落本、滑稽本、人情本の中に現れた「なさい系」の行為要求表現形式を列挙すると次のようになる。

　　「〜なさい」、「〜なせえ」、「〜なされ」、「〜なさいまし」、「〜なせえまし」、「〜なさりませ」、「〜なさりまし」、「〜なされませ」、「〜なされまし」

ただし、洒落本にはこれらの他に、「なんし」「ねんし」「なせんし」など、遊女専用といえるような形式、および「なはい」など他の地域の方言形と考えられる形式があるが、それらはたとえ遊女以外の江戸庶民が使う少数の例があってもここからは除いた。また、洒落本の遊女の発話はすべて本稿の考察対象から除外した。滑稽本や人情本に登場する芸妓などは、少なくとも行為要求表現には特殊な形式が認められなかったので、他の女性話者と区別せずにカウントした。このほかに可能性としては「〜なさいませ」「〜なせえませ」という形もあり得そうだが、調査した範囲には出てこなかった。次にそれぞれの形式の出現数を資料ごとに示したのが次の表2である。ただし、「なさりませ」「なさりまし」「なされませ」「なされまし」の4つは1つにまとめた。また、「なせえまし」は人情本の『春色梅児誉美』に1例出てきただけだったので表2からは除いた。そしてここでは、表2の諸文献より後の「なさい系」の状況を知るために、三遊亭円朝作『怪談牡丹燈籠』に現れた「なさい系」の行為要求表現の出現数も示した。この資料は、落語の速記本をもとにした

行為要求表現「〜なさい」の成立に関する一考察　　37

ものであり、また他の資料に比べて登場人物の社会的地位が平均的
に高いのであくまで参考資料とした。これにも「〜なさいませ」と
「〜なせえませ」は出てこない。『牡丹燈籠』は、登場人物の平均的
社会階層が他の3種の文献より高いにもかかわらず「ませ」の付い
た形式の出現数が少ない。これは、現代東京語の傾向に近づいてい
るといえるのかもしれない。

表2　「なさい系」諸形式の出現数

	洒落本	滑稽本	人情本	牡丹燈籠
なさい	2	19	25	37
なせえ	16	50	18	11
なされ	0	2	0	0
なさいまし	0	20	28	4
なさり（れ）ませ（し）	25	1	1	1

縦の欄の下から2つは助動詞「ませ」が付いた形で、上から3つは
それが付かない形である。「ませ」が後接する「〜なさいませ」な
どと、「ませ」がつかない「〜なさい」「〜なせえ」「〜なされ」と
は、「ませ」の有無という条件の違いが反映して、丁寧さとか聞き
手に対する配慮が相当異なると予想できる。よってここではまず
「〜なさい」「〜なせえ」「〜なされ」のグループと、それらに「ま
せ」がついたグループに分けて、それぞれの聞き手が発話者から見
て目上にあたるかあたらないかという点についてまとめてみると次
の表3のようになる。

表3　「ます」の有無と聞き手の関係

	聞き手	洒落	滑稽	人情	牡丹
なさい・なせえ・なされ	目上	0	2	14	14
	非目上	18	75	28	34
なさいまし・	目上	25	3	13	3
なさり（れ）ませ（し）	非目上	1	17	3	2

丁寧の助動詞「ます」が後接した形かしていない形かという違いは、
予想通り丁寧さとか聞き手に対する配慮の大小という側面に影響す
るようで、表3からわかるように、「ます」が後接した形は聞き手
が目上の場合もかなりあるが、後接しない形の方は聞き手が同等か

目下の場合にかなり偏って現れる*4。時期が下る『牡丹燈籠』もその点は同様である。このことから、「なさい」と直接比較すべき形式は「なせえ」と「なされ」だということが確認できたので、次に「ませ」の付かない「なさい」「なせえ」「なされ」に絞って考えていく。

4.2 「〜なさい」「〜なせえ」「〜なされ」

表2をみると、少なくともこれらの文献に反映された後期江戸語の段階では、「〜なされ」という行為要求表現はほとんど使用されず、「〜なせえ」と「〜なさい」という2つの表現形式が併存している状態で、数の上からは、「〜なせえ」が最も多く現れる。そこで、「なせえ」と「なさい」だけを取り出して、使用者の性別と、聞き手が使用者より目上か否かという点をまとめたのが次の表4である。

表4 「なせえ」と「なさい」

	話者	聞き手	洒落本	滑稽本	人情本	牡丹灯籠
なせえ	男性	目上	0	1	3	8
		非目上	15	18	7	3
	女性	目上	0	0	3	0
		非目上	1	34	5	0
なさい	男性	目上	0	1	0	3
		非目上	2	23	1	28
	女性	目上	0	0	8	3
		非目上	0	0	15	3

洒落本では、「なせえ」も「なさい」も、その使用者（話者）の性別は、ほぼ男性に限られている。この資料では、女性は「なさい系」による行為要求表現をするとしたら、もっぱら「ませ」を後接した形の方を使うということである*5。

滑稽本や人情本では、「なせえ」は性別による偏りがそれほど極端ではなく、男性も女性も、特に相手が目上でない場合は問題なく使用できたようである。しかし、「なさい」の方は滑稽本では男性ばかりで、逆に人情本では、ほとんど女性話者が使用している。山田里奈（2014）の調査では、この「なさい」や「なせえ」の用例

の大半を占める補助動詞については、例えば「お飲みなさい／なせえ／なされ」のように「お」を前接させる場合と、「飲みなさい／なせえ／なされ」のように「お」がない場合に分けた上で、話者の性別や階層、話者と聞き手の関係なども考慮したより詳細な分析を行っている*6。それによると、中流階級以上の話者では「お～なさい」は女性の使用が男性より多く（81：43）、「お～なせえ」は圧倒的に男性が多くなっている（2：80）。下層階級の話者でも「お～なさい」は女性が多く（14：4）、「お～なせえ」の11例はすべて男性話者が使用している。また、「お」の付かない「～なさい」と「～なせえ」では、中流階級話者の場合は「～なさい」も「～なせえ」も男性が多いが、男女合わせた使用総数は「～なせえ」の方が圧倒的に多いし、聞き手の範囲も「～なせえ」の方が広い。下層階級の話者では「～なさい」の使用は1例しかみられず、男女ともに「～なせえ」ばかりといえる使用状況とのことである。「なさい」という形式の成立と一般化について議論している本稿にとってここで重要なことは、「お～なさい」と「～なさい」の敬意とか使用状況の違いではなく、それらをまとめた「なさい」が、「なせえ」や「なされ」と、使用状況という側面でどのように異なっていたかという点である。本稿の調査結果から見ても、より詳細な調査を行っている山田里奈（2014）の結果から見ても、「なさい」と「なせえ」を比較した場合、特に江戸の下層階級の話者の場合は、「なせえ」の方が全体の使用数が多いだけではなく、話者の性別や聞き手との関係にも制約を受ける部分が少なかったことが明らかである。つまり、当時の江戸下層階級の人々にとって、「なせえ」は最もよく使う行為要求表現形式のひとつだったということである。松村明（1998）では、「人情本は、『浮世風呂』などよりは、少し以後の、しかも少し上層の江戸語を伝えている（p. 49）」と述べているが、そう考えると、今述べた、江戸の下層階級の話者の男女を問わず「なせえ」に偏った使用実態は、今回の資料の中では『浮世風呂』がもっともそれをよく反映しているといえるようである。

　参考としてあげた『怪談牡丹燈籠』の数値は、登場人物の中に『浮世風呂』のような下層の人物が少ないこともあるが、「なせえ」

の使用者は男性に限定されていて、「なさい」よりずっと少ないなど、現代東京語に一歩近づいているといえる。

4.3 「なさい」と「なせえ」の成立

4.3.1 連接母音形式と長母音形式の文体的対立

　1節で述べたように、「なさい」は「なさいませ」から助動詞「ます」が落ちたものだと考えられる。そして、「なせえ」はその「なさい（nasai）」の連接母音 ai が長母音 e: に変化したもので、ai → e: という江戸語に見られる大規模な音変化がこの語（「なさい」）にも及んだものである。よって本稿のように「なさい」と「なせえ」の違いを考えるときには、連接母音 ai を保持している形式（連接母音形式）群と、その ai が長母音化した形式（長母音形式）群による、江戸語にみられる型の対立において両者はどういう違いを見せるのかという点も当然考慮する必要がある。連接母音形式と長母音形式の違いについてはすでにいろいろな先行研究によって明らかにされているように、連接母音形式の方は、江戸語においては威信のある標準形式であり、従って使用者はより社会的地位や教養の高い階層、使用場面はより改まり度の高い場面にふさわしい形式、これに対して長母音形式は非標準形式で、使用者はより社会的地位や教養の低い階層、使用場面はより改まり度の低い場面にふさわしい形式ということになる。別の言い方をすれば、連接母音形式の使用者は、その形式を使用することによって、使用者である自分の社会的地位や教養の高さを表明したり、あるいは当該の使用場面が改まった場面であると自分が認識していることを表明したり、聞き手との仲間意識があまり強くないことを表明することができる。逆に長母音形式の使用者は、それとは逆の表明をその形式を使用することによって行っているということになる。自分の社会的な地位や教養程度の低さを積極的に表明するというのは普通に考えるとその意味が理解しがたいようにも思えるが、それは別の見方をすると、自分は反権威主義的な人間であることだとか、従来の固定的な価値観とかその社会を支配する道徳観などにとらわれない人間であるとか、特に使用者が男性の場合は、粗野で荒々しく、たくましい男性

的性格の持ち主であることの表明にもなったりするのである。連接
母音形式と長母音形式の対立は、使用者のこのような自己表明手段
として、当時の、少なくとも江戸庶民の言語生活にかかせない、非
常に重要な役割を果たしていたと考えられる。よって当然「なさい」
と「なせえ」の関係にも、その一環としての側面があったに違いな
い。「なせえ」が江戸の特に下層階級の人々によく使われていたとい
う事実も、この長母音形式が表現する文体的価値とマッチする。

　さらにこの連接母音形式と長母音形式の対立は、当時の文化の二
大中心地である「上方対江戸」という対立図式の象徴としても意識
されていたはずである。その点では、自分自身では長母音形式を使
用しない江戸語の話者にとっても、この両形式の対立は、自らの地
域的アイデンティティーの確立にとって意味のある存在だったと考
えられる。

4.3.2 「なさります」と「なさいます」の変遷

　「なさります」から「なさいます」という形が生まれたこと自体
は、1節で引用した『大辞林』の説明のように「音便」ともいえる
現象である。つまり、これは「なさる」と「ます」が機能的には全
体で1単位相当の言語形式であることを形態面で表示したものとい
える。一般に四段動詞連用形に「ます」が付く場合は、江戸語でも
音便形は現れないはずである。ところが「なさる」「くださる」「ご
ざる」の他、「さっしゃる」「おっしゃる」など「〜っしゃる」とい
う形を持つラ行四段動詞の一群に限っては、「なさります」「くださ
ります」の他に、「なさいます」「くださいます」という形も現れる。
その段階では、「なさります」と「なさいます」は、例えば「書き
て」と「書いて」とか「飲みて」と「飲んで」のような動詞の非音
便形とそれに対応する音便形が同一言語社会に併存している場合の
両者の関係のように、標準形式：非標準形式という文体的対立を形
成したと想像できる。しかし、「なさいます」という語形は「なさ
ります」にはなかった ai という母音の連続を含んでいるので、た
ちまちにして ai → e: という変化の波に飲み込まれて「なせえます」
という変異形を生み出したに違いない。というより、以降に述べる

本稿の主張を先取りして言えば、ai → e: という変化の波に飲み込まれるために、「なさいます」という音便形を生み出したともいえる。よって「なさいます」と「なせえます」の出現には時差はないのかも知れない。おそらく「くださいます」「～っしゃいます」「ございます」も同様である。この段階で「なさいます」は、表現価値という側面から見ると「なさります」：「なさいます」という非音便形：音便形という対立においては非標準形式のポジションを占めながら、同時に「なさいます」：「なせえます」という連接母音形式：長母音形式という対立においては標準形式のポジションを占めるという複雑な位置づけとなったはずである。そして、4.2でも述べたように、少なくとも江戸時代後期の江戸の庶民達にとっては「音便形対非音便形」という対立などよりも「連接母音形式対長母音形式」の対立の方が自分たちの言語生活においてはるかに重要度が高かったのであり、彼らにとっては「なせえます」を失う方向での整理はあり得ないのである。そうすると「なせえます」と文体的対立を形成する相手としては、最終的には「なさいます」の方が残るという結果になるのは当然である。「なさいます」と「なさります」の決定的な違いは、当時の江戸庶民の言語生活にとってなくてはならない連接母音形式と長母音形式の文体的対立を基盤とした自己表明行為を行うことができるかできないかという点にあったということである。「なさいます」という広義の音便形の方が、全体で1単位相当であるということを積極的に表示している形式であり、そういう機能的側面での優位性は、「なさいます」という形式が成立した理由のひとつとしては認められるであろうが、こういう（広義の）音便形が発生したこと、さらにはその音便形が非音便形を駆逐する形で標準形式のポジションを獲得したことを、それだけで説明できるものではない。なぜなら、例えば「参る」「つかまつる」「奉る」など、「なさる」「くださる」と同様に補助動詞としての使用が多い四段活用動詞でも、「ます」が後接しても音便を起こした例を確認できないものがあるからである。「参る」とか「つかまつる」などは、「ます」が後接した場合に仮に音便を起こしたとしても、ai という母音連接が生じない、ということは対応する長母音形式を

行為要求表現「～なさい」の成立に関する一考察　　43

派生する可能性もない。「なさる」「くださる」は「なさいます」「くださいます」になったのに、「参る」「つかまつる」「奉る」などはそうならなかったのは、やはりその点の違いが大きく影響したと考えられる。これは逆に言えば、連接母音形式と長母音形式の広範囲にわたる文体的な対立パターンを持たない言語変種では、「なさります」と「なさいます」は江戸語とは違う変遷があり得ることを予想させるものである。本稿で考察対象とした後期江戸語と同時期の上方方言資料では、「なせえます」は当然として、「なさります」から派生した「なさいます」の使用もあまり頻繁には見られない*7が、そのことも本稿の解釈と矛盾するものではないであろう。

4.3.3 「なさい」と「なされ」

ここまで、「なさいます」と「なさります」を広義の音便形と非音便形としてとらえ、「なさいます」の勢力が「なさります」を上回った理由について考察してきたが、そこで示した解釈は、行為要求表現形式としての「なさい」と「なされ」の変遷にも、基本的にはほぼそのまま適用できるものである。何度も述べているように「なさい」は「なされ」から派生したわけではないし、この両形式は、もともと音便形と非音便形という関係にあるわけでもないが、「なさい」は「なせえ」という変異形を産み出して、それとの間でai 対 e: という文体的対立を形成する力を持つが「なされ」にはその可能性がないという点が「なさいませ」と「なさりませ」の関係と同じだからである。

ただし、行為要求表現としての「なさい」と「なされ」の関係を考えてみると、それとは別にもうひとつ、この両形式の変遷に関与した要因があるように思う。それは、「なさい」は「なされ」に比べれば、聞き手に対する強制力が少しは弱く感じられる、あるいは強制力が少しは弱く聞き手に感じてもらえそうな形式だったのではないかということである。

注1で述べたように、「行為要求表現」とは、聞き手に何らかの行為を要求する、あるいは行為の中止を要求する表現であり、必然的に被要求者（聞き手）に対する何らかの心的侵害を伴うものであ

る。そのため、実際の行為要求行為には、その聞き手に対する侵害度合いを軽減するためのさまざまな言語的、あるいは言語外的な配慮が伴う場合が多い。一方、行為要求表現は何らかの行為（あるいは行為の中止）を要求する表現であるといっても、その要求された行為をすること（あるいはその行為を中止すること）は、被要求者（聞き手）にとってどの程度の負担となるのか、そうすることが結局誰の利益になるのか、その要求に従うかどうかの決定権を聞き手にどの程度与えるつもりなのかなどの条件は常に一定であるはずはないし、そもそも要求者（話し手）と被要求者（聞き手）との上下関係、親疎関係にもさまざまな組み合わせがあるはずである。よって、聞き手に対する侵害度合いを軽減する配慮といっても、現代日本語のどの言語変種をみても明らかなように、いろいろな程度の配慮表現が必要とされるのである*8。仮に、活用語の命令形による言い切りの形が最も聞き手に対する配慮のない行為要求表現だとしてみよう。この形式は、選択の余地を与えるつもりのないことを被行為要求者に理解させたり、要求者が被要求者より権威のあるポジションであることを理解させるための表現として、江戸時代も現代も、必要な時はいつでも使用できる行為要求表現として存在し続けているといえる。「なさいませ」から「ます」を脱落させた「なさい」に期待されたのは、その命令形の言い切りによる、強制力を露骨に感じさせる行為要求表現より、少しだけ聞き手に対する配慮の感じられるレベルの行為要求表現形式というポジションだったのではないかと思う*9。そのためにはいわゆる敬語動詞でありながら形態的に命令形そのものといえる「なされ」より「なさいませ」から「ます」の分の丁寧さを削除した「なさい」の方が適当だったのである。「なされ」も「なさい」も、行為要求表現を命令表現、勧誘表現、依頼表現、当為表現、忠告表現などと下位分類したとしても、どちらも同じく命令表現に該当するのであって、その点では両者に大きな違いはない。しかし、行為要求表現だからこそ、つまり本来的に被行為要求者に対する心的侵害を伴う行為にかかわる表現だからこそ、さまざまな度合いの配慮表現が必要だったのである。「なされ」があるのに、そこにさらに「なさい」が加わった理由、

行為要求表現「〜なさい」の成立に関する一考察　　45

言い換えれば「なさいませ」から「ませ」を脱落させた理由は、当時隆盛の連接母音形式と長母音形式の文体的対立パターンに「なさい」なら参入可能だったということの他に、「なされ」という命令形の言い切りより少しだけ丁寧さとか配慮の感じられる行為要求表現形式が必要とされていたという点も関与したのではないかと思う。現代東京語では、連接母音形式と長母音形式の文体的対立を利用した自己表現行為は、今回考察対象とした江戸庶民の言語社会に比べればずいぶん限定的なものになっているといえよう。それでも「なさい」の勢力がそのまま継続しているのは、やはり命令形そのものとは少し違う行為要求表現形式の必要性も継続していることが関係していると思う。

5. 言語史記述における視座という概念の有効性

5.1 「なさい」に関するまとめと視座の認識

ここまで述べてきたように、「なさい」が「なされ」をほとんど駆逐して、後期江戸語の代表的な行為要求表現のひとつして生き残ることができた理由は、連接母音形式対長母音形式という文体的対立が江戸の庶民の言語生活にとってきわめて重要であり、行為要求表現形式の「なさい」と「なせえ」は、その一環としてお互いにその存在を支え合うことによって高い頻度で継続的に使用されてきたという点が大きく影響している。「なせえ」の支えがなければ「なさい」は「なされ」に取って代わることはできなかったと思われる。「なさい」についてのこのような解釈は、先行研究にはみられないものであろう。先行研究のほとんどは、(自覚的ではないにしろ)たいていの場合は、2節で述べた「中央の視座」からの言語史研究であり、そこでは、「なせえ」という形式はその存在自体、「なさい」や「なされ」と対等なものとしては認められていないからである。この形式のことを「音訛形」などと呼ぶことも、そのような価値観の反映であることは明らかである。「なせえ」という言語形式の存在は江戸時代後期の江戸という空間に暮らす、ある一群の人々にとっては非常に価値のあるもので、彼らにとっての「なせえ」対

「なさい」という文体的対立の重要性は、「なさい」と「なされ」の変遷にも影響を与えるほどであったという解釈は、権威のない社会階層に属するその「ある一群の人々」の価値観を尊重するという記述態度から生まれたものである。言い換えれば、歴史記述には「中央の視座」だけが唯一であるという前提を否定し、複数の視座の設定が可能であると認識したところから生まれたものである。今回、具体例として考察の対象にしたのは「なさい」という一語に過ぎないが、視座の設定の仕方を変えることによって、新たな解釈が可能になる事象は他にもいろいろあると思う。

　ただし、歴史記述における視座の認識は、このような解釈の部分にだけ影響するものでは決してなくて、問題設定そのものにも当然大きな影響を与えるはずである。本稿の問題設定は、現代標準日本語にまで残る「なさい」という破格の言語形式に着目して、なぜそのような行為要求表現形式が成立したのか、なぜ「なされ」を上回る勢力を得たのかというものである。なぜ「なさい」に対して説明が必要だというのかというと、「なさい」は現代標準日本語という権威のある言語変種に登録されている形式だからであり、その中においてみると破格だからである。このような本稿の問題設定自体は、これまでの多くの先行研究と同様「中央の視座」からの日本語史研究そのものである。その説明の過程に、「なせえ」という、「中央の視座」からすると存在価値のない言語形式を持ち出してきたことは、「中央の視座」を絶対視しないことによる成果ともいえるが、しょせんはそれも「中央の視座」から設定された問題を説明するためのものにすぎない。本稿とは違って、問題設定からして「中央の視座」からのものにとらわれない、そういう研究も認めていくことが、これからの日本語史研究には必要な姿勢だと考える。

5.2　行為要求表現「〜ねえ」について

　今回調査した資料の中には、例えば次の（1）（2）のような「〜ねえ」という行為要求表現がたくさん現れる。

（1）一寸おらが内へ歩びねへ（衰微→鼓八）　　　　　　『浮世風呂』
（2）いいかげんにしてくんねへ（丹次郎→仇吉）　　　　『春色辰巳園』

行為要求表現「〜なさい」の成立に関する一考察　　47

この「ねえ」について、『日本国語大辞典（第2版）』には、「（『なさい』の変化した『なせえ』がさらに変化したものか）動詞の連用形を受けて命令の意を表す江戸語の俗語的表現」とある。また、湯澤幸吉郎（1991）には、敬譲動詞「なさる」の略された「なる」という助動詞の命令形が「ない」で、それが「なえ」となり、さらにくずれて「ねえ」ともなるという意味の説明がある。それ以外の辞書類では、この「ねえ」には言及がないものが多い。

　本稿にとって重要なことは、この「ねえ」はどこからきたのかということではない。つまり『日本国語大辞典』がいうように「なさい」→「なせえ」→「ねえ」なのか、湯澤幸吉郎（1991）がいうように「なる」の命令形が「ない」で、それが「なえ」→「ねえ」と変化したのか、あるいは本稿の筆者が福島直恭（2015）で示したように「連用形＋な」に終助詞の「よ（あるいは「や」）」が付いたものが「ない」になり、その ai が長母音化したのか、それらのどの説が妥当なのかということが重要なのではない。そうではなくて、その由来はともかく、この「もっと飲みねえ」というような行為要求表現は、「そんな所にゃ行かねえ」とか「おっと危ねえ」とか、そういう長母音形式をよく使用する人々が、それらと似たような感覚で使用していたこと、及び「行かねえ」に対する「行かない」、「危ねえ」に対する「危ない」に該当するような、「飲みねえ」に対する言い方を探せば、それは少なくとも今回の調査対象とした文献では「飲みな」という行為要求表現らしいことが重要なのである*10。「〜ねえ」のペアが「〜な」だとする点に関しては、詳述する紙幅もないし、資料全般にわたる詳しいデータもそろえていないが、特に『浮世風呂』でのこの「ねえ」の使用者達と「な」の使用者達が、前者は典型的な長母音形式の使用者達と重なり、後者は連接母音形式を比較的多く使う話者達と重なるように見えたのがそう考えた理由である。3.2 で示した行為要求表現の分類でも、「〜ねえ」の「ねえ」は、「〜な（ex「飲みな」）」の「な」と併せて扱った。「飲みな」の「な」は「飲みなされ」とか「飲みなさい」の「な」であると一般的には説明されており、その「な」は ai という母音の連接などももともと持たないので、「な」と「ねえ」は形の上

48　　福島直恭

からは連接母音形式と長母音形式に該当するわけではない。しかし、おそらく今回調査した資料に現れるような人々、あるいは少なくともその一部の人々の間では、「〜な」と「〜ねえ」は連接母音形式と長母音形式の擬似的ペアとして盛んに用いられていたと考えられる。彼らにとっては、この「ねえ」は、本当はどのようにしてできたことばなのかなどということは問題にすらならないのである。

　明確な問題設定はしていなかったが、この 5.2 で展開した粗雑な議論は、江戸の下層の人々だけにみられる「〜ねえ」という形の行為要求表現に注目して、この形はどこから来たのか、他の行為要求表現形式とどのような関係にあるのか、どうしてそういう関係が構築されたのか、なぜ庶民の中でもより下層の人々が多く使うのかなどという問題についての解釈である。「中央の視座」からすると、こういう問題設定自体がありえないであろう。「飲め」とか「飲みなさい」などと同じような意味で「飲みねえ」という表現が存在したこと自体、重視する必要がないと見なされるはずだからである。多くの辞書類にこの「ねえ」の項目立てがみられないのもそういう価値観の表れであろう。しかし、本稿の筆者としては、ここで展開した「な」と「ねえ」に関する解釈の是非はともかく、今述べた問題設定自体は、日本語の歴史の中における無意味な問題設定だとは決して思わない。そのような人々の、そのような言語使用こそがまさに生きた言語であり、言語研究の最も中心的な研究対象のひとつだと考えるからである。

6. 言語の歴史記述の政治性

　本稿では、従来の日本語史研究とは異なる視座からの歴史記述の可能性について、具体的な事例に関する考察を通して議論してきた。そこで取り上げた具体例についての解釈が妥当かどうかはともかく、本稿の筆者としては、日本語史を記述するための視座はたったひとつしかないとか、科学としての日本語研究にとって有意味な視座は従来のものしかないなどということは決してないということだけは理解してもらいたいと願うものである。そしてもし、そこの部分が

理解できるというならば、本節でこれから述べる内容についても、是非考えてみてもらいたいと思う。

　現代の日本語学という研究分野における日本語の歴史的研究においては、そういう分野の研究をすること、そういう分野の研究成果を発表することに関して、それがある特定の政治的立場だとか社会的利害に動機づけられたような立場から行われるべきではないという基本的な共通理解が成立していると思われる。そのような価値観からみると、例えば江戸時代の国学者たちによる日本語史研究のような、特定の政治体制とかイデオロギーあるいはナショナリズムと切り離し難い研究は、「客観性の欠如」という理由であまり好意的な評価を得られないものとなるであろう。国学者たちによる日本語史研究に、そういう理由でそういう評価を下すのは、それらとは違うもっと客観的、科学的な立場からの歴史記述があり得ると信じているからである。しかし、本稿の筆者は、2節でも述べたように、純粋に客観的な視点からの過去の記述などはありえず、すべての歴史記述は、記述者がそれぞれの視座から過去の事実を編集したストーリーに過ぎないと考える。より客観的な議論というものはもちろんあり得るが、客観的な視座というのは、むしろ形容矛盾だとさえいえる。日本語史の研究者が、その社会における自分の社会的ポジションには全く影響されず、まるで「神の視点」からでも俯瞰したかのように、過去の日本語について客観的に記述した、もっといえば過去の日本語の歴史を復元したかのように思うことがあるとしたら、それは単なる錯覚である。

　記述者が、最も客観的で政治性のない公平な記述と錯覚しやすいのは、2節でも述べたように、その社会の最も権威のある、いわば「中央の視座」から歴史記述を行った場合であることが多い。日本語史の記述であれば、中古期以降の日本社会の最高権威語である京都語だとか、あるいは現代の最高権威語である標準日本語に連なる言語変種としての江戸語・東京語を対象とした歴史的研究は、まさに「中央の視座」からの日本語史研究となりがちである。そしてそれらの研究は、「客観的で公平な視点から記述した結果、自分たちが考察の対象とした言語こそが、その歴史を記述する価値のある唯

一の言語変種であるとか、その歴史を記述する価値の最も高い言語変種である」という、言語化されないメッセージを感じさせやすいものとなる。さらにそれは、言語の優越性に関するメッセージにとどまらず、その言語を使用する人々とか、社会とか、その社会の政治体制などの優越性の主張として受け取られがちになるのである。

　本節で筆者がいいたいことは、「中央の視座」からの歴史記述を展開するにしても、それ以外のどのような視座からの歴史記述を展開するにしても、数ある可能性の中から、ある特定の視座を選んで歴史記述を行うことになるのだから、そのような行為は、例外なくある特定の政治的メッセージを発信したものとして受け取られる可能性があることを自覚する必要があるということである。「中央の視座」と、客観的で政治的には無色のポジションとを同一視するという錯覚によって作り出される安住の地はもはや存在しないことを自覚する必要があるということである。

　言語研究者なら、その研究者になるプロセスにおいて、「すべての言語はそれが使用されている言語社会においては十分に機能しており、その点からいえば、世界にはより優れた言語もより劣った言語も存在しない」という内容の教育を受けているはずだし、そのことを忘れてはいないはずである。だからこそ消滅の危機にある言語を、せめて記録して残そうとする言語研究者が多くいるのである。日本語史の研究者も、過去の日本語には記述する価値のある言語変種と価値のない言語変種が両方あるなどとは思っていないはずである。ただ単に歴史記述を行うための手がかりが少ない言語変種には手をつけにくいというだけなのである。しかしそうだとしても、結果として「中央の視座」からの歴史記述ばかりが増えていくとしたら、現代の日本語学における日本語史研究という分野は、ある特定の政治理念とか、ある特定の思想とセットになっているように受け取られてしまう危険性があると思う。いわゆる方言日本語史という分野に限らず、さまざまな視座からの日本語史研究が蓄積されることによって、総体としての日本語史という研究分野が健全な多様性を確保できると考える。

＊1 「行為要求表現」とは、発話者の発話によって、聞き手が何らかの行為を
する、あるいはすることを思いとどまること、またはしていることを中止する
ことを発話者が期待して発話する言語表現のことである。具体的にいえば、従
来「命令表現」「依頼表現」「禁止表現」「当為表現」「勧誘表現」などと呼ばれ
ていた表現（あるいはその一部）をまとめたものである。
＊2 江戸語の命令表現をテーマとした先行研究の中には、「なされ」「なさい」
「なせえ」をひとまとめにしないで、本稿のように用例を別々に扱ったものも
ある。滑稽本の作品別に命令表現の個々の形式とその使用者との関係に着目し
た広瀬満希子（1991）（1992）（1993）、「お〜なさい」「お〜なせえ」「〜なさ
い」「〜なせえ」の使用実態や、「なさる」の命令形以外の使用と命令形の使用
の違いをテーマにした山田里奈（2014）などである。ただ、広瀬の一連の詳細
な研究は、一度に多くの命令表現を扱っているので、本稿にとっては必要な
「なさい」と「なせえ」という、この2つの形式の違いがよく見えてこない。山
田里奈（2014）も多くの文献調査を基にした非常に詳細な分析であるが、それ
ぞれの言語形式の違いを、はじめから「敬意の幅」の違いという前提で考えて
いる点で本稿の立場とは異なっている。
＊3 「ます」の命令形は「まし」という形でもたくさん現れるが、「まし」と
「ませ」の違いは本稿のテーマから外れるので、以降は「ませ」で代表させる。
＊4 「ます」が後接した形は、滑稽本『浮世風呂』の場合は逆に非目上が多い
が、これらのほとんどは登場人物の中では階層が高い女性同士の会話中に現れ
るもので、同等の相手でも自分の品格とか改まり度の高さを表現するための使
用だと考えられる。
＊5 ただしこの「洒落本」の調査結果は、滑稽本や人情本より時代的に少し前
の状態を反映したものだと解釈すべきかどうかは断定できない。先にも述べた
ように、洒落本の女性話者の多くを占める遊女達の発話は、本稿に提示した数
値からはすべて除いている。残された女性話者は、遊女屋や茶屋、船宿の女将
や従業員に限られていて、発話量自体が男性に比べて少ない上、それらの女性
の会話の相手は客である場合が多いので、さまざまな女性達のさまざまな発話
状況からデータをとった他の資料に比べて数値の偏りが大きく出てしまったと
も考えられる。
＊6 山田里奈（2014）は本稿と目的が違うこともあり、「なさい」と「なせ
え」は区別しているが、「なさい」と「なされ」は区別せずに論じている。本
稿にとって「なさい」と「なされ」の違いは重要なので、山田里奈（2014）掲
載の表1、表2の数値のうち、「なされ」を除外して「なさい」だけの出現数を
基にして本稿に引用している。それでも「なされ」の使用数が非常に少ないの
で、山田里奈（2014）で述べられている「なさい」の概要はほぼそのまま受け
入れることができると思われる。
＊7 「なさいます」の使用例確認のために今回調査した上方語資料は洒落本の
「風流裸人形」「南遊記」。すべて『洒落本大成』（中央公論社）である。
＊8 岸田浩子（1974）では、おそらくこれと同様の主旨を「相手にある行動
を要求（含禁止）する表現を広く「命令表現」と喚ぶ事にすると、その内容上、

失礼にあたらないようにという対人意識が、この表現に非常に微妙な分化をもたらしている…」のように表現して、その上で江戸語と対照しながら上方語の命令表現の多様性について論じている。

＊9　本稿の直接の考察対象ではないが、助動詞「ます」の命令形が「ませ」ではなく「まし」という形であらわれることが多いのもそれと同じ原理といえるのかもしれない。

＊10　もし「ねえ」の由来に関しては湯澤幸吉郎（1991）の説が正しいとしたら、「なさい」が変化した「ない」という行為要求表現形式こそが「ねえ」と文体的に対立する相手であるはずである。しかし、今回調査した時期の資料にはそういう「なさい」起源の「ない」が現れないようなので、その時点ですでに文体的対立の相手が入れ替わっていたと考えるべきなのかもしれない。

調査資料

遊子方言、南江駅話、俠者方言、南閨雑話、甲駅新話、傾城買四十八手、繁千話、傾城買二筋道、風流裸人形、南遊記、以上、洒落本大成（中央公論社）、浮世風呂…日本古典文学全集（小学館）、春色梅児誉美、春色辰巳園…日本古典文学大系（岩波書店）、怪談牡丹燈籠（岩波文庫）

参考文献

岸田浩子（1974）「近世後期上方語の待遇表現―命令表現を中心に」『国語国文』43（3）: pp.1–19. 京都大学文学部国語学国文学研究室

広瀬満希子（1991）「『浮世風呂』における命令法について―位相を視点として」『国文鶴見』26: pp.30–53. 鶴見大学日本文学会

広瀬満希子（1992）「『浮世床』における命令法について」『国文鶴見』27: pp.70–97. 鶴見大学日本文学会

広瀬満希子（1993）「『四十八癖』に見られる命令法について―話者とその使用形式の関係」『国文鶴見』28: pp.71–91. 鶴見大学日本文学会

福島直恭（2013）「日本語の歴史的研究における「視座の転換」の可能性」『学習院女子大学紀要』15: pp.139–152. 学習院女子大学

福島直恭（2015）「後期江戸語における行為要求表現の諸相」『学習院女子大学紀要』17: pp.129–146. 学習院女子大学

松村明（1980）「江戸時代後期の国語」国語学会編『国語学大辞典』東京堂出版

松村明（1998）『増補江戸語東京語の研究』東京堂出版

山田里奈（2014）「江戸後期における命令形による命令表現の使用―「お～なさい」「～なさい」「お＋動詞連用形」を中心に」『早稲田大学大学院教育学研究科紀要』別冊21（2）: pp.139–152. 早稲田大学大学院教育学研究科

湯澤幸吉郎（1991）『増訂江戸言葉の研究』明治書院

文法変化の方向と統語的条件

小柳智一

1. はじめに

　文法変化にはいくつかの方向性が見出される。方向性を見出すことは、文法変化の記述に際して重要な仕事だが、それを所与の法則のように受け取って済ませるのは安易である（小柳智一 2014: 22）。そのような方向性が見られる理由を解明し、それによって文法変化、ひいては人間の言語使用をより深く理解することが重要である。本稿は、後述する、内容語と機能語に渉る変化の方向性がなぜ見出されるのかを考察し、文法変化の方向性に統語的条件が関係することを示そうとするものである。また、その一般的な方向に反する例外について、なぜそれが起こりうるのかも考える。

2. 文法変化の方向

　語を内容語と機能語に分け、形式的に見て前者は自立的、後者は付属的とするのが一般的な見方だが、前稿（小柳智一 2015b）で指摘したように、機能語には付属的なものの他に、自立的なものも認めるべきである。内容語は自立的なものしかないので、組み合わせは（1）のようになる。該当する品詞も例示する*1。そして、内容語と機能語に関わる変化の方向性として、（2）の傾向が見出される。

- （1）a.　内容語　　　：名詞、動詞、形容詞
- 　　　b.　付属的機能語：助詞、助動詞
- 　　　c.　自立的機能語：接続詞、感動詞、副詞
- （2）a.　内容語は内容語にも機能語にも変化するが、機能語は内容語に変化しにくい。

b. 付属的機能語は別の付属的機能語には変化するが、自立的機能語には変化しにくい。逆に、自立的機能語は別の自立的機能語には変化するが、付属的機能語には変化しにくい。

（2a）のうち、内容語が内容語に変化するというのは、ある内容語がそれまで表していなかった内容的な意味を表すようになることで、内容語の多義化を言う。内容語の多義化は普通のことで、変化の方向性に関して取り立てて述べることはない。一方、（2a）のうち、内容語と機能語の間に見られる方向性は、前者から後者への変化、つまり「機能語化」は起こりやすいが、その逆、つまり「内容語化」は起こりにくいことを言う。上述のように、機能語には付属的なものと自立的なものがあるので、機能語化にも 2 種類があり、前稿（小柳智一 2015b）では、内容語を資材として付属的機能語を生産するのを「機能語化 A」、同じく内容語を資材として自立的機能語を生産するのを「機能語化 B」と呼んで区別した。（3）（4）に具体例とともに示す。

（3）a. 機能語化 A：内容語→付属的機能語

b. はべり（丁寧の存在動詞→丁寧の補助動詞）

（4）a. 機能語化 B：内容語→自立的機能語

b. つゆ（名詞→程度副詞）

一般的な傾向として、機能語化（（3a）（4a）の方向）は起こりやすいが、内容語化（（3a）（4a）の逆方向）は起こりにくい。この傾向が見られる理由を、前稿（小柳智一 2015b）では「非表意の表意化」という意味変化の性質によって説明した。非表意の表意化とは、既存の言語形式の表す含意（entailment）や推意（implicature）が、新たにその言語形式の明示的な表意（explicature）となることである（小柳智一 2013d: 47–48）。例えば（3b）の「はべり」はもとは「あります」「ございます」という意の独立動詞で、存在の意（内容的な意味）と丁寧の意（機能的な意味）を表すものだったが、後者が表意化して、（5）のように丁寧の意だけを表す補助動詞になった。

（5）離れ離れにおはせしをだに、飽かず胸いたく思ひはべりしを、

（これまで訪問が途絶えがちでいらっしゃったのさえ、不満
で胸が痛く思いましたのに）

　　　　　　　　　　　　　（源氏物語・葵、2–66: 1001–1014 頃成）

　（4b）の「つゆ」は名詞（「露」）が本来だが、これは水がごく少
量であることを含意しており、水という実質的な意味を捨て、少量
という量的な意味（機能的な意味）が表意化して、程度量極小を表
す程度副詞「つゆ」に変化した。副詞「つゆ」は（6）のように否
定述語と呼応して、わずかな程度量もないという全否定を表す。

（6）　御胸のみつと塞がりて、<u>つゆ</u>まどろまれず、明かしかねさ
　　　せ給ふ。

　　　（胸がいっぱいになるばかりで、少しもお休みになれず、夜
　　　を明かしかねてお過ごしになる）

　　　　　　　　　　　　（源氏物語・桐壺、1–23: 1001–1014 頃成）

　これらは、もとの表意に含まれる含意が表面化して他の意味を捨
象する「含意の表意化」の例である。この意味変化では、もとの表
意は、表意化の際に捨象する意味がある分、後に表意化する含意よ
りも内容が豊かである。例えば、名詞「露」は少量という意味だけ
でなく、水という実質的な意味も表すので、副詞「つゆ」よりも内
容が豊かである。このような意味変化では、意味内容の豊かなもの
から乏しいものへ変化が起こると考えられ（小柳智一 2013d: 51）、
内容語の方が機能語よりも意味内容が豊かなので、内容語の機能語
化（（3a）（4a）の方向性）は容易だが、その逆、機能語の内容語
化（（3a）（4a）の逆の方向性）は難しいと言える*2。

　このように、（3a）（4a）の方向性（内容語→機能語）、および
（2a）の一般的な方向性が見られる理由は、そこで起こる表意化と
いう意味変化の性質によって説明することができ、この方向性は意
味的な制約に基づくものだと言える。以上は前稿（小柳智一
2015b）で述べたことだが、（2b）の、機能語間における方向性に
ついては、（2a）と同様には考えられず、別の観点から考察する必
要があるため、前稿（小柳智一 2015b）では取り上げなかった。
次節以降で考えていきたい。

　　　　　　　　　　　　　　　文法変化の方向と統語的条件　　57

3. 機能語化が起こる位置

　（2b）の方向性が見られるのはなぜか。（3a）の機能語化Aのように、自立的である内容語が付属的機能語になる変化があるのだから、自立的機能語が付属的機能語になっても不思議でないように思われる。なぜ自立的機能語と付属的機能語は双方向的に変化しないのだろうか。この理由を明らかにするために、内容語の機能語化がどのような場合に起こっているかを詳しく観察することにする。

　まず、複合語の後項に現れた内容語（動詞・形容詞）が機能語化する場合がある。実質的・語彙的な意味を表す内容語が複合語後項の位置にあって、機能的・文法的な意味を表すようになった例がある*3。（7a）では移動動作を表す動詞「渡る」が、複合動詞の後項として前項「恋ふ」の時間的持続を表している。類例を（7b）に例示する。先掲（3b）の「はべり」もこれに該当する。（7c）には複合形容詞の例を挙げる。

（7）a.　朝霧の　おほに相見し　人故に　命死ぬべく　恋ひ<u>わ</u>
　　　　　<u>たる</u>かも〔恋 渡鴨〕
　　　　　（朝霧のように、はっきりと逢ったわけでもない人のせ
　　　　　いで、死にそうなくらい恋し続けていることです）

　　　　　　　　　　　　　　　　　（万葉集・巻4・599：8C後期成）

　　　b.　咲き<u>そむ</u>（←初む）　思ひ<u>はつ</u>（←果つ）　囁り<u>あふ</u>
　　　　　（←合ふ）

　　　c.　言ひ<u>にくし</u>（←憎し）　逃れ<u>がたし</u>（←難し）　隠れ<u>や</u>
　　　　　<u>すし</u>（←易し）

　次に、連体修飾を受ける被修飾部に現れた内容語（名詞）が機能語化する場合がある。（8a）の「ところで」は原因理由を表す接続助詞だが、名詞「所」に由来し、連体修飾句を受ける「連体修飾句＋所（名詞）で」という名詞節が「述語句＋ところで（接続助詞）」という接続節に変化したものである。名詞「所（で）」が接続助詞に変化している。（8b）は名詞が副詞節を構成する形式副詞*4に変化した例で、（8c）は名詞が助動詞に変化した例である。

（8）a.　ある時、鼠のもとに蛙を招いて、種々の珍物を揃えて

もてないたところで〔tocorode〕、その後また、蛙も鼠
をもてなそうずるとて、招き寄せ、

（ある時、鼠のもとに蛙を招いて、様々な珍しい料理を
揃えてもてなしたので、その後また、蛙も鼠をもてな
そうと思って、招待し）(エソポのファブラス、442: 1593 刊)

b. 磨いたら磨いただけ（←丈） 紐が切れるくらゐに（←
位)

c. はずだ（←筈） わけだ（←訳） つもりだ（←積)

　また、機能語を介して別の内容語に後接する内容語が、その機能
語とともに1つの構成体（construction）となり、それが機能語化
する場合がある。(9a) は格助詞「を」を介して動詞「為」が名詞
「人」に後接する例だが、後続する「て」も合わせた「をして」と
いう1つの構成体が、与格の格助詞相当になっている。(9b) はそ
の類例である＊5。(9c) は、格助詞を介して内容語に後接する名
詞を中心とした構成体が形式副詞に変化した例である＊6。(9d)
は、「て」と動詞からなる構成体が助動詞または補助動詞に変化し
た事例で、もとの動詞は「見えて有り（→見えたり）」のように
「て」を介して別の動詞に後接するので、ここに分類される。現代
語の「にちがいない（←に違いない」「かもしれない（←かも知れ
ない)」などもこの類である。

(9) a. 人をしてかかる目を見する事、慈悲もなく、礼儀にも
そむけり。

（人にこのような目を見せることは、思いやりもなく、
礼儀にも背いている。)　(徒然草・175 段、218: 1331 頃成)

b. において（←に置きて） をもって（←を持ちて） に
ついて（←に就きて)

c. とともに（←と供に） のおかげで（←の御蔭で） の
たびに（←の度に)

d. たり（←て有り） てゐる（←て居る） ておく（←て
置く)

　最後に、句頭（または文頭）に現れる内容語が機能語化する場合
がある。(10a) は、動詞「依る」が接続助詞「て」を伴った「依

文法変化の方向と統語的条件　　59

りて（→依って）」が接続詞になった例である。「依る」は動詞なので句頭に現れることができ、その位置で機能語化している*7。（10b）はその類例である。（10c）は動詞「為」が助動詞「たり」を伴った「為たり」に由来する感動詞の例である。この「したり」には「した」という動作完遂の意味は皆無ではないが希薄で、感動詞化していると考えられる。（10d）には名詞が感動詞化した例を挙げる*8。（10e）は名詞や動詞が副詞化した例で、先掲（4b）の「つゆ」もこれの一例である。

(10) a. この老僧二人、若きより囲碁の外はする事なし。すべて仏法の名をだに聞かず。よつて、寺僧、憎みいやしみて交会する事なし。

（この老僧2人は、若い頃から囲碁しかしない。まったく仏法の名さえ聞いたことがない。それで、寺僧は嫌い卑しんで交わることもない。）

（宇治拾遺物語・巻12・1、361: 1221頃成）

b. したがって（←従ひて）　および（←及び）　あるいは（←有るいは）

c. したり、やれやれ、それはしほらしい心掛。

（おお（よくやった）、なんとなんと、それは殊勝な心がけだ。）　　（名歌徳三舛玉垣、96: 1801初演）

d. くそ（←糞）　ちくしやう（←畜生）

e. まこと（←真事）　けっして（←決して）　おそらく（←恐らく）

これら4つの場合において、機能語化の起こった統語的な位置を整理すると、（11）のようになる。【　】がその位置である。これは言い換えると、【　】の位置に現れる内容語が機能語化しうるということである*9。

(11) a. 複合語後項部　　：複合前項＋【内容語】
　　b. 被連体修飾部　　：連体修飾＋【内容語】
　　c. 機能語の後接部　：内容語＋機能語＋【内容語】
　　d. 句頭部　　　　　：【内容語】、〜

このうち、（11a）-（11c）の位置で起こるのが機能語化A（付属

60　　　小柳智一

的機能語の生産）で、（11d）の位置で起こるのが機能語化B（自立的機能語の生産）である。この2つの機能語化の起こる統語的な位置は、（12）のように再整理することができる。（12a）の「連接」は要素が連なり、ある程度のまとまりをなした状態を言うもので、要素同士の関係や緊密度などは問題にしないものとする。

（12）a.　機能語化Aの位置：連接前部＋【連接後部】

((11a)–(11c))

　　　b.　機能語化Bの位置：【句頭部】、～

((11d))

　この（12）は、機能語化の起こる統語的な位置を一般化したものである。この2つの統語的な位置にある内容語が、それぞれ付属的機能語と自立的機能語に変化しうることを示し、この位置に現れることが機能語化の統語的条件である。これを逆から言えば、付属的機能語は連接後部に現れるという統語的条件を満たす内容語が機能語化したもので、自立的機能語は句頭部に現れるという統語的条件を満たす内容語が機能語化したものだということになる。このように、機能語化には、資材となる内容語の統語的条件が関係している。

4．多機能化と統語的条件

　さて、前節を踏まえて、先掲（2b）の一般的な方向性が見られる理由を考えよう。（2b）を（13）として再掲する。

（13）付属的機能語は別の付属的機能語には変化するが、自立的
　　　機能語には変化しにくい。逆に、自立的機能語は別の自立
　　　的機能語には変化するが、付属的機能語には変化しにくい。

((2b) の再掲)

　既存の機能語を資材として新たに機能語を生産する文法変化を「多機能化」と呼ぶが、前稿（小柳智一2015b）では、資材となるもとの機能語が付属的か自立的か、生産された機能語が付属的か自立的かによって、次の4種類に下位分類した。それぞれの具体例も示すが、（14b）の多機能化1Bの実例は特定の語群に限られ、（14c）の多機能化2Aは確例が見当たらない（次節で詳述）。

文法変化の方向と統語的条件　　61

（14）a.　多機能化 1A：付属的機能語→付属的機能語

　　　　　　　　e.g. た（アスペクト→テンス）

　　　b.　多機能化 1B：付属的機能語→自立的機能語

　　　　　　　　e.g. が（接続助詞→接続詞）

　　　c.　多機能化 2A：自立的機能語→付属的機能語

　　　d.　多機能化 2B：自立的機能語→自立的機能語

　　　　　　　　e.g. まこと（副詞→感動詞）

　この区別によれば、（13）の一般的な傾向は、多機能化 1A と多機能化 2B は起こりやすいが、多機能化 1B と多機能化 2A は起こりにくいということになる。前稿（小柳智一 2015b）で見たように、いわゆる「文法化（grammaticalization）」研究は、自立的な形式から付属的な形式へという変化の一方向性（unidirectionality）を想定しているが、内容語は付属的機能語にも自立的機能語にも変化するので（前者が（3a）の機能語化 A、後者が（4a）の機能語化 B）、機能語化では自立的か付属的かという形式上の違いは関与的でない——よって、機能語化全般から見れば、自立的な形式から付属的な形式へという一方向性仮説は成り立たない。「文法化」研究は機能語化 A に限定して「文法化」と言ったので、一方向性が成り立つと錯覚したのである（前稿（小柳智一 2015b））——。これに対して、多機能化では、付属的機能語から別の付属的機能語へ、自立的機能語から別の自立的機能語へと、それぞれの内部では変化するが、相互に変化し合わない傾向にあるので、多機能化においてこそ自立的か付属的かが問題になる。

　前節の（12）で機能語化の起こる位置を整理し、その位置に現れることが機能語化する内容語の統語的条件であることを指摘した。これは多機能化の場合にも当てはめて考えられる。すなわち、付属的機能語は（12a）の連接後部に現れるので、付属的機能語を生産する統語的条件を満たし、多機能化 1A は起こりうるが、（12b）の句頭部には現れないので、自立的機能語を生産する統語的条件を満たさず、多機能化 1B は起こらない。逆に、自立的機能語は（12b）の句頭部に現れるので、自立的機能語を生産する統語的条件を満たし、多機能化 2B は起こりうるが、（12a）の連接後部には現れない

ので、付属的機能語を生産する統語的条件を満たさず、多機能化2A は起こらない。

このように、（12）の統語的条件は多機能化にも関係する。（15）のように拡大しよう＊10。（15a）の連接後部に位置できる内容語または付属的機能語からは付属的機能語が生産され、（15b）の句頭部に位置できる内容語または自立的機能語からは自立的機能語が生産される。

（15）a.　機能語化 A・多機能化 1A の位置：連接前部＋【連接後部】

　　　b.　機能語化 B・多機能化 2B の位置：【句頭部】、〜

多機能化において、先掲（13）の方向性が見られるのは、（15）の統語的条件が関与するからである。この統語的な制約に基づいて、付属的機能語と自立的機能語は双方向的に変化しないと考えられる。

それでは、なぜこのような統語的条件があるのだろうか。答えは、この条件を満たさないと非文になるからだと思われる。もしこの条件に拘わらず、助詞や助動詞をいきなり句頭部に持ってきたり、副詞や接続詞を気まぐれに連接後部（例えば連体修飾の後）に置いたりしても、文として成り立たない。そのような異様な形式を敢えて行う理由はなく、非文の形式から新たな文法形式が作られるというのは考えにくい想定である。仮に誰かがそのような形式を始めたとしても、言語変化の段階（小柳智一 2013a: 16）で言えば、それはいまだ案出であり、集団内で広く安定的に採用されなければ、変化が起こったと認定されない。明らかに非文である形式が採用に至る蓋然性はきわめて低いであろう。採用まで至るのは自然な形式であり、それは統語的条件を満たす形式である。

以上が、付属的機能語と自立的機能語に関わる変化の方向性（（2b）＝（13））が見られる理由だが、自然な形式において文法変化が起こるということは、文法変化は、特異でない、形式的にそれまでと変わらない所で起こることを示唆する。総じて、採用にまで至る言語変化は、気づかれないように始まり、気づいた時にはもう終わっている＊11。

形式の変化ということに関連して 2 点付記したい。1 つは、形式

の変化は意味変化に後れると考えられることである（小柳智一 2013d: 46, 49）。例えば、(9d) に挙げた「たり」は、(16a) のような、状態修飾句と述語句からなる修飾構造（「立った状態で存在する」という意）が、(16b) のような、動詞と助動詞からなる述語構造（「立った状態が継続する」という意）に変わり（いわゆる「再分析（reanalysis）」）、さらにその「てあり」の形態が縮小してできたものである。

(16) a. ［立ち＋て］_{修飾句} ＋ ［有り］_{述語句}

    b. ［立ち＋てあり］_{述語句} → ［立ち＋たり］

「てあり」という構成体が形成されていなければ、形態の縮小は起こらなかっただろうから、「たり」以前に (16a) から (16b) へ構造の変化が起こったはずである。これは、形式の上では「立ちてあり」のままでありながら、意味的には実質的な存在の意から機能的な継続の意へ変化したということであり、形式の変化は意味変化に後れて起こる。このように、形式の変化が目に付く前から意味変化は先行して起こり、文法変化はやはりそれまでと変わらない所で始まると言える。

　もう1つは、当然のことだが、本稿で述べている、付属的か自立的かという形式の変化とは別種の形式的な変化もあることである。例えば、上述の「たり」は状態性動詞の「有り」に由来し、また、表す結果継続も状態的な意味なので、もとは「<u>立ち</u>たり」のように動作性動詞にしか後接しなかったが、過去を表すようになると（形態も「た」に縮小する）、「<u>有っ</u>た」のように状態性動詞にも後接するようになる。この事例では「たり（→た）」は付属的な形式である点では一貫しているが、前接動詞の種類が拡大して制限がなくなるという形式的な変化が見出され（小柳智一 2013b: 66）、やはり意味変化の先行性が認められる。

5. 例外的な事例

　ところで、付属的機能語と自立的機能語に関わる変化の方向性（(2b) ＝ (13)）に対する、まとまった例外がある。(14b) の多機

能化 1B（付属的機能語→自立的機能語）に該当する（17）の一群
がそれで、前述の「自立的→付属的」という一方向性仮説の反例と
してしばしば引かれる＊12（Matsumoto1988: 340–341、Hopper
and Traugott2003: 210、Norde2009: 199、など）。語例の後に出
現時期を注記する。

　（17）ところで（16–17C）　が（18C）　　けれども（18C）　と
　　　　（19C）　ところが（19C）

　これらは、接続助詞が自立して接続詞に変化したものだが、連接
後部に位置する接続助詞は、なぜ句頭部に位置する接続詞に変化で
きたのだろうか。Matsumoto（1988: 344）は、日本語が「目的語 -
述語」の語順の言語で、接続助詞が接続節の述語末に位置すること
が関係する可能性を指摘しているが、それだけではないと思う。語
順および接続助詞の位置は、日本語の歴史を通して一貫して変化が
ないが、このような接続詞の形成は古い時代には見られないからで
ある。

　（17）の語群には興味深い共通点が 2 つある。1 つは、もとにな
った接続助詞がある特定の活用形に後接することであり、もう 1 つ
は、これらの出現が中世末（16 世紀末）以降であることである。
この 2 つのことに関連して思い起こされるのは、中世に起こった、
文終止に関わる活用形の変化である。中古以前（12 世紀以前）に
最も平明で基本的な文終止の形式は、述語終止形による終止（終止
形終止）だった（（18a））。これとは別に、述語連体形で終止する
形式（連体形終止）もあったが（（18b））、この場合は注意・感動
や解釈・解説といった意味が加わることが多く（仁科明2009）、終
止形終止とは価値が異なっていた。

　（18）a.　宮は、人知れず涙ぐましく思さ<u>る</u>。
　　　　　（宮は、人知れず涙があふれそうにお思いになってしま
　　　　　う）
　　　　　　　　　　（源氏物語・若菜下、4–231: 1001–1014 頃成）
　　　　b.　くはや、昨日の返り事。あやしく心ばみ過さ<u>るる</u>。
　　　　　（ほら、昨日の返事だ。妙に気を遣ってしまうなあ）
　　　　　　　　　　（源氏物語・末摘花、1–301: 1001–1014 頃成）
　ところが、中世（13 世紀以降）になると、連体形終止が頻度を

文法変化の方向と統語的条件　　65

増し（山内洋一郎 2003: 176）、遅くとも 15–16 世紀には基本的な文終止の形式として定着する（湯沢幸吉郎 1929: 74–75）。その結果、旧終止形の形態は廃棄され、旧連体形の形態が新終止形も兼ねるようになり、2つの活用形の区別はなくなった。2つが合一した活用形を仮に「終止連体形」と呼ぶことにして、動詞「為」を例に選ぶと、この変化は（19）のように示される。

(19)中古以前：終止形「す」／連体形「する」

→　中世以降：終止連体形「する」

（17）の接続詞のもとになった接続助詞は、すべてこの終止連体形に後接する。この環境で、談話の展開上の効果のために——例えば、接続節と主節の関係に相手の注意を向けさせたり、そこで結論づけると見せかけて実はそれを譲歩として続けたり、など——、接続助詞の前に休止（pause）を入れると、接続節述語の終止連体形が通常の文終止の形式として露出することになる。これと表裏して、接続助詞は後続する文の文頭に位置し、これがすなわち接続助詞の接続詞化である。図示すれば（20a）のようになり、前掲（15）の統語的な位置の図式に照らせば、さらに（20b）のように一般化できる。

(20)a.　［〜終止連体形＋接続助詞］、〜 → ［〜終止連体形］。接続詞、〜

　　　b.　連接前部＋【連接後部】 → 先行文末。【句頭部】、〜

（20）からわかるように、終止連体形に後接する接続助詞は、連接後部から句頭部へ容易に変換しうる統語的な位置にある。中古以前はこうではなかった。ここで問題にしている類の接続助詞は、中古以前であれば連体形に後接するところだが、その環境でもし接続助詞が分離すれば、先行文の文末は連体形終止の形式になる。しかし、これは上述のように、通常の文終止の形式ではなかった。終止形と連体形が合一して、従属節末でも主節末でも終止連体形が述語になることが、（20b）の統語的条件に繋がり、この変化が起こる必要条件だったと考えられる（もちろん十分条件ではない）。

さらに、この変化に適した条件があった。1つは、接続助詞が接続節内部および主節内部の意味内容に関与しないことである。接続

助詞は接続節と主節の間の関係を表すので、2つの間にあればよく、接続助詞が分離しても、それぞれの節は意味的に不足なく文として成立できる。これが例えば格助詞ではそうはならない。(21) の格助詞「が」は名詞節を主節述語句と結びつけるので、主節内部の意味内容に関与する。この「が」が分離すると、後続部は文として成り立たず、格助詞が自立することはありそうにない。

(21) 此間かたのへ出てきぢをねらふが、一段のなぐさみじや。

　　(最近は交野へ出て雉を狙うのが、格別の楽しみだ)

　　　　　　　　　　　　　(虎明本狂言集・きんや、上284:1642写)

　もう1つは、接続詞という範疇 (品詞) がすでに存在していたことである。新たに範疇を形成するのは、体系全体に影響を与える大きな変化だが、すでにある範疇に新たな語彙が加わるのは、大した変化ではない。しかも、さらに都合のよいことに、接続助詞と接続詞は接続標示という機能が共通している。接続助詞の自立化を容易にした条件として、形成された接続詞を受け入れる範疇がすでにあったことが挙げられる。

　多機能化1Bが起こるためには、ここに指摘した条件、特に (20b) の統語的条件を満たすことが必要だが、そのような機能語は稀である。一部の接続助詞はその稀な語群であり、そのため、多機能化1Bの事例は (17) の接続詞群に限られるのだと考えられる[*13]。

　以上の多機能化1Bに対して、(20b) の逆、つまり (22) のような変換が可能であれば、多機能化2A (自立的機能語→付属的機能語) が起こりうることになる。

(22) 先行文末。【句頭部】、〜 → 連接前部 + 【連接後部】

　例えば、上に見た変化とは逆に、接続詞が接続助詞になれば、これに当てはまるが、そのような実例は確認できない。あるいは、本来は句頭部に現れる感動詞の類が、先行文末に接着して間投助詞 (あるいは終助詞、文末助詞) になれば該当する。次例はそれに類した例である。

(23) 《小桶の中の餅の量が少ないだろうと言われたのに対して》
　　　内にはいかほど成供あるわれ。

（小桶の内には餅がいくらでもあるわ）

（狂言六義・連尺、下318 : 17C前期成）

　「われ」は本来は一人称の代名詞だが、二人称にも使われるように
なる。それが代名詞として相手を指すのではなく、相手の注意を
喚起したり主張を強調したりする表現となり、それが間投助詞化し
たのが（23）だと考えられる。「われ」は完全に感動詞になっていた
とは言い切れず、代名詞としての性質があった可能性もあるので、
多機能化2Aの真正の例とはしがたいが、間投助詞化する「われ」
は対人的（interpersonal）な表現性が強く、感動詞的だったと推測
されるので（そうでなければ、間投助詞にはならなかっただろう）、
（22）の近似例としてよいと思われる。これの類例は、現代の西日
本方言にしばしば見られる。次例は藤原与一（1996）によるが、
表記を私に改める。

(24)a.　狐石、狐石て言いますが<u>あた</u>。（狐石、狐石って言いま
すがね）　　　　　　（熊本県八代市、藤原与一（1996 : 上166））

　　b.　学校がでけたけえ、ええ<u>ばい</u>。（学校ができたから、い
いよ）　　　　　（熊本県阿蘇山南麓、藤原与一（1996 : 下483））

　（24a）の「あた」は二人称代名詞「あた（←ああた←あんた）」
に由来し、（24b）の「ばい」は一人称代名詞「ばい（←わい←わ
し）」がやはり二人称に転じたものに由来するとされ、それらが主
文末で間投助詞化したと考えられている（藤原与一1996 : 上166、
下483）*14。

　（22）の統語的条件を満たして多機能化2Aが起こるためには、
資材となる自立的機能語が後続文を必要とせず、後続要素を持たず
にそれ単独で使用できなければならない。それにくわえて、先行文
の内容に意味的に関係を持つものでなければならない。そのような
語は感動詞だけだろう。（25）のように、感動詞は後続要素がなく
単独で使用でき、先行文に意味的に関係しながら情意の表出や注意
の喚起などを行う。

(25)a.　そりや、不<ruby>為<rt>ため</rt></ruby>ぢやありますまいか、<u>あゝ</u>。

（尾崎紅葉『金色夜叉』後編・（四）、7–235 : 1900刊）

　　b.　何<ruby>う<rt>ど</rt></ruby>だ解<ruby>つ<rt>わか</rt></ruby>たか、<u>おい</u>。

（夏目漱石『明暗』159、11–566: 1917刊）

これらの純粋に感動詞であるものが間投助詞化した例があれば、多機能化2Aの真正の該当例となるが、実際には見つけられず、多機能化2Aはやはり変化の類型として例外的である。

しかしながら、（23）（24）のような近似例があることや、（17）のような例外的な一群のあることは、文法変化の方向性が自然法則ではないことを改めて教える。文法変化は所与の法則に従って起こるのではなく、ある条件のもとで起こったり起こらなかったりする。もし変化が起これば、それを可能にする条件のもとで起こるので、その条件によって自ずと方向づけられている。つまり、起こりやすい方向で起こる。前掲（15）はそのような統語的条件であった。ところが、その条件を死守することが目的ではないから、別の条件によって変化が可能であれば、先の条件のもとでは反例に見える変化も起こりうる。前掲（20b）（22）はそのような統語的条件である。ただし、後者は前者に比べて適用範囲が局所的である。こうして、文法変化には一般的な方向性が見出されると同時に、例外も見られることになり、変化の実態を理由と合わせて理解することができる。

6. おわりに

本稿は、機能語化と多機能化に関わる文法変化の方向性について考察した。冒頭の（2）に挙げた2つの方向性のうち、機能語化に関わる（2a）が見られる理由は、表意化という意味変化の性質によって説明することができ、意味的な制約に基づくものだった。一方、多機能化に関わる（2b）が見られる理由は、それを可能にする統語的条件によって説明することができ、統語的な制約に基づくものだった。後者の例外と見えるものも、特別な統語的条件を満たす場合に起こり、やはり統語的条件が関与していた。

文法変化は、統語的条件を満たす中でしか起こらない。なぜなら、文法変化は異様な形式ではなく、自然な形式において始まるのであり、自然な形式とは統語的条件に違反しない形式だからである。そ

れはまた、そのようにしか言語形式を使わない、我々の言語運用の姿でもある。

　「文法」という用語で指すものは多様であり、その範囲を確定するのは難しいが（小柳智一 2013b: 60, 70、小柳智一 2013c: 58, 73–74）、個々の語がどのような統語的条件を満たす属性を有しているかは、これまでも「文法」の領域に含められてきたし、文法論によってはこれを「文法」の中心と考える向きもある。文法変化についての本稿の考察を通して、改めてこのことが確認された。

---

*1　ここでは全品詞をいずれかに割り振ったり、各品詞の内部を細かく分割したりすることは企図しない。例えば、副詞のうち、陳述副詞・程度副詞は自立的機能語に分類するが、情態副詞は形容詞と同類と考えて自立的な内容語に分類する（小柳智一（2008: 5–6）を参照）、などの詳細は割愛する。概略が示せれば十分である。

*2　ある形式の意味から推察される言外の意味が、新たにその形式の意味となる「推意の表意化」は、含意の表意化とちがい、豊かな意味内容から乏しい意味内容へという方向性はないと思われる。しかし、文脈の中で補給される推意には限度があるので、機能語が内容語化するのはやはり難しいと考えられる。

*3　影山太郎（2013: 44）は複合動詞を「語彙的な主題関係複合動詞」「語彙的なアスペクト複合動詞」「統語的なアスペクト複合動詞」に区別しつつも、三者を連続的に捉えている。青木博史（2013: 235–236）が明確に指摘したように、歴史的に見て三者の連続性に疑いはない。本稿が注目する複合動詞は特に後二者に当たる。

*4　語・句に後接して連用修飾句（副詞句）を構成するものを、山田孝雄の用語を借りて「形式副詞」と呼ぶ。小柳智一（2015a: 44）を参照。

*5　これらは、松下大三郎（1930: 302–303）の用語を借りれば「帰著副詞」である。松下が帰著副詞とするのは「おいて（於）」「もって（以）」「ともに（与）」「して」だけだが、これらに限る理由はない（なお、松下は「に於て」「を以て」「と与に」「をして」の「に」「を」「と」を名詞の格として切り離し、下線部だけを帰著副詞とする）。これに類するものとして、格助詞を介さない「して」「もて」の例もある。

　　　・道に手向けする所あり。楫取して幣たいまゐらするに、
　　　（途中に旅の安全を祈願して幣を捧げる所がある。楫取に幣を捧げさせると）　　　　　　　　　　　　　　　　　　　　　　（土左日記、38: 935 頃成）
　　　・我妹子が　形見の衣　なかりせば　何物もてか〔母弓加〕　命継がまし
　　　（あなたの形見の衣がなかったら、いったい何によって命をつなげましょ

うか）　　　　　　　　（万葉集・巻15・3733：8C後期成）

*6　(9c)の「おかげ」「たび」の類は形式名詞とするのが一般的だが（井手至（1996: 75-76）など）、副詞句を構成するようになれば、もはや名詞ではない。機能語化しており、「形式副詞」が適切である。注4を参照。

*7　「よって」は、名詞に後接する「病によりて」「これによりて」などの「によりて」から分離して「よりて（→よって）」となった可能性も考えられなくはない。しかし、「によりて」という接続詞は確認できず——この点で現代語の接続詞「にもかかわらず」と異なり、参考例にならない——、また「に」が分離した理由も不明で、他に類例も見当たらない。「よりて（よって）」は漢文訓読語と目されており（築島裕 1963: 465、大坪併治 1981: 407）、「由」「因」「仍」などの訓読（翻訳）によって作られた一種の翻訳語と考えるのがよいだろう（山田孝雄 1935: 216-222）。いずれにせよ、動詞「依る」が句頭の位置に現れることができなければ、この語は作り出せなかったはずなので、当該の場合の事例である。

*8　感動詞化の例では多くの場合、もとの内容語のままであるか感動詞化しているかの区別がつきにくい。しかし、(10d)の「くそ」「ちくしやう」などは、予期しない不望の事態に直面した時に使い、指示対象の糞や畜生も存在しないので、感動詞化していると考えられる。次例は形容詞「良し」が感動詞化した例だが、これももとの意味が皆無ではない。しかし、多く希求表現（意志・命令・禁止など）と共起して構文的に固定しており、「良し」という評価の対象も曖昧なので、感動詞化していると判断される。

　　　・よし、あこだ<u>な捨てそ</u>。
　　　（まあよい、せめておまえは私を見捨てないでおくれ。）
　　　　　　　　　　　（源氏物語・帚木、1-113：1001-1014頃成）

なお、本稿の「感動詞」は狭義の「感動」の他に「呼び掛け」「応答」「反問」などを表すものを一括する、慣例の用語法に従う（山口堯二（1984: 130-131）、森田良行（1973: 182-184）を参照）。

*9　(11a)-(11c)を区別すると、個々の機能語の形成を細かく観察することができる。例えば、次例はともに接続助詞だが、形成の仕方が異なる。

　　　・おまへ<ruby>所<rt>とこ</rt></ruby>では<ruby>薪焚<rt>たきぎたい</rt></ruby>て<ruby>大込<rt>おほごみ</rt></ruby>に<ruby>涌<rt>わか</rt></ruby>すさかい、なんぼもかからん。
　　　（おまえの所では薪を炊いて一度に大量の湯を湧かすから、大して金がか
　　　からない）　　　　　　（浮世風呂・4編下、305：1809-13刊、(11b)）
　　　・<ruby>惣別<rt>そうべつ</rt></ruby>むかしの<ruby>形<rt>かた</rt></ruby>がはやる<u>によつて</u><ruby>笄<rt>かうがい</rt></ruby>もおつつけむかし<ruby>形<rt>がた</rt></ruby>といふものが流
　　　行だらうといつて、
　　　（概して昔の形が流行るから、かんざしもすぐに昔形のものが流行るだろ
　　　うと言って）　　　　（浮世風呂・2編下、167：1809-13刊、(11c)）

*10　例えば、「恋ひ（連接前部）＋わたる（連接後部）」と「恋ひ（連接前部）＋けり（連接後部）」では、要素同士の関係が異なり、だからこそ前者の連接後部を「複合動詞後項」、後者を「助動詞」と呼んで区別しているのだが、今はこの区別を措く。先行する要素に後置するという共通性を重視して、1つの図式にまとめる。

*11　このことは、言語変化を考える上で深刻な問題を提起する。詳細は別の機会に譲るが、端的に言えばこういう問題である。言語変化として知られる事

文法変化の方向と統語的条件　　71

実は、知られる以前に起こったはずだが、それは知られてはじめて事実となる。この循環をどのように理解するべきか。

＊12　以下に取り上げる他に、コピュラを含む「だが」「だから」「でも」などの接続詞群がある。これらは接続節末の「コピュラ＋接続助詞」が分離してできたのか、「そうだが」「それでも」などの接続詞から指示詞が脱落してできたのか、十分に明らかでないが、前者なら（17）の同類である。また、近代以降の発生だが、引用の「と」を語頭に有する「とすれば」「となると」「というか（→っていうか）」などの一群がある。詳細は割愛するが、これらも後掲（20b）の統語的条件を満たし、同様に考えられる。

＊13　感動詞「な（あ）」「の（お）」「ね（え）」は、主文末にある間投助詞が感動詞化したと言われ（森田良行1973: 197、Onodera2004: 186、小野寺典子2011: 82–83）、これが正しければ多機能化1Bの例となる。しかしながら、これらの感動詞の形成過程は必ずしも明らかになっておらず、確信が持てないので、判断を保留する。これらの感動詞は本質的に間投助詞と同じものかもしれない。

＊14　ちなみに、間投助詞「なあ」と代名詞由来の「あんた」が融合した「なんた」という形もある（藤原与一1996：下414）。
- そうでありましょうなんた。（そうでありましょうねえ）
（山口県長門青海島、藤原与一（1996：下414））

資　料

万葉集、土左日記、源氏物語、宇治拾遺物語、徒然草（新編日本古典文学全集）、名歌徳三舛玉垣、浮世風呂（日本古典文学大系）、エソポのファブラス（大塚光信・来田隆『エソポのハブラス本文と索引』清文堂）、虎明本狂言集（大塚光信『大蔵虎明能狂言集 翻刻 註解』清文堂）、狂言六義（北川忠彦他『天理本狂言六義』三弥井書店）、金色夜叉（『紅葉全集』岩波書店）、明暗（『漱石全集』岩波書店）

参考文献

青木博史（2013）「複合動詞の歴史的変化」影山太郎編『複合動詞研究の最先端―謎の解明に向けて』pp.215–241. ひつじ書房

井手至（1996）『遊文録 国語学篇』（第二篇第二章「形式名詞の機能」）和泉書院

大坪併治（1981）『平安時代における訓点語の文法』風間書房

小野寺典子（2011）「談話標識（ディスコースマーカー）の歴史的発達　英日語に見られる（間）主観化」高田博行・椎名美智・小野寺典子編著『歴史語用論入門―過去のコミュニケーションを復元する』pp.74–90. 大修館書店

影山太郎（2013）「語彙的複合動詞の新体系―その理論的・応用的意味合い」影山太郎編『複合動詞研究の最先端―謎の解明に向けて』pp.3–46. ひつじ

書房

小柳智一（2008）「副助詞研究の可能性」『日本語文法』8（2）：pp.3–19. 日本語文法学会

小柳智一（2013a）「言語変化の段階と要因」『学芸国語国文学』45：pp.14–25. 東京学芸大学国語国文学会

小柳智一（2013b）「機能語生産―文法変化の種類Ⅰ」『国語研究』76：pp.60–72. 国学院大学国語研究会

小柳智一（2013c）「文法制度化―文法制度化の種類Ⅱ」『聖心女子大学論叢』121：pp.57–76. 聖心女子大学

小柳智一（2013d）「文法的意味の源泉と変化」『日本語学』32（12）：pp.44–54. 明治書院

小柳智一（2014）「言語変化の傾向と動向」『日本エドワード・サピア協会研究年報』28：pp.17–27. 日本エドワード・サピア協会

小柳智一（2015a）「副助詞の形―「だに」「さへ」「すら」の場合」国語語彙史研究会編『国語語彙史の研究』34：pp.37–54. 和泉書院

小柳智一（2015b）「文法変化の方向」『KLS』35：pp.323–334. 関西言語学会

築島裕（1963）『平安時代の漢文訓読語につきての研究』東京大学出版会

仁科明（2009）「「対象提示」と「解釈」―源氏物語の連体形終止文」紫式部学会編『源氏物語の言語表現 研究と資料』古代文学論叢18：pp.109–135. 武蔵野書院

藤原与一（1996）『日本語方言辞書―昭和・平成の生活語』東京堂出版

松下大三郎（1930）『改撰標準日本文法』中文館書店（（1974）勉誠社版による）

森田良行（1973）「感動詞の変遷」鈴木一彦・林巨樹編『品詞別日本文法講座6 接続詞・感動詞』pp.178–208. 明治書院

山内洋一郎（2003）『活用と活用形の通時的研究』清文堂出版

山口堯二（1984）「感動詞・間投詞・応答詞」鈴木一彦・林巨樹編『研究資料日本文法4 修飾句・独立句編』pp.126–157. 明治書院

山田孝雄（1935）『漢文の訓読によりて伝へられたる語法』宝文館

湯沢幸吉郎（1929）『室町時代言語の研究』大岡山書店（再版（1955）風間書房による）

Hopper, P. J. and E. C. Traugott (2003) *Grammaticalization, 2nd* edition. Cambridge: Cambridge University Press.

Matsumoto, Y. (1988) From bound grammatical markers to free discourse markers:history of some Japanese connectives. *Proceeding of the Fourteenth Annual Meeting of the Berkeley Linguistics Society*. pp.340–351.

Norde, M. (2009) *Degrammaticalization*. Oxford:Oxford University Press.

Onodera, Noriko O. (2004) *Japanese Discourse Markers: Synchronic and diachronic discourse analysis*. Amsterdam:John Benjamins.

付記　本稿は、平成26–27年度科学研究費補助金（基盤研究（C）、課題番号24520508）による研究成果の一部である。

音韻史
拗音をめぐる２つのストーリー

肥爪周二

1. 音韻史の叙述

　明治時代以降の近代的な日本語研究において、音韻史は最も早く着手された分野である。多くの優秀な人材が集結し、目を見張る成果が上げられた。解明可能な事実はほぼ明らかにされていると言っても過言ではないだろう。しかしながら、残された課題がないわけではない。単なる落ち穂拾いにとどまらない、魅力のある大きな課題として、「なぜそのタイミングでそのような変化が起こったか」、「そのような性質を形成するに至った経緯はいかなるものか」等々の、事実に対する解釈の部分が、手付かずのまま、あるいは多くの人が納得する形での説明が提出されないまま、いくつも残されている。

　具体的な検討に先立って、音韻史の叙述の表現について、交通整理をしておこう。言語、とりわけ音声・音韻という実体の捉えにくい対象の歴史を考察・文章化する時、必然的に、さまざまなレトリックが使用されることになる。言語の変化を生物の進化に喩えて説明することもその１つであるが、その生物の進化の説明においても、ある種のレトリックは付き物である。例えば、「コノハチョウは、外敵に見つかりにくいように、木の葉のような姿に進化した」というタイプの説明は、専門の生物学者によっても使用されている。もちろん、これは完全なレトリックであって、実際には、①突然変異、またはウイルス感染（木の葉のような姿になる「病気（遺伝子に作用するウイルス）」に集団感染した）、またはその他の原因により、遺伝子に変異が起こって木の葉のような姿になったが、②その遺伝子の変異は、たまたま子孫を残すことを妨げるような性質のものではなく（多くの「奇形」は、短命であったり、子孫を残す能力が欠如していたりする）、かつ、③たまたま外敵に見つかりにくいとい

う生存に有利な特徴を備えていた、ということである。コノハチョ
ウ自身が、そのような姿になりたいと望んだわけでは決してないし、
望んだとしても遺伝子が変化したりはしない。そのような実情を十
分に踏まえた上で、①の部分が現時点では特定できていないという
こともあって、③の部分があたかも目的であったかのように表現す
るのである。そのような説明の簡略化が、共通ルールとして確立し
ているのならば、何も問題はない。

　言語の変化の場合も、しばしば同様の説明の簡略化が行われる。
ここで問題になるのは、「なぜそのような変化が起こったのか」と
いう問いに対する答えにおいて、この種のレトリックに紛れて、①
②③の局面に相当する差異の存在が、曖昧になりがちであることで
ある。一部に言及するだけで、説明を終えてしまうことが多いし、
場合によっては、特定の側面を強調するあまり、別の側面を不必要
に否定してしまっていることもある。

　具体例として、日本語音韻史上、最も良く知られた変化である、
語頭ハ行子音の摩擦音化（/p/［p］ ＞ /ɸ/［ɸ］）の問題を考えてみ
よう。この変化は、決して自然な変化とは言えないものである。言
語音としては、［ɸ］よりも［p］の方が遥かに普遍性が高いのは明
らかであろう。類似の現象である、ゲルマン語のp ＞ fの変化（f
も意外に普遍性が低く、この子音を持たない言語は多い）は、第一
次子音推移（グリムの法則に相当）の一環であって、摩擦音化に体
系的な圧力が働いたものであるし、子音体系からpが消滅したわけ
でもない。また、中国語の軽唇音化（p ＞ f）は、条件変化（非前
舌主母音を持つ拗音韻において起こった）であるので、これも子音
体系からpが消滅したことを意味しない。周縁的要素であるオノマ
トペに語頭［p-］が維持されたとは言え、日本語の一般語彙におい
て、語頭の［p-］が消滅したというのは、かなり不可思議な現象で
ある。確かに、しばしば言及される「唇音退化」という説明は、①
としては有効かもしれない。「発音のなまけ」は常に起こる可能性
があり、日常会話のぞんざいな発音においては、［p-］の閉鎖が緩
むこともあり得よう。そもそもの変化の契機がここにあったことは
疑い得ない。しかしながら、［ɸ-］のような普遍性の低い子音は、

76　　肥爪周二

「子孫を残しにくい」、つまり社会的に定着しにくいタイプの子音であると考えられる。丁寧な発音では［p-］が維持され続けると考えるのが自然である。つまり、この変化は②の要件を満たしていると言いにくいのである（他の既存の子音と衝突しない、つまり音韻の区別には影響しないという面では②の要件を満たしている）。それでは、その欠陥を補って余りある、③に相当する利点が存在したのであろうか。

　ここまで考察を進めた時点で、生物の進化と言語の変化とのアナロジーには、アナロジーゆえの限界があることに気付く。もちろん、このままアナロジーを推し進めて、何らかの利点があったために［ɸ-］の方が生き長らえた、と表現することはできる。その一方で、言語の変化は、生物の進化とは異なり、使用者である人間の志向（もちろん個人レベルではない）が介入する余地があることを重視し、言語の使用者が、何らかの利点を有する［ɸ-］を主体的に選択した、と表現することも可能である。表現という意味では、言語が生き物であって、意志を持って変化するかのように表現することもしばしばある。いずれも説明を簡略化するためのレトリックであるが、現実を正確に表現していないという意味では五十歩百歩であるので、あまり優劣は問題にせず、必要に応じて読み換えれば良いであろう。そもそも、この③に相当する要件はかなり取り扱いが難しい。発音の労力の軽減・記憶の負担の軽減のようなものを①の要素と見なすならば、生物の進化と同様に、言語の変化の場合も③の要件（新たに獲得される機能）は必須のものではないし、変化の誘因とは無関係に、「たまたま」そのような機能を獲得することもあるからである。しかも、獲得される機能が1つに限定できる保証はない。ある変化の結果として、いくつかの機能が、大小の差はあれ、同時に生じたとしても驚くに値しない。機能論的な観点から音韻史を叙述する場合、その変化の結果として獲得された「機能」が、本当に変化を引き起こし定着させたものであるのか、あるいは、いくつかある要因のうち、本当に最も重要なものであるのか、検証することの難しさが、常に付きまとうことになる。11世紀に入ったころ、語中のハ行音がワ行音化した結果、残ったハ行音は語頭標示機

能を獲得したことになるが、ハ行転呼現象そのものが、その機能を獲得させるために起こったのかとなると、それを論証・検証することはほぼ不可能であろう。

　また、生物の進化と言語の変化の、別の大きな相違としては、生物の進化は一旦定着すれば、ひとまず終了する、場合によっては数百万年単位で安定するのに対し、言語の変化は終わることがなく、常に進行し続けるということがある。ある変化が起これば、それが原因となって他の部分に歪みが生じ、その歪みを修復するために別の変化が起こり、更にそれが別の箇所との整合性を失わせるというように、変化が変化を呼んでとどまることがない。場当たり的な修復を繰り返し、どんどん辻褄が合わなくなってゆく、と言ったら言いすぎであろうか。

　次節以降では、このような複数の言語変化の同時性・継起性に着目して考察を進めたい。

2. 同時的・継起的変化と偶然性

　言語を構成する諸要素の中でも、音声・音韻はとりわけ少数のパーツによって成り立っており、音韻史の叙述も、概ねシンプルな説明の組み合わせによって為される。その一方で、諸言語の実際の歴史的変化は多様であり、それぞれに応じた説明も蓄積されている。そのためもあって、1つの現象については、複数の相容れない「説明」が同時に成り立つことも多い。扱う問題を小さく限定すればするほど、その傾向は強まる。

　個別の現象のみを考察していると、どうしても限界がある。そこで、関連する複数の現象を、矛盾なく説明することにより、個々の現象についての説明の妥当性をも主張するという手法が採用されることがある。この手法による場合、音韻史の叙述は、自ずとストーリー性を帯びることになる。そして、1箇所でも説明に無理があれば、そのストーリー全体の信憑性が揺らぐのである。

　その一方で、言語の歴史的変化には、さまざまな「偶然」も起こる。ある2つの現象がほぼ同時期に起こったと考えられる場合、そ

の同時性・継起性に意味を見いだす解釈もあれば、偶然の一致と片付ける解釈もあり得る。そもそも、ある音韻史上の変化が起こった時期について、教科書・概説書では「11世紀初頭に」「鎌倉時代に入ると」等々、ピンポイントで記述することが多いが、これも一種のレトリックに過ぎない。実際には、表記の異例の初出時期から完全に変化が完了したと概ね判定できる時期まで、かなりの幅があることが多いので、意外に多くの現象の組み合わせが、「ほぼ同時に起こった」ものとして記述できてしまうのである。

先に述べたように、和語の語頭位置での［p-］の消滅は不自然な変化である。また、この変化が起こった時期についてもはっきりしたことは分かっていない（橋本進吉の上代以前説は根拠が弱く、遅く見る立場だと11世紀以降とされる。服部四郎1973・小倉肇2011）。そして、ほとんど指摘されることはないが、この摩擦音化の時期の見立て次第では、この語頭［p-］と入れ替わるように、和語の語頭位置にバ行音［b-］（［ᵐb-］？）が立つようになったと見なすことが可能になってくる。

バフ	一のくるまをばひとる	（前田本うつほ物語二・一五七6）
	奪〈ハ〉ヽムか（部分付訓？）	
		（成唯識論寛仁四年（1020）点）
	人ヲ殺害シテ財ヲバウ	（中山法華経寺本三教指帰注一九ウ）
	簒〈ハフ（平濁上）〉	（観智院本類聚名義抄・僧上七八）
バラ	棘〈ハラ〉蕀〈クサムラ〉（部分付訓？）	
		（大日経疏治安四年（1024）点）
	虚空の中の刺〈ハラ〉を（部分付訓？）	
		（大般涅槃経平安後期点）
ブチ	鞭〈夫知〉（无→夫の誤写？）	（天治本新撰字鏡五・七ウ）
	ぶちをあげて、うちたまへと	
		（定家本拾遺集・哀傷・一三五〇詞書）
	鞭〈フチ〉	（楊守敬本将門記院政期点二〇5）
	策〈フチウチ〉	（和泉往来文治二年（1186）点8）
	箠〈フチ（平濁平）〉	（観智院本類聚名義抄・僧上六三）

濁音が語頭に立つようになるのは濁音全般の問題であり、バ行音

音韻史　79

のみの問題ではないので、常識的には、たまたま入れ替わってるように見えるだけと考えるであろう（というよりも、そもそも問題にさえされない）。しかし、これを関連づける解釈も可能である。

　例えば、語頭位置にバ行音［b-］が立つようになり始めると、それとの音声的距離を広げる欲求が生じ、［p-］が緩んで［ɸ-］へと「逃げた」という説明が考えられる（この説明もレトリックに満ちているが、適宜読み換えていただきたい）。つまり前節の③に相当する利点が、語頭濁音の発達に伴って生じ、それが語頭ハ行子音の摩擦音化を誘導したとする説明である。その場合、他の行の濁音も語頭に立つようになった以上、他の行の清音の場合も同様に、語頭濁音との音声差が広げられることが、体系的見地から期待される。サ行音は破擦音［ts-］から摩擦音［s-］へと逃げ、タ行音は緩むとサ行音の範疇に入ってしまうため、逃げることができなかった。カ行音は、語頭ガ行音の鼻音性が際立っていたため（［ᵑg］or［ŋ-］）、相対的に逃げる必要が小さかった（？）と説明できるかもしれない。以上のような説明を採用するメリットは、語頭［p-］の消滅という「不自然」な現象の原因を、和語の語頭［b-］の登場という「外圧」に求めることができることである。

　以上の解釈は、いくつかの未証明の仮定を含んでいるし、細部の説明には強引なところがある。また、オノマトペに関しては、現代に至るまでp－bの対立（パチパチ―バチバチ、ペタペタ―ベタベタ等）で安定していることなど、これはこれで別の説明すべき問題が出てくる。少なくとも、これを語頭ハ行子音摩擦音化の最大の誘因として主張することは難しいであろう。なお、語頭位置のハ行音は、一般語彙［ɸ-］、オノマトペ［p-］［ɸ-］という機能分担が生じたことになるが、この機能分担を獲得するために、一般語彙の語頭ハ行子音が摩擦音化したとする説明も難しいと思われる。オノマトペのような周縁的要素のために、一般語彙の音声が、体系上の正統な座を明け渡すという説明は、にわかには受け入れにくい。また、結果的に日本語オノマトペは、ハ行においてのみ三項対立（ヒューヒュー：ピューピュー：ビュービュー、等々）を為すという、いびつな体系を形成することになってしまった。

結局のところ、音韻史は、パーツが少ないだけに、もっともらしい説明が、いくらでもできてしまう側面があるということでもある（知識が豊富な人ほど、色々な説明を思い付いてしまう）。通常は、和語の語頭［p-］の消滅と、語頭［b-］の出現は関連づけては捉えないのであり、これらがほぼ同時期に、入れ替わったかのように見えるのは、偶然と考えておくことになる。この偶然説を論理的に否定するのは困難であろう。音韻史一般においても、「偶然」という解釈を過度に忌避することによって、かえって真実から遠ざかることがあるかもしれない。

3.　拗音をめぐる正反対の解釈

　小倉肇『日本語音韻史論考』（2011 和泉書院）は、小倉の既発表論文の中から、国語音（和語の音）を中心に扱った論考を集成したものである。執筆時期の異なる（四十年にわたる）複数の章が、一貫した視点による統一性を保ったまま、有機的に繋がっているのは驚嘆すべきことである。小倉の研究の周到な構想とブレの少なさには敬服する。

　理論的な面は、オーソドックスな音素論によりつつ、個別の問題に関しては、亀井孝・小松英雄の影響を強く受けている面がある。また、解釈を導き出す前提となる、音韻史上の事実の認定も、ごく常識的なものであって無理はない。つまり、理論的立場も、音韻史上の事実の認定も、小倉と肥爪はほぼ同じであり、分節音を中心に、国語音・漢字音の双方を視野に入れた、ストーリー性のある音韻史の叙述を目指しているという点も一致している。小倉は、肥爪が最も親近感を持つ音韻史研究者の一人である。

　ほぼ同じ対象を扱っているだけに、見解の異なる部分は多々あるのであるが、とりわけ、ある１つの現象については、完全に正反対の解釈を採用している。

　小倉：［wi］［we］の［i］［je］への合流が、カ行合拗音［kʷa］
　　　　［kʷi］［kʷe］を確立させていった。

　肥爪：［wi］［we］の［i］［je］への合流は、カ行合拗音［kʷi］

音韻史　81

［kʷe］の［ki］［ke］への合流に平行する現象である。

　なぜ、このような差が生じるのであろうか。実は、この「［wi］［we］の［i］［je］への合流」が、語中での混乱（平安後期〜院政期）を規準にするのか、語頭での混乱（鎌倉時代初期）を規準とするのかという時代差が、上の説明の相違の背後にある。この部分のみを取り出せば、それだけの違いではあるのだが、もっと根本的には、両者の拗音の歴史をめぐる捉え方の違いが存在する。上記の相反する解釈は、大きな流れの中での位置づけを踏まえることなしに検討しても無意味である。

4. 拗音をめぐる小倉のストーリー

　小倉の拗音論は、外来語音受容の一般的なあり方についての、ある見通しに基づいたものである。すなわち、固有語に存在しない要素は、基本的には受容されないという考え方である。日本漢字音（呉音・漢音）においても、中国語の無気音・有気音の区別は、結局は定着しなかったし、kとhの区別、sとtsの区別なども、それぞれカ行・サ行に統合した形で受容している。その一方で、新しく受容・定着した要素も確かに存在するのであり、拗音（開拗音・合拗音）もその1つである。固有語に存在しない要素を受け入れる条件と小倉が想定するのは、「（擬音語・擬態語など、音韻体系の周縁的な要素として）それを受け入れる下地があらかじめ存在した」と考えられるものであり、それらの典型の1つとして、「音韻体系の《あきま》を埋める要素」を想定する。

　開拗音に関しては、上代特殊仮名遣のイ列・エ列甲乙の対立を、服部四郎（1959）などに従い、子音の口蓋化の有無の差と音韻論的に解釈することが前提となる。

　ka（カ）：ki（キ乙）：ku（ク）：ke（ケ乙）：ko（コ）

　（　）：kji（キ甲）：（　　）：kje（ケ甲）：（　）

　この体系的欠落である《あきま》を埋める要素として、/kj-/ と /a, u, o/ の結合は、一般語にはなかったが、擬音語・擬態語などには、これに相当する音声が現れることがあったと推定し、そのよう

な音声的下地があったため、漢字音の開拗音を受け入れることが可能であったと説明する。（イ列・エ列に甲乙の対立を持たない）サ行拗音、および、その他の舌音拗音（タ行・ダ行・ナ行・ラ行拗音）、また、オ列甲乙の対立と開拗音との関係についても、それぞれ周到に説明が用意されているが、詳細は省略する。

　合拗音に関しては、小倉は壮大なストーリーを描いており、話の起点は、推古期の万葉仮名にまで遡る。
　推古期のキ・ギ乙類の万葉仮名は、「帰貴鬼」の微韻合口三等字、「癸」の脂韻合口四等字が用いられるのに対し、『古事記』『日本書紀』以降には、「気幾機既」の微韻開口三等字、「奇寄綺宜義」などの支韻開口三等字、「己忌紀疑擬基」などの之韻開口三等字も用いられるようになる。つまり、推古期においては、キ・ギ甲乙の対立は、四等対三等という対立だけではなく、開口対合口の対立も存在し、『古事記』以降に、四等対三等のみの対立に変化したと考える。その上で、ケ・ゲ乙類に関しては、推古期にも合口性を認められないことと、「［q］の出わたりに［w］が発達しやすい」という一般音声学的性質を考慮して、推古期におけるキ・ギ、ケ・ゲの甲乙二類は、軟口蓋音と口蓋垂音との対立 /k-/：/q-/；/g-/：/ɢ-/ であったと主張し、それが奈良時代にかけて、/k-/ > /kj-/；/q-/ > /k-/ のような音韻変化を起こしたという仮説を提唱した。

　推古期の口蓋垂音は、/i, e/ とのみ結合したが、体系的《あきま》/qa, ɢa/ に入る音として、［qa, ɢa］は擬声語・擬態語などには現れていたと考えられ、それが亀井孝（1947）によって示唆された、神武即位前紀の「怡奘過、怡奘過〈過音倭〉」という鳥の鳴き声「クワ」を前提とする洒落に相当するとした。ア列合拗音は、このような音韻体系外の周縁的要素を下地として、［qa-, ɢa-］（音声的

実現においては［kʷ-, gʷ-］にかなり近かったと推定される）の形
で受け入れられたとする。しかし奈良時代にかけて、国語音の口蓋
垂音は軟口蓋音へと変化したため、これらの音は不安定になり、こ
の不安定さを解消するために、/'a/：/'wa/ のような対立を支えとし
て、［kʷa-, gʷa-］のような音声が自然発生して、［qa-, ɢa-］の穴埋
め（代償）をしたとする。

　イ列・エ列合拗音に関しては、推古期には、国語音の /qi-, qe-,
ɢi-, ɢe-/ で一旦は取り入れたものの、国語音との対比において、字
音としての弁別的な円唇的特徴を、より際立たせるのが好ましかっ
たため、［qa-, ɢa-］（推古期）→［kʷa-, gʷa-］（奈良時代～）に平
行して、/qi-, qe-, ɢi-, ɢe-/（推古期）から、いわば人為的な形で
［kʷi-, kʷe-, gʷi-, gʷe-］（奈良時代～）を分出させたと考えられると
する。

　以上のように考えることにより、合拗音がカ行・ガ行のみに存在
すること（サ行・タ行合拗音は、特殊な知識階層による音韻学の成
果の表出に過ぎず、一時的・不安定なものであった）、自然発生し
たア列合拗音（クワ・グワ）が、かなり遅くまで安定的に維持され
たのに対し、人為的に分出されたイ列・エ列合拗音（クヰ・グヰ・
クヱ・グヱ）が、一部の特殊な知識階層を除いて、早々に日本漢字
音の体系から姿を消してしまったことの理由までもが説明できると
する。

　平安初期～平安中期には、類音字表記が主流であった合拗音の表
記は、平安後期～院政期には、仮名表記「クワ・クヰ・クヱ」に移
行し始める。つまり、中国原音を意識した発音が維持されていた合
拗音は、この頃に、日本語の音韻体系に順化・融和していったと考
えられるとする。そして、ちょうどその時期に、［wi］［we］の
［i］［je］への合流が起こっており、ヰ［wi］・ヱ［we］の円唇的な
［w］の要素が消滅していったのは、クヰ［kʷi］・クヱ［kʷe］の字
音としての合拗音らしさを際立たせるためであったのと同時に、ヒ
［ɸi］・ヘ［ɸe］との接近を回避するためであり、/'i-：ɸi-：ki-：
kwi-；'je-：ɸe-：ke-：kwe-/ の安定した四項対立を指向した変化で
あったと説明する。

84　　肥爪周二

5. 拗音をめぐる肥爪のストーリー

肥爪の拗音論は、日本漢字音（呉音・漢音）におけるウ段開拗音の分布の偏りの考察から出発する（以下、事実をかなり単純化して話を進めるので、細かな異例などについては、肥爪周二（2001）等を参照していただきたい）。

ウ段開拗音の偏り —— 短いウ段開拗音は原則としてシュ・ジュのみ

シュ「主・守・種…」　ジュ「受・寿・儒…」
シュン「春・俊・瞬…」　ジュン「準・純・旬…」
シュツ「出…」　ジュツ「術・述…」
シュク「宿・祝・縮…」　ジュク「熟・塾…」

この分布の偏りは、中国語の側からは説明できないものであり（cf. 朝鮮漢字音）、日本語に受け入れる際に生じた偏りと考えられる。他の行のウ段開拗音は、キュー・チュー・リューのように拗長音でのみ現れ、これらの古い表記は、「キウ」「キフ」「リウ」「リフ」等であって、本来は（狭義の）ウ段開拗音ではなかった（「シユウ」のみは古くからある）。このウ段開拗音の分布の偏りについては、鎌倉時代には気付かれていて、承澄『反音抄』（1232成）にもすでに指摘がある。

ところで、拗音の仮名表記はア行表記が古く、ヤ行表記が新しいことが知られている。平安初期にもヤ行表記は皆無ではないが、ヤ行表記が定着するのは十一世紀以降であるとされる。

平安初期の拗音の仮名表記（複数の先行研究から取りまとめた）

溺〈三悪〉嬰〈伊阿宇〉歴〈リ阿ロ〉壌〈尓阿宇〉桀〈千悪〉
讐〈リ宇〉取〈シユ〉（ユ存疑）　（聖語蔵本央掘魔羅経）
釈〈志阿久〉弱〈美悪〉択〈（チ）阿九〉
耎〈ぬ阿尓〉（これのみ合拗音）　（聖語蔵本阿毘達磨雑集論）
若〈ニヤ〉渚〈シヨ〉　（聖語蔵本願経四分律）
褚〈チヨ〉　（小川本願経四分律）
敵〈チアク〉逆〈キアク〉捨〈シア〉遮〈シア〉壌〈ニアウ〉
律〈リウト〉疇〈チウ〉重〈チウ〉　（西大寺本金光明最勝王経）

馮〈ヒオ〉	（聖語蔵本菩薩善戒経）
褕〈チオ〉	（天理図書館蔵金剛波若経集験記）
岫〈シウ〉	（大唐三蔵玄奘法師表啓）
重〈チウ〉住〈チウ〉	（地蔵十輪経元慶七年（883）点）

その一方で、和語においては、平安時代になってイ音便・ウ音便の発達により、/CVi/・/CVu/ という型の二重母音が許容されるようになる。

　ここで日本語史上における二重母音についての筆者の立場を明らかにしておくことにする。言語研究のオーソドックスな作法に従い、音節の境界をまたぐ母音の連続を母音連接、音節内部の母音の連続を二重母音（場合によっては三重母音などもある）と呼ぶことにする（音韻論的解釈において、ア行にも子音（有声喉頭音素）を認める場合、母音連接は存在し得ないことになるが、ここでは慣例に従って母音連接と呼ぶ）。なお、日本語（共通語）の場合、英語などに比べて、二重母音のそれぞれの母音の独立性が高いことが指摘されるが、それは日本語がモーラ言語であるからであって、撥音や促音の独立性が高いというのと同じレベルの話である。独立性の高さは、それが二重母音（1音節）であることを否定する、直接的な根拠にはならない。

　母音連接は、上代語から現代語に至るまで一貫して、すべての母音の組み合わせにおいて存在している。前述の「イ音便・ウ音便の発達により、/CVi/・/CVu/ という型の二重母音が許容されるようになる」というのは1つの音韻論的解釈であるが、母音連接の場合は解釈ではなくて単純な事実である。確かに上代語では、母音脱落・母音融合などにより母音連接を回避する傾向があるが、これもサンスクリット語などのように徹底して母音連接を回避する言語に比べれば、きわめてルーズなものであり、だからこそ万葉集などにおいて字余り句の問題が生じるのである。また、字余り句において一単位化する母音連接が「音節（シラビーム）」と呼ばれることもあるが、一般的な音韻論においては、このようなものを音節と呼ぶことはない。もし音節と呼べば、上代語にはあらゆる組み合わせの

二重母音・長母音が存在することになってしまい、上代特殊仮名遣のイ段・エ段の甲乙の区別が、母音の違いか子音の違いかという程度の問題は、吹き飛んでしまうであろう。

　一方の二重母音は、音声の観察のみによって認定できるものではなく、突き詰めてゆくと音韻論的解釈の問題ということになる。現代語の共時分析においても、どこからどこまでを二重母音と認定するのか、さまざまに厄介な問題がある。しかしながら、二重母音の問題は、歴史に還元してしまえば、現代語において生じる問題の多くは解消してしまう。例えば、現代語において、アクセント核の移動などから、二重母音と認定される余地のある、「前」は［maɸe］＞［mawe］＞［maje］、「青」は［awo］であったから、二重母音と解釈されることはあり得なかった。

　日本語音節構造史の立場としては、とりあえず、和語においては、イ音便・ウ音便の結果として生じた /CVi/・/CVu/ と、これに準じるものを二重母音として扱い、これに合わせて、漢字音の /CVi/・/CVu/ の形を取るものを二重母音と認めれば良い（漢字音には、この型以外の二重母音の候補はない）。これらを母音連接（2音節）と見なさないのは、以下の理由による。音便によって生じるのは、/CVi/・/CVu/ の形の母音の連続のみであり、エ音便・オ音便・ア音便などは存在しない。例えば、動詞・補助動詞の「たてまつる」は、子音脱落を起こしても、エ音便は許容されずに、イ音便形を取ることになる。

　ぬさたいまつらするに　　（青谿書屋本土左日記・二五ウ・一月二十六日）
　ヲシヘタイマツラム　　　　　　　　　　　　　　　　　（打聞集85）
/CVi/・/CVu/ の形のみが許容されるのは、母音連接における母音の配列制限ではなく、二重母音の型の制限、音節構造の問題として処理するのが合理的である。平安時代にも、母音連接はすべての組み合わせにおいて許容されていたはずだからである。

　以上のような経緯で、和語・漢字音ともに、/CVi/・/CVu/ の形の二重母音が、日本語に許容されるようになった。その結果、先述のア行表記の拗音のうち、ウ段のものは、そのまま二重母音として

音韻史　　87

日本語に定着できたが、ア段・オ段のものは、二重母音としては許容されない形であったため、一旦、2音節に分解し、かつ、漢字音の内部に形態素境界の存在を暗示してしまう母音連接を避け、ヤ行音化した形で受け入れられることになったと解釈できる。

（旧）ア行表記	キア NG	キウ OK	キオ NG
	↓	↓	↓
（新）ヤ行表記	キヤ	×	キヨ

ところで、二重母音音節 /CVu/ は、現代に至るまでに、いずれも長母音音節 /CVʀ/ へと転換することになる（高カウ→コー、九キウ→キュー、教ケウ→キョー、口コウ→コー）。従って、/CVV/ 音節に関しては、平安時代初期の状態と、現代の状態は、以下のように対比できる。

［平安初期］　/CVV/ 音節として、/CVi/・/CVu/ のみが許容される体系。

［現代］　/CVV/ 音節として、/CVi/・/CVʀ/ のみが許容される体系。

この2つの時代の状態を中継する現象としては、以下のようなものが考えられる（/ʀ/ の成立は、仮に④よりも後としておく）。

① 〔平安中期？〕/Cii/・/Cuu/ 音節の登場

（築島裕編『訓点語彙集成』より採集）

縦　（ほし）イ（ままに）　（漢書楊雄伝天暦二年（948）点）
恣　ホシマヽナル（短表記）　（菩薩戒経長和五年（1016）点）
放　ホシイマヽニスルモ　（蘇悉地羯羅経康平七年（1064）点）
弾　ハシテ（短表記）　（悉曇章抄中抄康平四年（1061）点）
揺　フルウて　（大日経疏永保二年（1082）点）
厚　アツウシ　（三教指帰久寿二年（1155）点）

② 〔院政期〕/Ceu/ と /Cjou/ の統合（音韻論的には /Ceu/ に統合？）　（用例は小林芳規（1971）による）

李〈キイ〉陵〈レウ〉　（楊守敬本将門記院政期点）
末〈ハチ〉葉〈ヨウ〉　（真福寺本将門記承徳三年（1099）点）
遼〈リヨウ〉東　（金剛般若経集験記天永四年（1113）点）

ねうはう（女房）　　　（安元三年（1177）六月二十二日春日局消息）

　　　せうもん（證文）　　　　（文治六年（1190）僧某田地売券）

③　〔南北朝時代？〕/Ciu/ → /Cjuu/ への変化

　　　中央卓〈チユウワウノシヨク〉　　　（永禄二年本節用集五二 3）

　　　窮屈〈キユウクツ〉　　　　　　　　（文明本節用集八二六 7）

　　　弓矢〈キユウシ〉　　　　　　　　　（文明本節用集三〇八 1）

④　〔江戸時代以降〕/Cau/ と /Cou/ の統合（オ段長音開合の合
　　流）

　　　実際の表記の混乱は、もっと早い。

/CVu/ → /CVʀ/ という大きな流れの中で、③の段階を経て狭義のウ
段開拗音が一応出揃ったと考えられる。しかし、この変化は音韻の
統合を伴わないため、「表記の混乱」がきわめて起こりにくく、江
戸時代の文献においてさえ、「キユウ」「チユウ」の類の表記を採集
するのは意外なほど難しい（ちなみに例に挙げた「文明本節用集」
というのは単なる通称であり、江戸時代成立という説も有力であ
る）。鎌倉時代に「法言トユフ（ハ）礼法之言ヲイフ〔清原家旧蔵
鎌倉鈔本御注孝経〕」と「イフ→ユフ（言）」の例がある（亀井孝
1969）ことを重視すれば、この変化はもう少し早く、場合によっ
ては②と同時期まで遡る可能性もあるが、本稿では南北朝時代ごろ
に起こったものと見立てておく。

　以上のことをも踏まえて、日本語音韻史上の大きな転換として、
「音節組織の組み替え」を想定する（以下の図には軽音節のみ挙げ
る。濁音は省略。チ・ツは新組織の段階でも破擦音化していない状
態）。

（旧組織）	→	（新組織）				
アイウ衣オ		アイウエオ	ヤ	ユ	ヨ	ワ
カキクケコ		カキクケコ	キャ	キュ	キョ	クヮ
サシスセソ		サシスセソ	シャ	シュ	ショ	
タチツテト		タチツテト	チャ	チュ	チョ	
ナニヌネノ		ナニヌネノ	ニャ	ニュ	ニョ	
ハヒフヘホ		ハヒフヘホ	ヒャ	（ヒュ）	ヒョ	
マミムメモ		マミムメモ	ミャ	（ミュ）	ミョ	
ヤ○ユ江ヨ		ラリルレロ	リャ	リュ	リョ	
ラリルレロ						
ワヰ○エヲ						

この組み替えの前提となるのは、以下の現象である。

（1）〔〜鎌倉時代初期〕アヤワ三行の統合

　　　［wi］ ＞ ［i］、［we］ ＞ ［je］

（2）〔鎌倉時代初期〕合拗音の整理

　　　［kʷi］ ＞ ［ki］、［kʷe］ ＞ ［ke］

（3）〔南北朝時代？〕ウ段開拗音が出揃う

　　　［kiu］ ＞ ［kʲuː］、［tiu］ ＞ ［tʲuː］ など。

（4）〔南北朝時代？〕開拗音の定着（和語への浸食）

　　　かき（垣）や木のまたに　　　　　　　（徒然草一八一・一一八15）

　　　ニツクイ人チヤソ　　　　　　　　　（漢書列伝竺桃抄四8）

（4）について補足しておく。徒然草の例は、亀井孝（1958）によって指摘されたもので、音数律から考えて「カキャキノマタニ」のように拗音化して発音されていたのではないかと推定される俗謡の例である。抄物やキリシタン資料まで下れば、もっと確実な、拗音を含んだ和語の例は豊富に指摘できる。現代日本語において、ティ・トゥ・ファ等の外来語音が、いまだ和語の方にまでは侵食してきていないこととも比較されたい。

　ちなみに、（4）において開拗音が生じる条件は、以下のようなものである。

　○前舌母音 /i, e/・非前舌母音 /a, o, u/ の組み合わせの時に、拗音が生じ得る。

　　（a）1音節内　拗音の生成は必須。漢字音および和語のウ音便形などが該当。

/Ceu/ → /Cjou/　ソネウデ（娍）→ソニョウデ

cf. Soneôda〔日葡〕

/Ciu/ → /Cjuu/　クワシウス→クワシュウス

（b）2音節の融合　拗音の生成は偶発的・例外的。

セヲウ→ショウ、ソレワ→ソリャア、スレバ→スリャア、

ヒヲトコ→ヒョットコ　キウリ→キュウリ

　この（a）と（b）の差異が存在することも、先ほどの二重母音認定の妥当性を補強するものであろう。

　（1）～（4）の諸現象から、室町時代までには、音節組織の組み替えが一応の完了を見たと考えられる。この組み替えの結果として、直音と拗音（カ /ka/：キャ /kja/ など）が同じ重さを持つモーラになったと考える。この音節組織の組み替えは同時に、かつて日本語に存在した ［je］［wi］［we］［wo］の復帰すべき《あきま》が消滅したことを意味し、そのため、現代語の外来音「イェ」「ウィ」「ウェ」「ウォ」は1モーラよりも重く（長めに）発音されるのであると説明できる（実際、短歌・俳句では2音扱いされることが多い）。逆に、このような一般のモーラよりも重い状態が、音節組織の組み替え前の拗音のありようであったとも推定される。

　肥爪の立場では、当初の拗音は、体系の《あきま》を埋める形ではなく、「分解圧縮法」により、日本漢字音として移入されたと考えることになる。英語の star などの二重子音は、外来語としては、「スター」のように2音節に分解して受容しているが、より原音を意識した発音においては、「スタ」を圧縮して、2モーラよりも短めに発音することがあろう。これが分解圧縮法であり、拗音の受容の仕方として、十分現実的なものであると考える。サ行・ザ行以外のウ段開拗音が、結果的に2モーラで定着したことも、分解の段階を想定すれば容易に説明できる（シュ・ジュのみが拗短音として存在し得た理由については省略する）。

　一方、合拗音の表記は、類音表記が一般的であり、仮名による表記の普及は、開拗音のそれに大きく遅れる。平安極初期には、前出の「夑〈ぬ阿尓〉〔聖語蔵本阿毘達磨雑集論〕」のように合拗音の仮

名表記例もあるが、この方式（およびナ行合拗音そのもの）は定着することなく途絶えてしまった。つまり、開拗音と合拗音とでは日本語への移入の仕方自体が大きく異なった可能性があり、合拗音は分解圧縮法にはよらない移入のされ方をしたと考えた方が良さそうである。合拗音が分解圧縮法によらずに移入されたとすると、どのような受け入れられ方をしたと考えるべきであろうか。当然、《あきま》に受け入れる方式を候補として考えてゆくことになるが、ここでは敢えて、小倉とは異なる部分に《あきま》を想定する解釈を提案したい。

　上代特殊仮名遣のオ段甲乙の別は、万葉仮名の中国原音を手掛かりに、甲類は奥舌母音 [-o]、乙類は中舌母音 [-ə] または [-ə] が推定されている。ところで、オ段甲乙の区別はまず「モ」において失われ（おそらくそれに先行して「ホ」「ボ」において失われた）、最後まで区別が保たれたのは、「コ」「ゴ」であった。こうした、唇音から始まり、軟口蓋音に終わる、オ段甲乙の対立の解消順序から、1つの推定として、オ段甲乙の区別の解消過程において、音声的に甲類 [-wo]、乙類「-o」に接近していったのではないかという考えが出てくる。ちなみに、甲類 -wo、乙類 -o というローマナイズは、Lange（1973）が上代語の音韻体系そのものに対して採用したものでもあり、現在でも海外ではポピュラーなものである。ただし、いわゆる有坂法則において、ア行の「オ」もワ行の「ヲ」も、オ段甲乙の対立に関して中立的であったという見通しもある（有坂秀世 1955: 91）ので、この系統の発想を、音声であるにせよ音韻論的解釈であるにせよ、上代語や日本祖語に適用するのは、なお慎重であるべきであろう。

　いずれにしても、平安初期の段階の、「コ（ゴ）」甲乙の対立のみが残存している状態を、子音の側の円唇性の有無の対立と解釈するならば、

ka（カ）： ki（キ）： ku（ク）： ke（ケ）： ko（コ乙）
（　　）：（　　）：（　　）：（　　）： kwo（コ甲）

のように、/kw-/ と /a, i, e/ との組み合わせに《あきま》が存在することになり、この音素結合の《あきま》に入り込む形で、クワ

/kwa/・クヰ /kwi/・クヱ /kwe/（・グワ /gwa/・グヰ /gwi/・グヱ
/gwe/）が、漢字音として移入されたと説明できる。なお、多くの
平安初期文献に、コ・ゴ甲乙の対立が見られることは、この対立が
決して不安定なものではなかったことを意味すると考える。

　以上のような説明は、カ行・ガ行にのみ合拗音が存在した理由も
同時に説明できるので、合拗音受容の仮説の、最低限の条件をクリ
アしていることになろう。また、開拗音が分解圧縮法により、合拗
音が《あきま》への受け入れにより定着したと、別々の過程を想定
することにより、開拗音と合拗音の表記・その他の歴史に、厳然た
る差が存在したことについても説明がしやすくなってくる。

6. 最後に

　以上のように、小倉のストーリーも、肥爪のストーリーも、多く
の事象の説明が連動してるため、ストーリーの一部分のみを修正す
るのが困難であることが多い。それぞれに調整可能な部分と調整不
可能な部分とが自ずと混在するのである。本稿においては、これ以
上の詮索は省略するが、［wi］［we］の［i］［je］への合流と、カ行
合拗音［kʷa］［kʷi］［kʷe］の消長との関係も、この部分だけを見
て、どちらが自然な説明かを判断するのではなく、ストーリー全体
の妥当性を考慮して検討しなければならないものである。いずれに
しても、小倉は、鎌倉時代に起こったとされる語頭位置での［wi］
＞［i］、［we］＞［je］の変化と、［kʷi］＞［ki］、［kʷe］＞［ke］
を関連づけず、「偶然」同時期に起こったと考えることになるし、
逆に肥爪は、平安後期から院政期に起こったとされる、語中位置で
［wi］＞［i］、［we］＞［je］の変化と、合拗音の仮名表記の発達と
を関連づけず、「偶然」同時期に起こったと考えていることになる
のである（もちろん、両方が偶然である可能性も残されている）。
そもそも、「偶然」であると言及する必要すらない、明らかに無関
係の事象は、他にいくらでも存在する。結局は、どの現象を説明す
ることを優先・重視するのかという、個々の研究者の志向の問題に
行き着くことになるのである。

音韻史　　93

資　料

土左日記：萩谷朴編『影印本土左日記（新訂版）』新典社、うつほ物語：宇津保物語研究会編『宇津保物語　本文と索引』笠間書院、拾遺集：久曽神昇編『藤原定家筆拾遺和歌集』汲古書院、徒然草：時枝誠記編『徒然草索引』至文堂、打聞集：東辻保和『打聞集の研究と総索引』清文堂、三教指帰注：築島裕・小林芳規編『中山法華経寺蔵本三教指帰注総索引及び研究』武蔵野書院、漢書列伝竺桃抄：尾道短期大学国文研究室編『京大附属図書館蔵本 漢書列伝竺桃抄』尾道短期大学国文研究室、将門記（楊守敬本）：山田忠雄解説『楊守敬旧蔵本将門記』貴重古典籍刊行会、和泉往来：築島裕編『高野山西南院蔵本和泉往来総索引』（古典籍索引叢書）汲古書院、新撰字鏡：京都大学文学部国語学国文学研究室編『天治本新撰字鏡 増訂版』臨川書店、類聚名義抄（観智院本）：正宗敦夫編『類聚名義抄』風間書房、永禄二年本節用集：中田祝夫編『印度本節用集古本四種　研究並びに総合索引』勉誠社、文明本節用集：中田祝夫編『改訂新版文明本節用集　研究並びに索引』勉誠出版、日葡辞書：土井忠生・森田武・長南実編訳『邦訳日葡辞書』岩波書店。

上記以外で、本文中に引用元を示していない用例は、いずれも築島裕編『訓点語彙集成』によった。

参考文献

有坂秀世（1955）『上代音韻攷』三省堂

小倉肇（2011）『日本語音韻史論考』和泉書院

亀井孝（1947）「八咫烏はなんと鳴いたか」『ぬはり』21（1）〜（4）→亀井（1984）pp.423–436.

亀井孝（1958）「中世における文体の崩壊の問題」『文学』26（12）→亀井（1986）pp.357–378.

亀井孝（1969）「口語の慣用の徴証につきその発掘と評価」『国語学』76→亀井（1986）pp.35–62.

亀井孝（1984）『亀井孝論文集 3 日本語のすがたとこころ（一）』吉川弘文館

亀井孝（1986）『亀井孝論文集 5 言語文化くさぐさ』吉川弘文館

小林芳規（1971）「中世片仮名文の国語史的研究」『広島大学文学部紀要』特輯号 3: pp.1–182. 広島大学

築島裕（2007–2009）『訓点語彙集成』（全九巻）汲古書院

服部四郎（1959）『日本語の系統』岩波書店

服部四郎（1973）「アクセント素とは何か？　そしてその弁別的特徴とは？─日本語の"高さアクセント"は単語アクセントの一種であって"調素"の単なる連続にあらず」『言語の科学』4: pp.1–61. 東京言語研究所

肥爪周二（2001）「ウ列開拗音の沿革」『訓点語と訓点資料』107: pp.1–18. 訓点語学会

Lange, Roland A. (1973) *The Phonology of eight-century Japanese*. Tokyo: Sophia Universitiy.

ハ行子音の脱唇音化
個別言語の特色と音韻史

高山知明

1. はじめに

　世界のさまざまな言語の履歴は、言語変化、さらには言語そのものに対する理解をより深めるためのよりどころであり、欠かすことのできない基本的情報である。しかし、それらは容易に得られるわけではない。現実問題として、かなり古くまで年代を遡ってその歴史を明らかにすることのできる言語はそれほど多くない。世界の言語全体の中でも、文献に恵まれ、過去の状態を具体的にうかがい知ることができるのはむしろ少数であり、例外的でさえある。日本語の場合、方言に関する史的材料はごく限られているし、（琉球諸語は別として）同系統と目される言語が事実上存在しないことから、比較方法によって相対年代を遡ることもきわめて困難である*1。とはいえ、紀元以前に遡ることのできる言語には遠く及ばないにしても、日本語は、おおむね1300年間の文献時代を有しており、それを土台として歴史について具体的に論じることが可能な言語である。その意味でたいへん貴重な存在であるといえる。日本語史の持つ意義について考えるとき、このことはもっと意識されてよい。

　重要なのは、日本語史を明らかにすること自体を目的とするのではなく、それを通じて、一般的な意味での言語変化に対する我々の理解を進展させることである。しかし、こういうと逆説的に聞こえるかもしれないが、言語史の研究においては、諸言語から収集された断片的な事例をもとに一般的な傾向性を探るような仕方ではなく、むしろ、個別言語についてその歴史を深く探究するようなやり方が必要とされる。歴史というのは、出来事の連続から成っており、それ自体をまるごと一般化の対象にすることができないという性質を本質的に持っている。もちろん、個々の言語の通時的な諸側面に関

しては、それぞれに言語一般が持つ性質が反映されると予測される
が、そうした諸側面の絡み合いは、それぞれの言語がたどる時間的
展開の中で、独自のかたちを取って現れる。それがどのように絡み
合っているかを明らかにしようとすれば、今述べたように、個別の
言語が持つ特徴を総合的に見て、一連の経過を分析することが中心
にならざるを得ない。言い方を変えれば、それらの織り込まれ方を
解かなければ歴史とならないということである。

　本稿は、17世紀初頭以降のハ行子音を事例として取り上げ、日
本語が持つ構造と特徴に着目しつつ、その歴史を明らかにしようと
する。具体的には、ハ行子音から唇音の特徴が失われていったその
背景を探ることを課題とする。類似の変化（p → h, f(φ) → h）は、
たとえば、（1）のような言語にも見いだせる（Hock and Joseph
(1996: 116–117, 384–387), Krishnamurti (2003: 90–178) など）。

　　（1）　アルメニア語、カラブリア語、カンナダ語、スペイン語
　　　　　（カスティリヤ語など）、ガスコン（ガスコーニュ）語、ケ
　　　　　ルト語、ハワイ語など。

様々な言語の変化に関する情報は、言語変化一般の問題にとって重
要であるとともに、日本語の歴史に対する理解を深める意味でも有
益である。言語史研究においても、複数の言語間の対照は今後さら
に進めていかなければならない。しかし、現象の見た目は似ていて
も、具体的な内容がずいぶん異なることも多い。たとえば、日本語
と同じように開音節構造を持つハワイ語も、f → h の変化を経たと
推定されているが、'aloha' という語からもわかるように、h は語頭
以外にも立ち、また、すべての h が f からの変化に由来するわけで
はない。こうした点を見ただけでも、必ずしも見た目ほどの類似点
があるとは限らないことに気づく。また、言語史研究でよく言及さ
れる比較方法についていえば、これは、複数の言語間で音韻対応を
なす語群に依拠しておこなわれるため、遠い過去に遡って変化が推
定できるように見えても、その段階の言語の全体像や歴史の実際が
不明のままであることも少なくない。

　このように見てくると、言語の変化というものに対する理解を深
めようとすれば、特定言語の事例を取り上げてそれを詳細に論じる

96　　高山知明

ことも必要とされる。とくに、文献をはじめとする一定程度の情報
があって、その解明が期待できる場合には、そうした言語史研究の
意義はなおさら大きい。本稿では、こうした認識に基づいて、ハ行
子音に関する具体的な問題について見ていく。次節以降に提示する
材料の多くはすでに知られているものであるが、音韻史としてそこ
から何を読み取るかに成否が掛かることになる。

2. 現象の切り取り方

　ハ行子音の変化が話題にされるたびに、言及されてきたのが「唇
音退化の傾向」である。すなわち、(2) の変化は、「唇音退化の傾
向」の現れのひとつとされてきた（橋本進吉 1928, 1938, 1950a)。
　(2)　p → ɸ → h
なお、「むかしからの国語の音変化にかやうな傾向があるといふ事
は、専門学者の間にはよく知られてゐる事で、私が事新しく申すま
でもない事である」（橋本 1950a: 265) というところを見ると、
「唇音退化の傾向」は、1930–40 年代には学界の周知の「事実」と
なっていたようである（橋本進吉（1950a）は、1942 年に東大で
開かれた上田萬年博士記念国語学講演会における講演の草稿をもと
にしたものである）。
　本稿筆者は「唇音退化の傾向」は今日ではもはや通用しないと考
えるが、用語自体が独り歩きしている印象があり、具体的な議論に
入る前にその問題点を示す必要があろう。また、それを通じて、言
語史ないし日本語史はどうあるべきかに関する理解も深められると
考える。少し長くなるが、「唇音退化の傾向」に関する橋本進吉の
説明を見ることにしよう。引用は以下の 2 か所である。なお、F は
両唇摩擦音を示す記号としてよく使われていたものである。

　　さて p → F → h の変化はいかなる性質の音変化かといふに、p
　　F は共に唇音であり、そのうち p は閉鎖音であり F は摩擦音で
　　ある。それゆゑ、p から F への変化は唇の合せ方が少くなつた
　　のである。h は喉音で、唇には関係がない。それ故 F → h の変
　　化は、唇を合せたのが後には唇を全く合わせなくなつたのであ

ハ行子音の脱唇音化　　97

る。即ちpでは唇を全く合せて閉ぢたのを、Fにいたつて、合せ方が少くなつてその間に間隙をのこし、hに至つては全く合せる事をしなくなつたので、つまり、唇の運動が追々減退したことゝなるのである。又、Fからwにうつつたのは、これはどちらも唇音で、Fの場合には唇の開き方が少く、wの方はそれよりも多いので、唇の合せ方が少くなつたのである。これも、前にのべたと同じく唇を合せる運動が減退したのである。

かやうにハ行音の変遷に於て見られる音変化は、<u>唇音のよわまり、減退、退化といふ傾向をたどつてゐるものといふべきで</u>ある。　（橋本進吉 1950a: 264, 旧字体は新字体とする。下線は本稿筆者）

唇音退化の傾向は国語音韻変遷上の著しい現象である。ハ行音の変遷に於て見られるpからFへ、Fからhへの変化は、唇の合せ方が次第に弱く少くなつて遂に全くなくなつたのであり、語中語尾のハ行音がワ行と同音になつたのは唇の合せ方が少くなつたのであり、キヱ音がイヱ音になり、又近世に、クヮグヮ音がカガ音になったのも、「お」「を」が多分woからoになつたらうと思はれるのも、皆唇の運動が減退して無くなったに基づく。かやうに非常に古い時代から近世までも、同じ方向の音変化が行はれたのである。

（橋本進吉［1938］1950b: 101–102, 旧字体は新字体とする）

まず、2つ目の引用の最初に、「国語音韻変遷上の著しい現象」（橋本進吉［1938］1950b: 101）とあることが注目される。

ここからわかるように、橋本は（2）を1つの現象（あるいは出来事）と認めている。しかし、この「傾向」を認めない立場からすれば、そのような現象はそもそも存在しないことになる。つまり、考察の対象となるべき現象自体が解釈の施し方によって異なってくる。当然、それに伴い、描かれる歴史も違ったものとなる。それゆえ、現象をどう切り取るかの判断は、それによって歴史そのものの内容が決まるという点で、たいへん重要である。具体的な問題に即していうと、「唇音退化」をどのように見るかによって、音韻史の内容は大きく変わることになる（現象のとらえ方に関しては、高山

知明 2014: 22–35, 191–193 を参照)。

3.「唇音退化」の問題点

　「唇音退化の傾向」には、母音間のハ行のワ行への合流、合拗音の消失などさまざまな変化が包摂されているが、ここでは本稿に直接関係する（2）だけに絞る。問題を明らかにするにはそれだけでも十分である。前節の引用部分を参照しながら、具体的な問題点の指摘に入ろう。

　「唇音退化の傾向」は（2）p → ɸ → h の全体をとらえたものになっている。しかし、これははたして適切な切り取り方だろうか。音変化は一定の段階を経ながら進行するので、いきなり p から h に変わることはまず考えられず、p → ɸ のような変化が起こってから、h に至るというのが自然な流れである。その意味では、（2）のように一連の変化として取り扱うことは有効であり、変化の順序全体を把握するために必要なことである。しかし、だからといって、これは「唇音退化」を反映した 1 つの現象であることを意味しない。

　（3）a.　p → ɸ
　　　　b.　ɸ → h

（3）は（2）を 2 つの部分に分けて示したものである。このうち、ハ行子音全体から唇音の特徴（labial）が失われるのは（3b）のみである。いうまでもなく、（3a）では変化後も唇音の特徴が保たれている。本来ならこの違いは無視できないが、「唇音退化」は、口唇の運動の仕方に目をつけて、（3a）における唇の位置における閉鎖の緩みと（3b）における唇の狭めの消失とを、1 つの発音上の「傾向」として同一視したものである。そのため、破裂音［p］の閉鎖が不完全となって摩擦音［ɸ］に変わる現象をも、「唇音のよわまり、減退、退化」（橋本進吉 1950a: 264, 上記引用中の下線部。傍点は本稿筆者）と見なしている。これは明らかに飛躍である。口唇における閉鎖の緩みを「唇音のよわまり」と解するのは、今日の目から見て、適切な取り扱いといえない。ふつう、調音点の特徴（具体的には唇音の特徴）について、破裂音と摩擦音との間に強弱

の違いを認めることはしない。たとえば、[t]に比べて[s]が歯音の特徴が弱いとはいわない。この点には本来なら批判が加えられるべきであるが、省みられることなく今日に至っている。

「唇音退化の傾向」に惑わされず、常識に従えば、唇音の特徴が変わる現象は（3b）に限られ、（3a）はこれに該当しない。それゆえ、ハ行子音の唇音消失について明らかにしようとするのであれば、（3b）だけに注目すべきで、いたずらに（2）p→φ→h全体に考察対象を広げてはならない。

「唇音退化の傾向」のもう1つの大きな問題点は、特定部位の発音運動が非常に長期にわたって言語変化を支配し続けるとする言語観が背景にあることである。「非常に古い時代から近世までも、同じ方向の音変化が行はれた」（橋本進吉［1938］1950b: 101–102）というのは、むしろ不可解である。そうした性向が日本語に本質的に宿っているかのようである。特定の発音運動に限って、非常な長期間、1つの傾向が頻繁に現れるというのは、言語音の体系性から見て不自然であり、そこに合理的な理由を見出すことはかえって難しい。また、事実認定の上からも問題がある（今日に至る過程で、外来語には「ファイト」「フィールド」「フォルム」のように唇音が容易に「復活」している）。特定の性向らしきものによって、長期にわたって統一的な説明ができそうに見える場合は、かえって警戒が必要で、慎重な判断が求められる。

4. 言語変化のとらえ方

それぞれの時代の話者は、前の世代から母語を受け継ぐ過程で、自分たちにより適したと感じられる話し方を自然に選択し、彼ら自身の言語としていく。彼らがより適したと感じるのは、聞き手に、意図した内容がより確実に伝わり、話し手自身の自己表出の欲求を可能な限り満たす言語の実現の仕方である。一言でいえば、意思伝達がより効果的におこなえるような言語の特徴ということになる。音の面では、話者は、そうした意思伝達を十分に支えてくれるような音声実現を選ぼうとする。

言語変化は、このような言語実現の仕方が一定の方向に遷移することによって起こる。意思伝達というのは、話し手と聞き手の間で相互におこなわれ、話し手が聞き手になり、また聞き手が話し手になるというように、常に入れ替わるので、どのような言語実現を適切と感じるかは、個々人で全くばらばらになるようなことはなく、その実現の特徴は話者の間で共有され、話者集団内で一定の範囲に収まっていく。言語はそうした共有関係なしには成り立たないので、話者集団内で実現の選び方に差が生じる場合も、無秩序に起こるのではなく、一定の方向性を持つはずである。世代の違いに応じてその差が生じ、さらにその特徴が次の世代にも引き継がれるとき、言語変化となって現れる。音変化もそのような結果として顕在化する。もちろん、ここで対象として取り上げるハ行子音の変化も例外ではない。言語変化は、このような世代から世代への受け継ぎを通じて発生するのであって、各時期の話者はすぐ前の世代の言語特徴を出発点として、そこに彼ら自身の要求に従った補正を加えていく。言語自体に特定の方向に変わる体質のようなものがあって、それが世代から世代に引き継がれていく、ということではない。

　（3b）φ→hのように、17〜18世紀に、ハ行子音から唇音の特徴がなくなっていったとすれば、この頃の新しい世代の話者は、前の世代のハ行子音をそのまま引き継ぐことはせず、唇音を欠く音声実現を選び取っていったということである。前の世代の音声実現の中に、唇の狭めが相当に緩んだ実現が含まれていたとすれば、次の世代はそちらの方を積極的に選んだことになる。それゆえ、（3b）に先行する（3a）p→φによってあらかじめ方向づけられた現象というわけではない。そうだとすれば、彼らがそのような音声実現を選択的に獲得した理由を探る必要がある。それは、この時期の音韻体系と各音の分布から見出されるものでなければならない。言語史としては、その点を述べることが重要である。

　ある言語変化が起こるのか、それとも起こらないのか、また、起こるとしたらどのように起こるのかは、話者集団の選択に掛かっている。特定の条件下であれば、かなりの高確率で生起するような自然現象（中でも比較的単純な場合）とは異なり、一定の変化が必ず

ハ行子音の脱唇音化　101

起こるようなことはない。方言によって変化に違いが出ることからもわかるように、言語変化の道筋には複数の可能性がある。ハ行子音についても、唇音をなくした方言もあれば、それを保持した方言もあり、変化の仕方は一様ではない。変化は、何らかの因子があったとしても、それによって自動的に起こるわけではない。それを理解した上でなお、話者集団の選択に影響を与えたと考えられる因子を探る。その作業をおこなうことが、言語の歴史を少しでも明らかにするためには必要である。

5. ［ɸ］と［p］の擬似的な相補分布

16世紀末から17世紀初の［p］の状態は、おもにキリシタン文献を通じて多くのことがわかっている。この音の日本語の音韻体系の中での位置づけやその歴史的解釈については議論のあるところである（服部四郎［1954］1960: 258–260、濱田敦1954、亀井孝1955、小松英雄1981: 249–283）。本稿では、たとえ周辺的な音であっても、［p］であることが語形の重要な要素となっていることを重視し、これを音素と認めて論じる（以下、必要に応じて /p/ を用いる）。本稿は、日本語の音韻体系において［p］に独自の価値が存在していたことが、（3b）ɸ → h の出発点となっていることに着目する。いずれにせよ、音素解釈自体は副次的な問題に過ぎない。なお、ハ行の変化に伴って、［p］の役割が変わっていくことを否定するものではない。それどころか、そうした役割の変化は以下に論じるように最も重要な点でもある。

あらためて、当時の /p/ の現れ方を整理しておこう。その分布は（4）と（5a, b）のように分けることができる。

(4) 語頭の /p/

(5) 語頭以外の /p/

    a.   促音の後：-Qp-（-pp-）

    b.   撥音の後：-Np-

このうち（4）は事実上、擬音語・擬態語に限られる。『日葡辞書』にも /p/ で始まる語は擬音語・擬態語のみしか掲出されていない。

外来語としてはキリシタンの用語などがないわけではないが、当時の状況から見て、ごく限定的なものであろう。これに対し、語頭以外では圧倒的に（5a, b）が多数を占める。母音間に現れるのは、「たんぽぽ」（最終音節の /p/ がこれに該当。『日葡辞書』Tanpopo.）のような語がごく希に存在する程度である。しかも（5）は、（4）とまったく様相を異にしており、一般語彙に大量に現れる。

　対照的に、一般語彙の語頭に現れるのは /ɸ/ である。また、その分布は語頭に限られる*2。これは、周知のように、母音間のハ行子音がワ行子音 /w/ に合流したことに由来する。そして、/ɸ/ は促音、撥音の後には現れない。

　以上のように整理した上で、かりに今、語頭の /p/ をないものとして各音の関係を見てみることにしよう。そうすると、（6）語頭の ［ɸ］ と、（7）語頭以外の ［p］（（5）と同じ）とは、相補分布の関係にあることになる。

（6）　語頭 ［ɸ］

（7）　語頭以外 ［p］

　　　a.　促音の後：-Qp-（-pp-）

　　　b.　撥音の後：-Np-

実際、単純語について見ると、「もっぱら」「あっぱれ」のような語がある。歴史的には、これらは、（3a）p → ɸ の以前より、閉鎖の持続時間が長かったため、その緩みが起こりにくく、［p］のまま残り、その結果、/w/ への合流に加わらなかったと推定されるものである（橋本進吉［1928］1950b、亀井孝ほか［1964］2007: 82–86、高山知明2002）*3。

　複合語については（8）のような現象が目を引く。「ひる」「はじめ」「はだか」「ひとい」などの語頭の ［ɸ］ が、複合語の後部に来て、その直前に促音が挿入されるときに ［p］ で現れる。（9）のように、先行要素の末尾に促音が来る場合にも、「はらい」「ひく」などの語頭の ［ɸ］ が ［p］ となる。また、語数は少ないけれども、（10）のように撥音の後でも、「はかせ」「ひげ」「ひま」の ［ɸ］ が ［p］ で現れる。

（8）　真初め（Mappajime）、真裸（Mappadaca）、真昼（Mappiru）、

夜ひとい（Yofitoi. l, yoppitoi. / Yoppitoi）、…

(9) 尻払い（Xipparai）、よっ引く（Yoppiqi, cu, ijta）、…

(10)御佩刀（Vonpacaxe）、鬢鬚（Binpigue）、便隙（Bimpima）

（括弧内は『日葡辞書』の項目の綴り）

漢熟語に目を向けると、(11)のように促音化を起こす場合、(12)
のように、先行要素の末尾に撥音が来る場合に［p］で現れる（Cf.
に示すように濁音化〔新濁〕で /b/ に替わる語を除く）。現代語の
漢熟語と同様、規則的に生じる現象である。

(11)骨法（Coppǒ）、実否（Iippu）、鉄砲（Teppô）、仏布施
（Buppuxe）、殺風景（Sappǔqei）、…

(12)万般（Banpan）、干瓢（Canpiô）、近辺（Qinpen）、寸法
（Sunpǒ）、三拍子（さんぴゃうし。Sanpiǒxi.）、…

Cf.【新濁】元服（Guenbucu）、南北（Nanbocu）、転変
（Tenben）、…

このように見ると、［ɸ］と［p］とは、環境の違いに応じた異音の
関係にあるかのようである（環境同化については、たとえば、促音、
撥音の後で硬音化するというような説明が要る）。もちろん、実際
には、複合語において生じる音の違いは、形態音韻論的な交替現象
として扱うことができるが、かりに上のように考えると、これも異
音の関係の反映ということになる。

6. 鍵を握る語頭の ［p］

前節では、［ɸ］と［p］とは、見方を変えるとまるで相補分布の
関係にあり、同一音素のようなふるまいを見せると述べた。そこに
くさびを打ち込む位置にあるのが、語頭の［p］である。これによ
って、［ɸ］と［p］とは異音の関係ではなく、それぞれが独自の機
能を持ちうることになる。語頭の［p］は、擬音語・擬態語にしか
現れないことから、周辺的な音にとどまるようであるが、全体の関
係をこのように整理すると、体系のあり方を決定する鍵を握ること
がわかる。たとえば、(8)～(12)のように複合語の結合の際に
現れる［p］が、/ɸ/ の交替音（つまり、/p/）として形態音韻論的

なはたらき（複合機能）を果たせるのも（小松1981:276）、その背景において語頭に［p］が来ることに拠っている。擬音語・擬態語の［p］はいわば小政党ではあるが、大政党としてまとまりそうな集団を /ɸ/ と /p/ とに分裂させる決定的なポジションにある。擬音語・擬態語のような一見周辺的に見える音が、こうした鍵を握る位置に来ることは、一般的観点から見ても興味深い。擬音語・擬態語が日本語の中で果たす役割の大きさを考えれば、なおさらである。

　ところで、擬音語・擬態語の語頭の［p］が、一般語彙と違って（3a）p→ɸ の変化を経なかった結果であるとすれば、今述べた /ɸ/ と /p/ の関係ができあがる契機はその段階にさかのぼる*4。

　一般語彙の語頭に現れる /ɸ/ に対し、語頭の /p/ はもっぱら擬音語・擬態語に使われている。二者の現れ方は不均衡であり、その関係はいびつである。しかも、/ɸ/ は一般語彙の語頭だけでなく、/p/ と同じく擬音語・擬態語の語頭にも現れる。音象徴の面で、/ɸ/ と /p/ とはどのように違っていたのだろうか。このことは二者の関係をさらに考える上で無視できない問題である。これについては第8節で具体的に見ることにする。

7.　連濁とハ行の変化

　現代語の清濁は、表1に示すとおり、タ行とダ行、サ行とザ行、カ行とガ行では、同じ調音位置の阻害音の、無声と有声の対立になっている。しかし、ハ行とバ行は、前者が無声、後者が有声という点では平行的でも、調音位置は共有せず、他との間で均斉を欠く。連濁は、「てら（寺）」が「やまでら（山寺）」になるなど、同じ調音位置での、阻害音の無声と有声の交替として記述できそうである

表1　現代語の清濁の対

清音	濁音
ハ行 /h/	バ行 /b/
タ行 /t/	ダ行 /d/
サ行 /s/	ザ行 /z/
カ行 /k/	ガ行 /g/

が、ハ行とバ行は、「はこ（箱）」が「あきばこ（空き箱）」になる
ように、その規則から外れることになる。

　このように、共時態の中に不規則な部分、あるいは均斉を欠く部
分が見出される場合には、しばしば、通時的事実によって、その原
因が説明されることがある。あるいは、そのような不規則性、非均
斉な部分をもとに、逆に、未知の言語変化の存在が推定されること
もある。日本語の清濁についても、ハ行子音に変化が起こった結果、
均斉が崩れるようになったと説明されている。

　とはいえ、清濁の不規則性が生じた原因は、(2) p→φ→hの全
体にあるわけではない。ハ行とバ行の関係が、他の行と決定的にず
れるようになったのは (3b) φ→hの変化によってである。なぜな
ら、前半の (3a) p→φによっては、摩擦音に変わったとしても、
依然、バ行と同じ調音位置を持つ唇子音であるからである。

　音変化というのは一律に進行するものなので、連濁のような現象
があっても、その規則性を保とうとして変化が押しとどめられるこ
とはない、あるいは、自然に起こる変化に対して、その歯止めには
ならない、とする見方がある。ただ、すでに指摘したように、ハ行
の変化を「唇音退化」の傾向に求めることはできない。また、発音
労力の軽減に依って生じたとするような説明も受け容れがたい。な
ぜ、このように清濁の関係を崩すような (3b) φ→hが起こったか
については、より説得的な説明が必要である。この点については、
以下の事実も無視することができない。

　ハ行子音は、語頭にしか現れないので、漢語を除けば、潜在的に
はその大半が連濁しうることになる。その点で、「た<u>き</u>（滝）」「く
<u>さ</u>（草）」「か<u>た</u>（肩）」のように、語頭以外にいくらでも現れる他
の清音とは異なっている。「はだ（肌）」「ひざ」「ふぢ（藤）」のよ
うに、もともと語頭以外に濁音があるために規則的に連濁しない語
は除かれるにしても（ライマン法則）、ハ行子音で始まる連濁可能
な語は数多く存在する。この事実は、17世紀においても変わらな
い（「ほばしら（帆柱）」「きばらし（気晴らし）」「のび（野火）」
「まびさし（目庇）」「ひわだぶき（檜皮葺）」「うちぶろ（内風呂）」
「かわべり（川縁）」「しらぼし（白干し）」「きぼとけ（木仏）」等々、

106　　高山知明

『日葡辞書』による）。それだけに、変化によってハ行とバ行との間
に表1に示したような断絶が生じるとすれば、連濁は大きな打撃を
受けるように思われる。

　また、第5節の（8）〜（12）でも見たように、単純語の語頭の
/ɸ/ が複合語の後部に来るときに、促音の後や撥音の後で、/p/ に交
替する現象もある。とくに漢語では規則的であり、/ɸ/ で始まるい
ずれの漢語形態素にもこの交替が起こりうる。また、撥音の後で /b/
となる濁音化もある。

　このように、/ɸ/ は、語頭にしか現れないため、和語、漢語を問
わず、その多くが、同じ唇音の /b/ もしくは /p/ と交替する関係を
持っている。この点は、他の清音と比べて顕著である。そのハ行子
音が唇音でなくなると、同じ唇音どうしの /ɸ/ と /b/、/ɸ/ と /p/ の形
態音韻論的関係は損なわれてしまう。（3b）ɸ→h の変化は、日本
語の形態構造に相応の無理を強いるように見える。

8.　擬音語・擬態語の /ɸ/ と /p/

　第6節に述べたように語頭の /ɸ/ と /p/ の語彙内における現れ方は、
表2のとおりである。本節では擬音語・擬態語における両者の違い
について見てみよう。

表2　語頭 /ɸ//p/ とそれが現れる語彙

	一般語彙	擬音語・擬態語
語頭 /ɸ/	○	○
語頭 /p/	×	○

『日葡辞書』には本篇・補遺を合わせ、F字で始まる擬音語・擬態
語が48項目掲出されている（Fachimeqi, u, eita. などの動詞を除
く）。また、P字には9項目（補遺は0）あり、そのすべてが擬音
語・擬態語である（重複分を除くと8項目。「〜めく」などの動詞
はない）*5 。二者の間に項目数の上で大きな差があり、これが、
そのまま当時の実際を反映するものとすれば、/p/ で始まる擬音
語・擬態語の数は相当に少ないということになる。はたしてそう判

断してよいかとの疑問が浮かぶが、それについては次節で述べることにして、本節では、ハ行子音で始まる擬音語・擬態語の具体的な中身を見ることにする。

『日葡辞書』を見ればだれしも気づくことであるが、ハ行で始まる擬音語・擬態語の中に、現代語であればパ行で始まるはずの語が数多く存在する。(13) に掲げた例は、意味にずれのあるものもあるが、概して現代語の「ぱちぱち」「ぱりぱり」「ぴかぴか」「ぽかぽか」に対応する。また、「ふつと」は「ぷつっと」に相当すると判断される。

(13) Fachi fachito.〈物を叩く音、竹などが焼けてはじける音〉、Farifarito.〈乾いて粗い物、紙などが立てる音〉、Ficaficato.〈光で輝くさま〉、Focafocato.〈力を込めて激しく、突き通すなどのさま。無分別、軽率なさま〉、Futçuto.〈根元から切るさま。きっぱり答えるさま〉

　　　　(各例は『日葡辞書』の項目の綴りで示す。意味は『邦訳日葡辞書』を参照し、適宜要約する)

(14) は、『日葡辞書』のハ行で始まる擬音語・擬態語に対し、現代語ではハ行とパ行の2形に相当すると見られる例である。現代語のその2つの形は、何の、どんな様子・動きを表すのかで異なるし、同じ対象に使えたとしても意味が異なる。むろん、『日葡辞書』の説明とずれがある。

(14) Farafarato.〈降雨、落涙のさま。敵兵を斬り倒すさま〉、Ficuficuto.〈身体の部位などが出たり引っ込んだりするさま〉、Foroforoto.〈糸がほどける、髪がほつれる、蔦の葉が木から離れる。物が崩れる・砕ける。涙が落ちる〉

たとえば、「はらはら」は、現代語では泣く様子にほぼ限られるし、雨の様子なら「ぱらぱら」である。また、『日葡辞書』の「ほろほろ」の説明は現代語の「ぽろぽろ」とわりあいよく符合する一方、現代語の「ほろほろ」は涙が落ちる場合と、せいぜい糸がほどける場合ぐらいにしか使えない。このように細かなずれはいろいろとあるものの、現代語のパ行で始まるものとの対応が認められることは確かである。

108　　高山知明

（13）（14）に加えて、『日葡辞書』の中には /ɸ/ と /p/ の両形を掲げる場合が3例ある。項目上に両形を示すのは「Pararito. l, fararito.〈穀物など物が落ちる音〉」であるが、このほか、別々に立項されているものとして、「Faxxito.〈矢を当てるさま、平手打ちをするさま〉」と「Paxxito.〈矢を射当てる、槍で突き当てるさま〉」、「Fixxito.〈効果的に。激しく。詰まっているさま〉」と「Pixxito.〈物が、きちんと合っているさま。締まっているさま。詰まっているさま〉」がある。なお、Fixito.〈すっかり、効果的に。殴打、釘打ちのさま。詰まっているさま〉が別に立項されている。これらも、現代語に置き換えると、「ぱらりと」あるいは「ぱらっと」、「ぱしっと」、「ぴしっと」に該当する。

　紙幅の都合で詳細は省くが、上に例示した、現代語のパ行に対応するものに加え、現代語に直接対応する形が見当たらなくとも、それをパ行に置き換えると感覚が理解できるものもある（たとえば、Fupputo.〈にわかにでき物ができたり、ふくれたりするさま〉）。全体として該当するのは、『日葡辞書』のハ行で始まる擬音語・擬態語のうち、29項目ある。

　『日葡辞書』の項目が、当時の擬音語・擬態語の状況をかなり忠実に反映しているとしたら、現代語のパ行で始まるものの多くが当時はハ行に属しており、パ行に属するのはごく一部だったことになる。そして、ハ行の擬音語・擬態語のかなりの部分が、これ以降のどこかの段階で、パ行に乗り換えたことになる。1つの可能性として、音象徴にも好みの流行による変化があり、そのためにハ行が選ばれなくなったということも考えられなくない。しかし、そのような感覚のはやりすたりは、結局のところ擬音語・擬態語の変化からしかわからず、それ自体が証明できるものではない。この場合、17世紀初以降、ハ行子音に変化が生じたことが別にわかっているので、それに伴う現象であると見る方がはるかに説得的である。当時のハ行の擬音語・擬態語の多くが、現代語の感覚からするとパ行のそれに対応する事実は、ハ行から唇音の特徴がなくなったことと符合する＊6。

　ここで、さらに、当時の、擬音語・擬態語の「清濁」の対がどん

なふうであったかに注目することにしよう。そうすると、（15）のように、/ɸ/ と /b/ の対が多く見出される。

（15）fachifachi/bachibachi, farafara/barabara, farifari/baribari, fettari/bettari, ficuficu/bicubicu, fochifochi/bochibochi, fotofoto/botoboto, foroforo/boroboro, furafura/burabura,

（『日葡辞書』の項目および語義中の綴りで示す。ただし助詞 'to' は省く）

『日葡辞書』の項目には、たとえば、'farifari' に対する 'baribari' がなくとも、動詞 'barimeqi, cu, eita' があり、その意味も考慮すると、'baribari' が期待されるという場合がある（詳細は省くが、この場合は実在が確認される）。こうしたものも含めると、F字とB字の双方の項目間で16個の対が見出される。他方、/p/ と /b/ との対は、（16）に示すように、'patto' と 'batto' の対と、形にずれがあるものの、'pinpin' と 'binbi(to)' の対がある（'pinpin' の「馬がぴんぴんと跳ぬる」と同様、'binbito' には「馬がびんびと跳ぬる」の例が掲げられている）。

（16）patto/batto, pinpin/(binbito)

現代語の擬音語・擬態語では、基本的にはバ行と対をなすのはパ行である（小松英雄1981: 249–283、Hamano1998、浜野祥子2014）。ハ行がバ行と対をなすように見える場合にも、パ行が存在し、結局、パ行とバ行の関係に付随するかたちでしか存在しえないことも指摘されている（湯澤質幸・松崎寛2004: 32–35）。これに対して、17世紀初頭では、ハ行とバ行の対が一般的である。これは、先ほど見た、ハ行で始まる擬音語・擬態語の多くが現代語ではパ行に対応することと軌を一にする事実である。このように見てくると、ハ行の変化に伴い、パ行がハ行の位置を引き継いだことがさらに裏付けられるように見える。

　すなわち、ハ行が唇音でなくなるにつれ、その変化の影響を被って、もとの音象徴が保てなくなり、二次的な選択肢としてパ行が選ばれた。いわばハ行の擬音語・擬態語の多くはパ行への乗り換えを強いられたことになる。しかも、前節に見たように、連濁に関しても、清濁の均斉が損なわれることで不規則性が生じている。このように見ると、（3b）ɸ → h は日本語の形態構造に対して複数の無理

をおかしながら進んだかのようである。はたして、そのように考え
てよいのだろうか。

9. /ɸ/ の擬音語・擬態語のゆくえ

音が違えばそこから受ける印象も変わるというのが音象徴であり、
/ɸ/ と /p/ とが音象徴面で完全に等価であるとは考えられない。しか
し、同じ唇音であることから、現代語のハ行とパ行に比べると、当
時はたがいにかなり近い印象を話し手に与える関係にあった。

先に見た、『日葡辞書』の P 字で始まる擬音語・擬態語の項目の
少なさは、はたして実態を反映したものなのだろうか。前節で述べ
たハ行からパ行への「乗り換え説」は、その項目の少なさが実態を
直接に反映するとした場合の説である。その前提が異なれば、別の
見方が必要になる。

『日葡辞書』には項目が掲げられていなくとも、/p/ で始まる擬音
語・擬態語は大量に存在したのではないか。しかも、そこには /ɸ/
と /p/ の両形併存がもっと多く含まれていた。『日葡辞書』で確認
できるのは、前節で見た「はらりと／ぱらりと」「はっしと／ぱっ
しと」「ひっしと／ぴっしと」の 3 例であるが、これらだけに両形
併存が限られる説得的な理由は見出せない。これはわずかに顔を出
した露頭であって、他にも多くの併存例があったと疑われる。

語頭の /p/ はもっぱら擬音語・擬態語にしか現れないため、当時
の話し手に強烈な印象を与え、卑俗な音と受け止められたにちがい
ない。時代は下るが、本居宣長『漢字三音考』(1785 年刊) の中に、
撥音などとともに半濁音に触れて、彼がこの音に対してどんな印象
を抱いていたのかを示す箇所がある (亀井孝ほか ([1964] 2007:
75–76) を参照)。「此方ニテ半濁ト云フ。漢国ニテハコレヲモ清音
トスル也。此レ殊ニ不正鄙俚ノ音ナリ」(5 丁、「外国ノ音正シカラ
ザル事」、漢字は新字体で示す) とし、「鳥獣万物ノ声」(7 丁) で
は、琴の音を表す「ピンポン」や、鼓の音の「デンドンカンポン」
などの例を挙げつつ、半濁音は鳥や獣の声、物の音であって「人ノ
正音」ではないという。これは、宣長だけでなく、日本語の話者一

般にも通じる感覚であり、そのことは現代語からも十分に想像できるが、今日と違い、/p/ で始まる外来語が実質的になく、なおさら卑俗さが鋭く感じられただろう。17世紀初頭においても豊富に存在したのに、/p/ で始まる擬音語・擬態語が、『日葡辞書』の編纂の際にごく限定的にしか採録されなかったとすれば、/p/ から受けるどぎつい印象のために、これらはまともな日本語との認知を受けなかったことに因ると考えられる。拾い出せばきりのない一群の擬音語・擬態語を、大量に 'P' の項目として並べる意義が見出されず、/p/ の形を丁寧に挙げる労はあえて執られなかったものと推測される。

　併存する /ɸ/ と /p/ の形が示す違いは、その音声の近さから、スタイルによる差が最も考えられる。/ɸ/ の形は、/p/ の鮮やかな印象を少し弱めた表現として存在した。現代語において「はらはらと悲しみの涙を流した」とか「ひしひしと感じられる」のような硬い表現に残っているのもそのためだろう。/p/ を使った表現は、聞き手に、より生き生きとした印象が伝えられる一方、生々しい露骨な印象を与えることもある。しかし、概して日常のおしゃべりでは、よりリアルな表現が好まれるため、/ɸ/ よりも /p/ の形が優勢であった。ハ行の形は一定の品を保つ上では最適のようでも、そもそも擬音語・擬態語は、品よく話す場合には概して避けられる。ハ行の形は、他ならぬハ行でなければならない場合（「ひそひそ」など）を除いて、全体として、口頭では使われる機会が少なかった。そのため、ハ行に変化が起こって、しっくりこなくなって急に使えなくなったということではない。このように推測するならば、少なくとも17世紀初頭の段階でも、擬音語・擬態語における「清濁」の対は、実質的に /p/ と /b/ であったということになる。つまり、(3b) ɸ → h に伴って、/p/ に移ることを余儀なくされたわけではない。以上のように考えれば、音象徴に関する表現において大規模な「乗り換え」が起こったというような無理なプロセスを考える必要はなくなる。もとからあったパ行の表現が残ったということである。

　さて、現代語の中に、こうしたスタイルの違いをつくる適当な類例を見つけるのは難しいが、(17) のような音の違いは参考になる

と思われる。

（17）a. 力入れて、その綱、もっと、ぐっぐっと引っ張って！

　　 b. ばっばーんって、すっごい爆発だったよ。

濁音の前に促音が来ることは、外来語を除けばないことになっているが、こうした場合にはめずらしくない。「すっごい」は擬音語・擬態語ではないが、強調の表現という点で参考になろう。あらたまった文脈ではこれらの擬音語・擬態語は、「ぐぐっと」「ばばん（ばんばん）と」とスタイルに合わせた形に調整されるが、擬音語・擬態語が本来持っている躍動感や写実性は弱まってしまう。/ɸ/ と /p/ の違いもこれに類するものであったと考えられる。

10. 唇音の圏外へ

　第6節で述べたように、語頭にのみ現れる ［ɸ］ は、語内の促音・撥音の後の ［p］ と相補分布をなすように見えるが、語頭の ［p］ があるために、そうはならず、それぞれが独自の機能を持ちうる。しかし、/ɸ/ と /p/ とは典型的な音素対立とは違って、特異な関係にある。

　日本語の語頭の /p/ は擬音語・擬態語のみに現れるため、音象徴に由来する響きを強烈に放つという特色を持つ。そのため、語頭以外の /p/ も音象徴性を容易に帯びるほどである。実際、現代語でさえ、「あけっぴろげ（開けっ広げ）」「くいっぱぐれ（食いっ逸れ）」では擬態語に通じる独特の響きが感じられる。これは日本語の /p/ に特有の性質であり、両唇破裂音一般に見られるものではない。英語、韓国語（朝鮮語）、中国語、フランス語などのように、この音声（ここでは有気、無気の違いは問わない）が一般語彙にふつうに現れる言語の場合とは決定的に異なるところである。17世紀初頭の日本語では、/p/ は、一般語彙を担う /ɸ/ との間に著しい不均衡が存在する。（3b）ɸ→h の要因を構造面に探るとすれば、この点に注目する以外にない。

　第9節で述べたように、音象徴の面で /ɸ/ と /p/ はたいへん近い関係にある。その違いは、擬音語・擬態語の多くでスタイルの差に

対応すると推定される。両者の音象徴の差異は質的な違いではなく、強弱の違いとしてとらえられるものであろう。それゆえ、音象徴の枠組みの中では、/p/ が持つ音象徴の周縁に /ɸ/ が位置するという関係になる。この関係は、歴史的に遡れば、一般語彙が（3a）p → ɸ と変化した一方で、擬音語・擬態語（少なくともそのある部分）では語頭の［p］がそのまま残ったところに端を発する。この分岐によって、音象徴表現に特化した語頭の［p］は、それ以前に比べて相対的に、強烈な印象を発するようになった。これが新たな /p/ の発生である。このとき、一般語彙を担う /ɸ/ は、日本語の音韻体系の中では、新生の /p/ に対し、主たる位置を占めているのだが、音象徴の面では、逆に、この /p/ を中心とする圏内にとらえられるという、たいへん面白い関係ができあがるわけである。さらに、母音間のハ行子音が［w］に変化し、ワ行子音に合流した結果（ハ行転呼音）、ハ行子音は語頭に限られるために、語頭 /p/ の持つ音象徴の影響を強く受けると考えられる（母音間と語頭とで、p → ɸ の時期がどのようであり、これと相対的に w 化の時期がどのようであるかは当面問わない。この関係については小倉肇（［1998］2011: 137–160）を参照）。

　/ɸ/ にとって、音象徴面で /p/ とこのような関係を持つことは、擬音語・擬態語においては問題を生じないが、一般語彙においては、音象徴の影響を強く受け、その意味合いを帯びることは好ましいことではない。しかも、日本語のように、音象徴表現を多用する言語においては、その影響力は避けがたい。それを可能な限り回避するためには、/ɸ/ において、音象徴の連想をできるだけ抑制する必要が出てくる。そのためには /p/ との音色の差をできるだけ大きくすることである。音象徴表現の方はまさにその音色でなければならないから、/p/ の側では両唇破裂音がしっかり実現される。残された道は /ɸ/ の側で調整することであり、唇の狭めを少しでも開いた音声で実現するしかない。また、両唇の狭窄をかなり広げたとしても、日本語の音韻体系においては、他の子音との区別が危うくなるということはない*7。コリャード『日本文典』（1632 年刊）は、「f は日本のある地方ではラテン語におけるように発音されるが、他の地

方ではあたかも不完全なｈのように発音される。しかし、経験によって容易に知られるであろうが、ｆとｈとの中間の音であって、口と唇とは、完全にではなく幾分重ね合わせて閉じられる。例 fito（人）」（大塚高信訳 1957: 3–4）と述べているが、ハ行子音の発音に関するこの説明は、上のように考えると、たいへん興味深いものがある。

　しかし、ハ行子音が唇音の位置にとどまる限り、この /p/ が持つ音象徴の影響は残ることになる。もし、ハ行子音が唇音の圏外に出れば、/p/ との音象徴面の近親関係を断ち切り、音色の違いを明確にして、音韻体系内での音素としての位置が双方で安定する。これまでの考察に基づけば、（3b）ɸ → h が起こった背景は以上のように考えることができる。

　ハ行子音が唇音ではなくなることで、その反面、形態音韻論的現象における唇音の特徴の共有関係も失われることになる。第 7 節で見た、連濁における /b/ との交替、第 5 節で見た促音後の /p/、撥音後の /p/、濁音化（新濁）の /b/ との交替がこれに該当する。ハ行子音が唇音でなくなるか否かは、音象徴的な近親関係を断ち切るか、それとも、こうした音韻交替における唇音の共有関係を維持するかの、どちらを取るかによる。いわばトレードオフの関係にあり、その選択の仕方で言語変化の仕方も異なると考えられる。（3b）ɸ → h は、このうちの前者が選択された結果ということになる。ただし、次節で述べるように、/h/ は特定の調音位置を持たない音素である。唇音の共有関係は失われても、そうした特殊な性質の子音であるために、上記の形態音韻論的関係を大きく損なわずに済んでいる。

11. 脱唇音化の発生時期に関する問題

　なぜ、17 世紀初頭以降に至って初めて（3b）ɸ → h が起こったかについての説明が残されている。前節に述べたことからも明らかなように、/ɸ/ と /p/ とのきわどい関係はより早い時期に始まっている。にもかかわらず、この時期までハ行子音が唇音であり続けたのはなぜか、その背景について考える必要が出てくる。これに対して

は今のところ、十分に納得のいく答えは見つからない。ここでは、先行研究も参照にしつつ、考えられる2つの点を記し、本稿を終えることにする。

　第一に、時期に関する議論として注目されるものに、亀井孝ほか（[1964] 2007: 83–86）の問題提起がある。中央語とそれを取り囲む方言との接触なり影響関係が重要な意味を持つとする指摘で、端的にいうと社会言語学的な視点からこの問題をとらえる。すなわち、疑問とされるのは、〈唇歯音［f］に比べると、やわらか（mellow）で聞こえが弱く、調音上も安定しない両唇摩擦音［ɸ］が、なにゆえ「何百年」もその状態を保ったのか〉ということであり、これに対して次のように述べる。

　　もし〈過去の〉方言のことがわかれば、ハ行音の発音の方言分布は、おそらく複雑な様相を呈してうごいていたにちがいない。いつまでと時代をかぎることは、これまた不可能であるが、中央の日本語の音韻体系のなかにf（両唇）が座を占めて、これがハ行音の規範となったのちにおいても、pとf（両唇）との区別を意識しないで混用している方言や、pしか使わない方言は、依然、ひろく日本の各地方に存在したであろう。

　　　　　　　　　（亀井孝ほか2007: 85、〈　〉内は本稿筆者が補足）

そして、中央語において「fのかたわらにいつもpが周辺の存在として現実に生きていた事実」は、その背景にこうした方言があることを考えなければ正しく理解できない、と指摘する。そのような方言的環境下で中央語にpが存在し続けるとともに、そのpが存在することによって、ハ行子音は両唇音であり続けたのではないか、というものである。このように、方言間の接触における言語層（stratum）に関わる問題として考えられている。

　ひとつだけ注意が必要なのは、この議論が、奈良時代にはすでにハ行子音が摩擦音になっていたという橋本進吉（1928）に当面従い、「何百年も」という時間の長さもそれを前提としたものであることである。これ以降の研究によれば、その時期を平安時代にまで下げる解釈が提出されている（木田章義（1989: 415–429）、林史典（1992: 110–119）、小倉肇（[1998] 2011: 137–160）など）。

それに依るとすると、両唇摩擦音であった歴史的時間はかなり短くなる。その上でもなお、17世紀初頭という時期に至るまでにはそれなりの長さがあり、上に示した疑問は依然、有効であると考えられる。

　二点目として、/h/ への変化の筋道に関わるもう1つの問題を指摘することにする。現代語のハ行子音は、一般的には教科書などを中心に、母音 /i/ の前で［ç］、母音 /u/ の前で［ɸ］となって、その他の母音 /e//a//o/ の前では［h］になると説明されている。しかし、/e//a//o/ のそれぞれに関しても口の構えは異なっている。全体に共通しているのは、それぞれの後続母音の口の構えをとって、声帯の振動のないまま呼気を流出させ発せられる、ということである。このような特徴を踏まえて、/h/ の具体的な実現を母音の無声化ととらえ、IPA ではそれぞれを［i̥i］［e̥e］［ḁa］［o̥o］［ɯ̥u］（［ɯ̥ɯ］）と表すこともおこなわれている。要するに、［p］［f］［t］［s］［k］［x］などとは違って、特定の調音位置を持たない子音になっている。もちろん、より明瞭に聞こえるようにと、/hi/ や /hu/ においては、摩擦の響きを強くするために、母音の口の構えよりも狭く実現することもあるし、方言によってその強弱に差があることも考えられる。

　すでに指摘されているように、(3b) ɸ → h の結果、ハ行はア行と並ぶ位置に収まり、子音体系における無声と有声との対立として均斉的な関係を作るようになっているとされる（亀井孝 1954: 10–16、服部四郎［1954］1960: 259–260）。

　しかし、この位置に落ち着くにあたって、17世紀初頭の時点では、オの音節が［wo］であったとすると、次のようなことが考えられる。いま、ア・ヤ・ワ行の所属にとらわれずに、音声の現れ方に基づいて関連部分を整理すると表3のようになる。

　ここでいう第 I 列は単純な母音音節であり、それに対し、第 II 列は硬口蓋的な接近音が先立つもの、第 III 列は唇音的（軟口蓋的）な接近音が先立つものである。このようなとらえ方に対しては、「（ア行の）/'e/ に該当すると考えられる発音は、［je］のようにひびく傾向はあっても、その［j］は /'ja//'ju//'jo/ に該当する［ja］［ju］

表3　17世紀初頭の母音音節と接近音、およびハ行子音の現れ方

第I列	第II列	第III列	ハ行子音
i	(i)		φi
	je		φe
a	ja	wa	φa
	jo	wo	φo
u	ju	(u)	φu

IPAを示す［　］は省略に従う。

［jo］の［j］よりは短く弱いもの」であり、「（ア行の）/'o/に該当すると考えられる発音は、［wo］のようにひびく傾向はあっても、その［w］は/'wa/に該当する［wa］の［w］よりは短く弱いものであった」（服部四郎［1954］1960: 261）とする推定もあり、また、キリシタンの綴り字にとらわれ過ぎた音価推定に対する疑問も出されていて（有坂秀世（1959: 310）、濱田敦（［1977］1983: 16–38）などを参照）、単純化して取り扱うことに問題がないわけではないが、当面、表3を用いて当時の関係性をとらえることにする。

　オの音節が［wo］である時点では表3のように、ハ行子音は、唇の狭窄を伴うという点で、第III列の非前舌母音の音節［wa］［wo］さらに［u］と並行的な関係を持つ。このうちの［u］は唇の丸めを伴い、第I列と第III列との間で中和し、いずれの列に属するものとしても解釈可能である。

　このような第III列とハ行子音との並行的な関係は、実際に、具体的な語形においても機能し、たとえば、当時の「ハワ（母）」［φawa］が同音反復の形として存立可能なのはこれに依っている（亀井孝［1967］1984: 177–219）。また、「まっぽなじ（真同じ）」のような語形の派生にも関わっていると考えられる。第5節（8）の「まっぴる（真昼）」「まっぱだか（真裸）」のように、［φ］が促音の後で［p］に交替する現象があるが、これとともに、「まっぽなじ（真同じ）」のように「おなじ（同じ）」から派生される形がそれである。「おなじ」の［wo］が［po］と交替しているように見えるが、その背後には［φ］が介在すると考えられる。すなわち、第III列とハ行との並行的関係の中の［wo］と［φo］に基づいて、

［ɸo］から［po］への交替における［ɸo］を、［wo］に拡張し、
［wo］から［po］への交替を可能とすることで成り立っている。

　表3のような状態では、第III列との並行性の中に位置づけられ
て、ハ行子音は両唇摩擦音にとどまりやすい。これに対して、wo
→oが起これば、その並行性は［o］の部分で崩れることになる。
その代りに、第I列が揃ってくるので、それとの間の並行的関係の
余地が生まれ、その分、/h/への移行が起こりやすくなると考えら
れる。論理的には、もちろん、ハ行子音の脱唇音化が先に起こり、
［wo］→［o］が後を追う順序も想定されるが、変化の順序として
は、前者の方が考えやすい。

　しかし、この解釈に関しては、実際のハ行の変化とオの変化の時
期がどのようであったかという問題、各地の方言におけるハ行子音
の音声、オの音声がどのようであったかという問題など、検討すべ
き課題は多い。本節では、ハ行子音の脱唇音化の時期の問題に関し
て、日本語の体系から関連しそうな点を探ったに過ぎず、問題の指
摘にとどめることとする。

12.　おわりに

　ハ行子音から、その弁別特徴であった唇音性が失われていく現象
が、どのような変化であったかについて、日本語の構造に着目して
考察してきた。本稿において導かれた結論は、意外にも、これまで
周辺的と見なされてきた擬音語・擬態語を支える音象徴が変化に大
きく関わった、というものである。しかし、日本語のように音象徴
が体系性を備え、大きな役割を演じる言語では考えられないことで
はない。さらに調査の必要な部分、考えるべき点など多くの課題が
残されている。この考察を通じて、あらためて個別言語としての日
本語の音韻史が持つ意義と価値を明らかにしようとこころみた。そ
れが達成できたか否かは今後の批正に委ねることにする。

＊1　ただし、アクセントに関しては諸方言のデータをもとに比較方法によっ
てより古い段階の復元に関する考察が可能である。
＊2　同音反復の「はは」「へへ」や「あひる」「あふれる」などを除く。
＊3　濱田敦（1954）は「もっぱら」「あっぱれ」の促音を摩擦音［φ］による
実現とする。これについては高山知明（2002）を参照。
＊4　語頭のハ行子音一般が［p］から［φ］に変わる一方で、擬音語・擬態語
には［p］が残されたとの推定については、亀井孝（1959, 1960b）、小松英雄
（1981: 249–283）を参照。
＊5　「語数」でなく「項目数」で示すのは、語の認定に問題が生じるためであ
る。たとえば、Fitafitato. と Fitato. の2項目の処理や、1項目に POnpon. l,
poponto のような2形が掲出されている場合の処理について適切な基準を設け
るのは困難である。ここでは、おおよその比較ができればよいので、項目数で
見ておく。
＊6　また、（3b）φ → h とともに、馬の跳ねるさまを表していた「ひんひん」
が、嘶くさまの「ひんひん」の登場ともに消え、また、「ぴんぴん」も馬の跳
ねる描写として使われなくなるという亀井孝（1960a）は示唆に富む。とくに、
「いんいん」が嘶きの表現として存在したことが、「ひんひん」と「ぴんぴん」
のゆくえを左右したことは、本稿の内容にとって興味深い。
＊7　摩擦音化の後、ハ行子音が唇歯音［f］に落ち着くことがなかったとした
ら、そこにも、同様の音象徴の要因がはたらき、［p］との音色の差を大きく
しようとしたためであるのかもしれない。これについては、それに伴って生じる
さまざまな問題を検討する必要があり、本稿の主題の範囲を越える。

参考文献

有坂秀世（1959）『音韻論　増補版』三省堂
小倉肇（1998）「サ行子音の歴史」→小倉肇（2011: 137–160）
小倉肇（2011）『日本語音韻史論考』和泉書院
亀井孝（1954）「国語の変遷と歴史（要旨）」『国語学』17: pp.10–16. 国語学会
亀井孝（1955）「室町時代末期の / Φ / に関するおぼえがき」→亀井孝（1984:
　　165–175）
亀井孝（1959）「春鶯囀」→亀井孝（1984: 141–153）
亀井孝（1960a）「お馬ひんひん」→亀井孝（1984: 437–445）
亀井孝（1960b）「古代人のわらひごゑ」→亀井孝（1984: 371–375）
亀井孝・大藤時彦・山田俊雄 編（1964）『日本語の歴史5　近代語の流れ』平凡
　　社（2007 年再刊による）
亀井孝（1967）「ハワからハハへ」→亀井孝（1984: 177–219）
亀井孝（1984）『日本語のすがたとこころ（一）亀井孝論文集3』吉川弘文館
木田章義（1989）「P 音続考」『奥村三雄教授退官記念　国語学論叢』pp.415–
　　429. 桜楓社

小松英雄（1981）『日本語の世界7　日本語の音韻』中央公論社

コリャード，ディダコ　大塚高信訳（1957）『コリャード日本文典』風間書房

高山知明（2002）「日本漢語の史的音韻論的課題」『音声研究』6（1）：pp.44–52. 日本音声学会

高山知明（2014）『日本語音韻史の動的諸相と蜆縮涼鼓集』笠間書院

橋本進吉（1928）「波行子音の変遷について」→橋本進吉（1950b: 29–45）

橋本進吉（1938）「国語音韻の変遷」→橋本進吉（1950b: 51–103）

橋本進吉（1950a）「国語音韻変化の一傾向」→橋本進吉（1950b: 261–271）

橋本進吉（1950b）『国語音韻の研究』（橋本進吉博士著作集第四冊）岩波書店

服部四郎（1954）「音韻論から見た国語のアクセント」→服部四郎（1960: 240–275）

服部四郎（1960）『言語学の方法』岩波書店

濱田敦（1954）「ハ行音の前の促音―p 音の発生」→濱田敦（1983: 71–80）

濱田敦（1977）「国語史の諸問題―四十年の総括」→濱田敦（1983: 16–38）

濱田敦（1983）『続朝鮮資料による日本語研究』臨川書店

浜野祥子（2014）『日本語のオノマトペ―音象徴と構造』くろしお出版

林史典（1992）「ハ行転呼音」は何故「平安時代」に起こったか―日本語音韻史の視点と記述」『国語と国文学』69（11）：pp.110–119. 東京大学国語国文学会

本居宣長（1979）『漢字三音考　地名字音転用例』（勉誠社文庫 67）勉誠社

湯澤質幸・松崎寛（2004）『音声・音韻探究法　日本語音声へのいざない』朝倉書店

Hamano, Shoko. (1998) *The Sound-Symbolic System of Japanese*. Stanford: CSLI Publications and Kurosio.

Hock, Hans Heinrich and Brian D. Joseph. (1996) *Language History, Language Change, and Language Relationship:* An Introduction to Historical and Comparative Linguistics. Berlin: Mouton de Gruyter.

Krishnamurti, Bhadriraju. (2003) *The Dravidian Languages*. Cambridge: Cambridge University Press.

付記　（1）大木一夫先生には、本書への寄稿の機会をお与えいただき、原稿提出に際し、温かい励ましとご厚情を賜りました。また、ひつじ書房の渡邉あゆみ氏には原稿作成の過程でたいへんお世話になりました。あらためて心より厚く御礼申し上げます。

（2）本稿の内容は、国立国語研究所共同研究プロジェクト「日本語レキシコンの音韻特性」、同「日本語レキシコン―連濁事典の編纂」、および科学研究費補助金・基盤研究（C）「濁音始まりの付属形式に関する基礎的研究」（研究課題番号 26370531）の成果の一部を含む。

言語史叙述と文字・表記史叙述
その共通点と相違点

矢田勉

1. 言語史と文字・表記史

　種々の言語要素の中で、文字・表記が特殊な位置にあることは疑いのないところである。文字は言語にとって必須の要素ではなく、また言語と1対1で対応するものでもない。言語のバリエーションに比して文字体系のバリエーションは甚だ少なく、多くの場合、ある言語と文字との結び付きは地理あるいは歴史的要因によるもので、必然的なものとは言えない。

　従って、文字・表記史が音声言語史とは異なる変化原理を有することは自明であり、その叙述にあたって異なる枠組みの準備が必要であることも当然のように思われる。しかし、文字が言語とは切り離せない深い関係性を有することも事実であるし、逆に文字・表記体系を言語とは独立の記号体系と見るならば、記号史一般の共通原理といったものをその対照から窺うことが出来る可能性もある。その両面において、必ずしも文字・表記史を言語史から隔離することは正しい態度とは看做しがたい。いずれにしても、言語史と文字・表記史とはどこが異なりどこが重なり合うのか、という問題は、言語史研究の枠組みの中で文字・表記史を扱う者が、常に考究し続けなければならない根本的な課題である。

　しかしながら、言語学史を振り返ると、構造主義言語学以降の西欧近代言語学は、文字を言語にとって副次的な、あるいは非本質的な要素と見て、研究対象から切り捨てることによってこれを処理してきた*1。一方、国語学・国語史学においては、万葉仮名研究が近世国学における国語史研究で大きな位置を占めたことや、訓点資料による片仮名発達史の研究が近代初期国語史学の主要課題の1つであったことなどが関係してか、言語史と文字・表記史の関係性の

問題には深く切り込まないまま、概説的記述に文字・表記、文字・表記史をも取り込んできた面がある。そのいずれも、文字・表記史の本質の追究として不十分な態度であろう。本稿はそうした現状からの脱却への試論である。

2. 言語史研究の目的と叙述方法

2.1 言語史研究の目的（1） 共時態の原理の考究

筆者の任ではないことを恐れるが、文字・表記史について考究する前提として、それと対比される言語史について考究すべき点をまとめておきたい。

言語史研究が要請される目的には、第一に文学研究や歴史学研究等の補助学問として、過去のテキストの正確な読解に資するという側面があることは言うまでもないが、言語史研究それ自身の研究意義としては、大きく分けて以下の2つの点が挙げられよう。

第一は、言語の共時態の構造（What・How・Where）について、その"Why"を明らかにすることである。次の中田祝夫の言（中田祝夫1957）は、その点を比喩によって明確に言い表している。

- とにかく何大学がなぜ現在の位置にあるか、なぜそのような学部をもち、なぜ社会的声望が大きいかなどといった事情を理解しようとするならば、単に一九五七年の現代の状態を観察して、たとえこれを知悉してしまっても解決がつかないのです。必ず創建の事情とか守成・発展の過去を知らなくてはなりません。わかりきったことですがこれが歴史的説明です。この歴史的説明があってはじめてその大学の現代の状態が分かるわけです。
- 現在の状態は過去の状態の延長であり、現在の状態の中に過去のある姿の一部が分有されていると観察されるわけです。

蛇足になるが、中田の言うところを咀嚼するならこういうことであろう。共時態の理論的研究が明らかにしうるのは、その性質上、言語要素間（例えばハとガ）の境界線の測量・確定までである。言語構造の原理（＝「なぜ」そうなっているのか）を究明するには史

的観点がどうしても必要となる。また、所謂共時態はその中に様々な時間的深度を既に内包している。複数の共時態を重ねれば通時態になる、という単純な考えは、共時態を時間軸方向に厚みを持たないものとして扱うことが前提となっているが、それは共時態の性質の極めて重要な点を見落としているのである。

2.2　言語史研究の目的（2）
通時態とその変化原理の考究

言語史研究の第二の意義は、言語変化そのものについて、（1）When・What・How・Where 及び（2）Why を明らかにすることである。

2.2.1　言語史叙述のモデル

言語史叙述方法論の主眼は、この（1）、すなわち通時態の記述的研究に関わる個別事象をどのように有機的に統合するか、である。このとき、ありうるモデルは、大別すれば次の3つである。

A：地層型モデル〔上代語・中古語・中世語・近世語・近代語…〕
B：ロープ型モデル
　　〔音声音韻史〈音韻単位史・母音史・音配列規則史…〉・文法史〈活用史・格表示史…〉…〕
C：混成型モデル

Aは、伝統的な国語史叙述に用いられてきた方法であり、ある時代区分の内に観察される言語事象の集積を1つの共時態相当のものとして扱い、それを時系列に積み重ねたものを以てその言語の通史とするモデルである。既に2.1で見たような問題点を孕んではいるが、方法として簡便であるという利点がある。Bは、個別的言語事象に関して長期間の変遷過程を明らかにしたものを原糸とし、音声音韻史、文法史、語彙史のような単位で複数事象を有機的に束ねたものを撚糸もしくはストランドとし、更にそれを全て束ねて国語史という一本のロープを形作る、という考えである。原糸を紡ぐところまでに関して言えば、現在の国語史研究に多く見られるようになったモデルであり、Aよりも、史的変遷のダイナミズムを捉えると

言語史叙述と文字・表記史叙述　125

いう点で歴史叙述として進んだ考えであることは疑いないが、撚糸・ストランド、ましてやロープを完成させるには現状の国語史研究に残された課題はあまりに多く、実際にはCのようにA方式の助けをも借りなければ通史的記述が出来る段階ではない、というのが実情ではある。

2.2.2　言語史の変化原理

2.2の（2）why は、言語史叙述に顕示されなくとも良い、あるいは例えば言語史叙述とは別に言語史理論としてまとめられても良いものではあるが、バックボーンとしては言語史叙述に欠かすことが出来ないものである。そして、その観察のされ方が、言語要素間で大きく異なるものでもある。以下に、これまでの言語史研究がそれについてどのように記述してきたか、代表的な例を挙げてみたい。

2.2.2.1　音声史

音声史の変化原理については、次のような言及がある。

　　最小努力の法則は、ある意味でだけしか問題を解き明かせない（中略）どんな音声現象（例えばr音化のような）でも説明はいつも非常に困難です。（下線引用者）

　　　　　　（F. ソシュール　相原奈津江・秋津伶訳（2008、原講義 1907）
　　　　　　『一般言語学講義 第一回講義』: pp.98–99. エディットパルク）

Although many sound-changes shorten linguistic forms, simplify the phonetic system, or in some other way lessen the labour of utterance, yet no student has succeeded in establishing a correlation between sound-change and any antecedent phenomenon: the causes of sound-change are unkown. （下線引用者）

　　　　　　（Bloomfield, Leonard. (1933) *Language*. New York:
　　　　　　Henry Holt and Co.: p.385.）

その語るところは共に、音声史現象については、経済性の原則のようなものである程度までの説明が出来ることもあるが、根源的な説明は不可能である、という宣言である。

2.2.2.2　音韻史

音韻史に関しても事情は大きくは変わらない。

> 音韻変化を言語体系の枠内で考察すると、すぐに分かることだが、初期の西ロマンス語の子音変化はすべて、究極的には、重子音の調音が必要とするエネルギーを、その情報価値と匹敵する量にまでへらす、<u>経済上の要求によって条件づけられている</u>ように思われる。だからと言って、他の要因が働かなかった、というわけではない。（下線引用者）

> （A.マルティネ　田中春美・倉又浩一訳（1975、原著1961）
『言語機能論』：p.164.みすず書房）

但し、音声とは異なり、人間の認識の産物である音韻に関しては「情報価値」（機能負担量）というような尺度を変化原理に関与するものとして措定することはできる。しかし、やはりそのことによって全面的に変化を説明することは出来ない、とされている。

2.2.2.3　文法史

文法史に関しては以下のような言及がある。

> <u>社会関係がますます複雑になることで、それに対応する媒体としての言語機能がどのようにその複雑さを増すか</u>（中略）新しい社会的要求や伝達上の必要性が求める<u>再組織化に対する、言語の執念深い抵抗</u>（後略）（下線引用者）

> （A.マルティネ『言語機能論』：p.153.）

> 言語には共時態と通時態（機能行為と「変化」）の二立背反は存在しない。というのは<u>言語変化（＝言語の歴史的構成）は、本質的には機能することの様態</u>（modalidad del funcionar）<u>であるから。規範において変化であるものは体系の観点からは機能行為である。</u>（下線引用者）

> （E.コセリウ　下宮忠雄訳（1983、原論文1968）「共時態，通時態および
類型論」『コセリウ言語学選集4 ことばと人間』：p.138.三修社）

構造主義言語学の流れにおいては、文法の変化は社会構造の変化への対応という外的言語学上の要請によるものであり、文法組織そのものには変化への強い抵抗があることが説かれてきた。それに対

し、コセリウが主張したのは、文法体系の機能行為と言語変化の表裏一体性であった。

2.2.2.4　語彙史

語彙史に関しては、次のような言及がある。

> 出だしにあたってまず措定していいことは、言語の進化は、その言語を使っている集団のもつ通信要求の進化に左右されるということである。もちろん、このような要求の進化は、その集団の知的、社会的、経済的進化にじかに連関している。このことは、語彙の発展にかんすることでは明らかである：新しい消費財があらわれると、それにつれて新しい呼び名もあらわれる。分業が進むと、そのけっかとして、新しい職能と新しい技術に対応する新しい用語が作り出される。
>
> （A.マルティネ　三宅徳嘉訳（1972、原著1970）
> 『一般言語学要理』：p.241.　岩波書店）

語彙史にあっては、文法史以上に明確に、社会史との関係性が説かれている。

2.2.2.5　言語要素と変化原理

以上に見てきたように、音声・音韻と文法・語彙とでは、これまでに言語研究でなされてきたその変化原理に対する説明のあり方が大きく異なっている。そのことは、それぞれの要素の性質に由来するところに他ならない。

音声史は、特にその原理を説明することが困難とされてきた。音声は発声器官の構造という、人間に普遍的な所与条件に規定される所が大きいので、最も汎言語的な性格を有するが、一方でその自然的性質が変化原理の説明を困難にしているのであろう。ここでいう自然性とは、母語話者にはその要素が非意識的に習得され、習得後はほとんど誤用が起こりえない、ということである。非意識的に習得・運用される分、何によって変化が引き起こされるのかが見えにくいのである。

文法に関しては、その変化が言語を取り巻く社会の変化に対応し

て起こる（マルティネ）のか、言語運用そのものに必然的に伴う（コセリウ）ものなのか、という捉え方の大きな対立はあるが、文法の変化が伝達機能・伝達目的への「合理化」を指向するものであるという考え自体は共通しているように思われる。そうした観点からの文法史研究は、国語学においても、小松英雄氏の一連の研究等によって、音韻史の一部も含めて、その方向性が示されている（小松英雄 1999a、1999b、2014 など）。

　文法史の変化要因が外発的なものなのか、内発的なものなのか、という議論については、文法史研究の専門でない筆者が云々すべきところでもないが、私見として述べるならば、その両方の要素を含むものであろう。近代語化の重要な指標と見なされる主格や対格の無助詞表現から格助詞表現への変化は、現代語においても身内間等での会話では無助詞表現が多く用いられることからも知られるように、日本語の文法観念の根源的な変化と考えるよりは、言語コミュニケーションの広範囲化という社会変化に適応するための方策であったと考えるべきであろうし、一方で、文法は音声・音韻とは比較にならない複雑な構造を持った規則体系であり、その複雑さそのものが変化に関わったと見られる例、例えば1つの変化が別の形での語形衝突や非対称性を生んで別の変化を惹起した例としての可能動詞の成立からら抜き言葉の発生への流れのようなものもある。

表

言語要素	性質	変化原理
音声	自然的→汎言語的	内的要因
音韻		
文法		
語彙		
敬語		
文字・表記	慣習的→個別言語的	外的要因

　ここで改めて、敬語や文字・表記といった他の言語要素も含めて、その性質と変化要因のありようとの関係をまとめておきたい。「自然的」に対して言うならば敬語や文字・表記は社会的な約束事として学ばれるものである（ここでは「慣習的」と呼んでおく）。そう

した要素は、異言語間での差異が大きく、母語話者においても意識的な教育の結果として習得され、習得後も多くの誤用を起こしうるといった点で、自然的要素と対照的である。

言語史叙述とは、このように変化原理の大きく異なる諸要素の有機的複合体である言語の変化を総合的に解析・記述するという、極めて複雑な作業である。言語要素の性質の違いは、変化原理のあり方にも大きく関与する。自然的な要素はその変化が言語内的な要因に惹起される部分が大きく、一方、慣習的要素の変化は言語外的要因によってもたらされる部分が大きいと考えられる。敬語や文字・表記は、人為的に変化を起こすことさえも可能であるが、音声・音韻や文法ではほぼ不可能であることが、その証左の一となる。

そして、外的要因は変化原理としての「なぜ」が比較的説明しやすいが、内的要因ではそれが多くの場合困難である。こうして考えると、構造主義言語学が言語を本来不易なものと考え、言語変化の原因を外的要因にのみ帰したのは、結局の所、言語学がまだ言語変化の内的要因については充分に説明できるだけの理論的枠組みを持っていないということの反射に他ならないとも考えられる。

3. 文字・表記史叙述の問題点

3.1　西欧における文字・表記史の捉え方

ここからは、本稿の本題である、文字・表記史について考えたい。まずはその変化原理についてである。既に先取りして 2.2.2.5 でも触れたところではあるが、改めて検討を加えていく。

構造主義言語学は、先にも述べたとおり、そもそも文字を言語研究の課題から排除するところより出発している。次のソシュールの言は、それを端的に表すものである。

> 言語と文字表記は二つの異なる記号システムで、後者は、前者を表現するためだけにあります。それぞれの、お互いにおける価値は、誤解の余地のないように思われます。一方は他方の召使いあるいはイメージ [image] にすぎません。（下線引用者）

（F. ソシュール　影浦峡・田中久美子訳（2007、原講義 1910）

『ソシュール一般言語学講義 コンスタンタンのノート』

：p.55. 東京大学出版会）

　しかし、近代西欧の言語研究でも、ソシュール言語学と異なる水脈では、言語研究と文字・表記研究の関係に対する、些か異なった捉え方もあった*2。

- ・たしかに諸言語の特性は、さまざまな民族に見られる文字の発達に影響を及ぼしてきた。だが、そのときは、言語学の方がまさに補助科学として文字学に奉仕しているのである。
- ・日本語は、形態的には豊かであるが、音声的には貧弱である。各音節は元来、単一母音からなるか、あるいは1子音プラス母音からなるか、のいずれかである。この言語が文字創造の時期に70以上の異なる音節をもっていたかどうかは、疑ってもよろしい。そこでこの言語の特性が示唆したことは、まさに音節文字を作ること、すなわち漢字の一部を音節記号として利用することであった。
- ・文字組織が特別に複雑であるか、あるいはむしろ日本語のように恣意にゆだねられている場合は、文字論は言語論から切り離して、まず言語を転写した形で教え、訓練し、それから読書術へと進めるのが一番よい。（下線引用者）

（F. ガーベレンツ　川島敦夫訳（2009、原著1891）

『言語学』：p.136., pp.136–137., p.142. 同学社）

　ここでガーベレンツは、アルファベット的文字観に依らない注目すべき視点を示している。日本語が必然的に音節文字を指向した可能性を指摘し、研究の視点によっては、言語学が文字学の補助学問となるべきことを示唆するなど、東洋語学者ならではの見方であると言えよう。しかし当然のことながら、現代的観点から見れば問題も多い。言語学的視点と言語教育的視点とが区分されていないきらいがあると共に、仮名生成以外の日本語文字・表記のあり方を「恣意」的とすることで、これを言語史的研究の対象から排除してしまっている。

3.2 これまでの国語文字・表記史の概説的記述

　現在我々が手にすることのできる国語文字・表記史の「概説的記述」——そもそもその名目で取り上げうる業績自体が極めて少ないのであるが——も、ガーベレンツ同様、この「恣意」の桎梏を克服できていない。以下に2つの例を取り上げる。

　①山田孝雄『国語史 文字篇』，刀江書院，1937
　1 緒言／2 文字の意義／3 文字の種類／4 文字の性質上の分類／5 文字の目的と本質／6 日本文字学のしごと／7 神代文字の論／8 漢字の構成と本質／9 漢字の起源と変遷／10 本邦に伝はった漢字及び書道の一斑／11 漢字を使用した最初の状況／12 仮名の意義及びその発生／13 発展期の万葉仮名／14 万葉仮名より仮名への概観／15 万葉仮名の字数淘汰／16 万葉仮名の字形の簡単化／17 仮名の確立／18 漢字と仮名の用途

　② Seeley, C., *A History of Writing in Japan.*, University of Hawai'i Press, 2000.
　Ⅰ．The God Age Script, Accounts in The Earliest Histories, and Chinese Inscriptions
　Ⅱ．Writing in Early Japan—Inscriptions in Metal and Stone
　Ⅲ．Writing in Eighth Century Japan
　Ⅳ．Development of The Kana Syllabaries
　Ⅴ．Evolution of Texts Written in Mixed Character-Kana Orthography
　Ⅵ．Pre-Modern Kana Usage
　Ⅶ．Aspects of Writing from The Kamakura Period to The Edo Period
　Ⅷ．Development of The Modern Japanese Script—The Period ca.1868–1945
　Ⅸ．Development of The Modern Japanese Script—The Period 1945 Onwards

　山田孝雄の描く国語文字史は、漢字の伝来から、万葉仮名を経て片仮名・平仮名が成立するところで終わってしまっている。平安後

期以降の「文字史」は史的叙述から切り捨てられている。

　Seeley は中世から近世を切り捨ててはいないが、その記述の中心は漢字の伝来から仮名の成立まで（Ⅰ〜Ⅳ）と近代以降の国字政策の時代（Ⅷ・Ⅸ）であって、大きな偏りがある。中世・近世に関しては仮名遣や漢字用法等がその主たるテーマとなっているが、この時期の文字・表記現象を包括的に取り上げたものとは言えない。

　結局の所、両者に共通して言えるのは、仮名の成立・仮名遣・近代の国字政策といった、顕現的で、更に言うならば、音声言語史との関連を見いだしやすい事象に偏って、国語文字史の概説的記述に取り上げられてきたということである。

　音声言語とは大きく異質な言語体系を為した変体漢文史や、漢字・平仮名・片仮名の3文字種の棲み分けの問題、漢字字体史など、ここから落ちているものは多い。勿論そうした諸問題について、概説的記述に取り込むには未だ研究として不十分な点が多いということが大きな要因ではあろうが、裏を返せばそれは、そうした諸問題が文字・表記史研究の上でなおざりにされてきた期間が長かったことの表れでもある。そこに、言語研究史の枠内での文字・表記史研究が抱えてきた制約があるように思われる。

　2.2.2.5 に掲げた表に示したところに従えば、言語要素の中で最も慣習的性質の強い文字・表記は、その変化も社会史・文化史等に関わる外的要因による部分が大きいはずで、音声言語との接点ばかりを取り上げていたのでは、文字・表記史の全体像把握には決して行き着けない。その点で、寧ろ我々は、メディア論からの言及に打開の路を見いだすことが出来る。

　　多かれ少なかれよく適合したさまざまの書記法システムが、同じ言語を表記するためにさまざまの時代に用いられてきた。その選択は、たいていの場合、政治、文化、商業、宗教等の歴史的事情によって規定されてきたのである。（下線引用者）

　　　　　　　　　（ロベール・エスカルピ　末松壽訳（1988、原著 1973）

　　　　　　　　　『文字とコミュニケーション』：p.25. 白水社）

　文字・表記史は、異体系間での要素数をはじめとする基本的構造の相違が最も大きく、そのあり方を規定する要因としても社会・文

化等の外的要因が全く無視できないのである＊3。以下ではこのことを踏まえ、国語文字・表記通史記述の完成に向けた、国語文字・表記史研究の課題について考えたい。

4. 文字・表記史叙述の課題（1）
「恣意」性の克服と史的事象の発掘

4.1 史的事象の発掘に伴う問題

国語文字・表記通史を完成させるためには、当然のことながら、そこに掲げられるべき個別事象がまず網羅的に発掘されていなければならない。しかし、国語文字・表記史叙述にあっては、どう叙述するか以前に、その材料となる史的事象の発掘そのものに方法的困難がある。

これは1つのパラドクスである。文字・表記それ自体は、音声・音韻や文法とは異なり、可視的存在であるから、個別資料における文字・表記上の史的事実は、特別な操作的観察抜きでいくらでも指摘できる。しかしその個別事実がそれぞれ恣意的な選択の1つだったに過ぎないとしたら、それをいくら集めても史的変化を構成するものとはなりえない。文字・表記現象は本来的に「揺れ」が大きく、共時的にも明確な姿を捉えるのが難しい面がある。そもそも輪郭の明確でない対象に「変化」を観察することは出来ないのであって、国語文字・表記の史的現象にどのように輪郭を与えるかが問題なのである。

4.2 過剰要素からの意図的な記号的機能の探索

そのための1つの方法論として、言語表現としては過剰な要素の中に、意図的な記号的機能が隠されていないかを探索する、ということがある。

国語文字・表記には、言語記号としての合理性に反して見える過剰な要素が多い。漢字と仮名の併用しかり、平仮名と片仮名の併用しかり、変体仮名の併用しかり、である。こうした一見過剰な要素からそのうちの1つが選択される条件については、ガーベレンツな

134　矢田勉

らずともまず恣意性が疑われるのであるが、そこに本当に何らかの
意図や機能性はなかったのか、を探るということである。

　この方面の試みは、小松英雄（1988）『仮名文の原理』（笠間書
院）以降の一連の研究等によって盛んとなった。それによって意義
ある発見、言うなれば隠れた事象の輪郭の発見がなされてきたこと
も事実であるが、問題点もなくはない。

　その第一は、発見された事象について、それが偶然的でなく、明
確な表記意図の結果であることを保証するための論証手続きが不充
分になりがちであることである。言い換えれば、偶然的な色の濃淡
を輪郭と見て取ってしまう危険性をどう回避するかという難しさで
ある。

　第二には、特定の個人・テキストに関わる表記意識のあり方を探
る試みとしては有効であっても＊4、直ちにそれを社会的現象とし
ての史的変化の一部をなす要素とすることは出来ないということで
ある。言語史にしても、文字・表記史にしても、その事象が個人的
なものを超えて社会的な広がりを持って初めて史的叙述に組み込む
に値するものとなる。その現象が仮にどれだけ重要な人物にまつわ
るものであったとしても、一人の上にだけ見られる現象はそれ以上
の意味は持たない。

4.3　一定の選択基準を持った「事象群」の探索

　個別的な表記事象としては恣意的な選択としか見えないものでも、
適切に個別事象を集めて「事象群」を設定した場合、選択の基準と
なる「枠」が見える場合があり、また、年代の異なる同種の事象群
を対照することで、通時的変化が明らかとなる場合がある。言わば、
表記現象に付きものの「揺れ」を、観察対象を個別事象ではなく事
象の集合とすることによって処理する方法である。

　上代特殊仮名遣の発見はそれが有効に機能した最も典型的な例で
あろう。個々の万葉仮名と語彙との対応をのみ見た場合、一語対多
表記の対応にしか見えないが、同音の仮名の使用状況を事象群とし
て分析した結果、ある仮名グループとある語彙グループとの非偶然
的な対応関係が見いだされたのである。

言語史叙述と文字・表記史叙述　135

他の文字・表記史的事象としては、平安から鎌倉期にかけて平仮名字体体系が変遷（矢田勉2012）を遂げていたことの解明がある。個別資料のみを観察しただけでは使用仮名字体の選択は一見恣意的であるが、消息などの実用的資料に関して同時期の複数資料の使用字体選択を事象群として観察したところ、そのあり方に通時的変化があることが明らかとなった。

　音声音韻史や文法史では、時として孤例も史的変化の先駆例などとして重要な意味を持ちうるが、文字・表記史の場合は、上に述べた理由から1例では大きな意味を持ち得ないので、「資料群」から「事象群」を抽出することこそがほとんど専ら重要である。また、誤用・誤記の可能性を排除して当該現象の認定の蓋然性を高めるために同類の例を収集することの多い音声音韻史・文法史とは異なり、表記史における「事象群」の収集の場合、個別事象間には必ず揺れや恣意性が存するのであって、必ずしも予め一定の傾向性を示す群を抽出する方法が分かるわけではない。研究上有効な「事象群」の抽出には多くの試行錯誤が必要となる。

4.4　恣意性＝多表記性そのものの積極的意味付け

　文字・表記史研究では、一方で「恣意」性の積極的評価も時に必要である。国語表記史は、その始発点から現代に至るまで、常に一言語形式に一表記形式のみが対応するということはなかった。必ず多表記性＝恣意性を含んだ表記体系を採ってきたのである。とすれば、寧ろそれを国語文字・表記史の重要な基本的性格と捉え、その文字文化史的・文字生活史的、ひいては記号史的な意義について考察することも重要な視点である。

国語書記

［　漢文的書記　／　平仮名主体書記　／　片仮名主体書記　］

［純漢文／変体漢文］［　いろは仮名→変体仮名併用　］

［楷／行草］［和化の諸段階］［独草］［通常の連綿体／散し書き］

略体仮名成立以降＊5、前近代の国語表記においては、前に示すような表記体の階層的な多様性が存在していた。

　かくも多様な表記体を併存せしめてきた文化的・社会的要因を考えると、こうした多様な表記体を使いこなせることが、社会的階層の尺度としての「教養度」を表出する要素として機能していた可能性が考えられる。

　近年の考古学的発見＊6 により、院政期以降、平仮名書きいろは歌による画一的な初歩段階の文字教育法が普及したことが確実となった。それ以降の文字社会では、上記諸表記体のうち、まず「平仮名主体書記－いろは仮名－独草」の形式が学習され、まずはそれでまがりなりにも書き手の口頭言語能力の範囲内の日本語を書き表すことは出来たわけであるが、社会階層とそれに対応して身につけることが期待される教養（社会的教養）の程度が高まれば高まるほど、用途・場面に応じてより多種類の表記体を理解・使用できることが求められた。

　すなわち、こうした多様な表記体は、横並びに併存していたのではなく、対応する教養度により、階層的に併存していたと考えられる。そして、教養度を表すという価値が、文字・表記の記号としての合理性への指向に抗して多表記を長く保存せしめたと解釈できる。この時期には、書道的技量など、後世（特に近代以降）には趣味的教養となるものもまた、社会的評価に関わる教養の階層に組み込まれていた。そうした点からすると、書道史的研究が明らかにしてきた所の、文字・表記史研究の側からの再評価も必要であろう。

　以下に、こうした「教養度表示としての多表記性」の観点から、今仮に国語文字・表記史を一部図式化してみよう。

4.4.1　中古中期～中世／男性の教養度と表記体

　この時期の男性は、いろは仮名の習得を一通り終えた後は、平仮名表記に関しては変体仮名の習得へ、更により高度には書道的技量と和歌（懐紙・詠草・色紙・短冊など）や消息の作法の習得へと進む。書道的技量は必ずしも社会的身分が高ければ高いほどより優れた技量を身につけられるとは限らないので、その逆転現象を緩和す

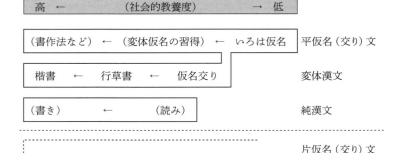

る手段の1つとして、書に関わる作法（故実）も定められていった。また、変体仮名の習得と並行的に、漢字文、特に変体漢文体が習得されていったはずである。

　平安末期の上級貴族がいかに多様な表記体を使いこなせなければならなかったかを物語る例がある。京都大学附属図書館に蔵する平信範自筆本『兵範記』は、多くの紙背文書を有するが、そこには非散らし書きの平仮名消息、散らし書きの平仮名消息、平仮名交りの変体漢文書状、草書体の変体漢文書状、行書体の変体漢文書状、楷書体の変体漢文文書と、実に多様な表記体が揃っている。その性質上、平信範本人か少なくともその近辺に到来した文書群であるが、信範は少なくともこれだけの多様な文書を読みこなせ、恐らくは自身で書き分けることも出来たのであろう。

4.4.2 近世（整版印刷時代）／一般的男性の教養度と表記体

近世は商業印刷隆盛の時代である。そこで、ここでは再びメディア論の指摘するところを援用しよう。

> The readers of manuscripts are less closed off from the author, less absent, than are the readers of those writing for print.
> （Ong, W.J. (1982) *Orality and Literacy*. Methuen&Co. :p.130.）

商業出版の勃興は、社会的階層とは別に、職業的に版本になるような文章を書く人々と、専らそれらの享受層となる一般の人々との分断を生んだ。そうしたことから、商業印刷の勃興は、表記体の種々と教養度の対応関係に関して、大きな転換点をもたらすものとなった。上では、そのうち、享受層を図示している。

表記史上重要なのは、更にそれに伴って、書かれることを主とする表記体（候文）、読まれることを主とする表記体（漢字仮名交り文）の区分も生じたことである。男性にあっては、いろは仮名の習得からすぐに候文の習得に移行し、前代までに比べると変体仮名を書く能力の習得の重要度は相対的に低下したと思われる。

4.4.3 現代／男女の教養度と表記体

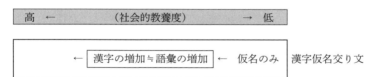

現代では、男女で文字・表記の習得過程に差はないし、そもそも西欧的文字・表記観の影響によって表記体の多様性は失われ、近世期には多く「読まれる」表記体であった漢字仮名交り文が実質的に唯一の日本語表記となったから、教養度と文字・表記との関係も単線的になった。すなわち、教養度の高さは、ほとんど唯一「どの程度までの漢字を使えるか」という点にのみ反映されるようになった。更に、「当用漢字表」以降の漢字制限によって公的な場面での漢字使用に上限が設けられたことで、現代ではそれさえも限定的な指標となっている。

5. 文字・表記史叙述の課題（2）
国語文字・表記史の叙述方法

5.1 国語文字・表記史の変化原理についてのまとめ

前節で述べたところは、既に国語文字・表記史の変化原理に相当する所への考察を含むものであった。国語文字・表記の史的変化事象を発掘するための方法を探ることから、その史的原理について、以下のようなことが浮き彫りになってきたのであった。

(1) 国語文字・表記史の場合、史的変化の母体となる表記現象そのものにほとんど必ず恣意性に依る一定程度の揺れを伴う。個別事象だけでは史的変化を導く証左にはなり得ない。史的現象は、単一事象からではなく、事象群から導かれる傾向性によって初めて輪郭づけ得る。

(2) 国語文字・表記史にとって、表記法選択に見られる恣意性とその基盤にある多表記性とは、そのあり方の根幹に関わるものであり、史的研究の障害と見なすよりも、寧ろそれ自体の史的意味について分析されるべきものである。

(3) 多表記性要請の要因（ここでは社会的教養度の表示をその重要な1つと見なした）はまた同時に、中古以降の長い期間に渡って国語文字・表記の合理的変化の進行を妨げたものであったが、近世以降それが大きく変化したことが、国語文字・表記そのものの巨視的変化の原因であったと見ることができる。

(4) 音声言語とは異なり、文字・表記はその生産方法そのものに技術史的変化を伴う。例えば印刷の勃興であるが、そのこともまた、文字・表記の基本的性質に大きな変化を与える。これは、一般文字・表記史的傾向である。

5.2 略体仮名成立以前の国語文字・表記史

この他にも、文字・表記史と言語史との重要な相違点がある。言語史に進歩史的解釈を与えることはほとんどの場合、正確とは言えないやり方であろうが、音声言語史よりも遙かに短い時間しか有し

ていない文字・表記史には、確かに進歩・成長的段階を認めることが出来る。国語文字・表記史の場合で言えば、漢字の受容から略体仮名の創出までの時期はほぼ確実にその段階と言える。

その段階では、文字の使い手も後の段階に比べて少なく、表記のバリエーションが教養度を反映するほどに文字文化が成熟を遂げてはいないと考えられる。その段階での変化要因は、寧ろ文字・表記が日本語という言語との関係性の形成において成熟過程の途上にあったことそのものに求めるべきであろう*7。

5.3　国語文字・表記史叙述の方法

以上を踏まえて、文字・表記史の叙述方法について考えよう。冒頭で述べた言語史叙述モデルのうち、Aは簡潔平易な記述が可能であるが、歴史のダイナミズムに即した、理論的により好ましい叙述モデルは、文字・表記史にとってもやはりBであろう。

しかし、国語文字・表記史の場合には、そもそもその巨視的な変化要因が大きく変容すること、新事象が旧態を駆逐するのではなく、併存させる、まさに地層の生成に例えられるべきあり方を示すことが多い、という点から、ジャンル別の通史を縒り合わせたロープ型モデルよりも、社会史的・メディア史的時代区分に基づく地層型モデルを学問的に精密化するほうが有効であるという面も考えられる。漢字・平仮名・片仮名の3文字種の棲み分けなど横の関係を踏まえた通史記述も、地層型モデルのほうが簡明に出来るという側面もあろう。未だ充分な概説的通史記述を持っていないという点でも、国語文字・表記史にとっては地層型モデルの有効性が大いにあるところである。

6.　まとめ　再び言語史との関わりについて

ここまで、国語文字・表記史の叙述方法論と国語史の叙述方法論との相違点に力点を置いて述べてきたが、その両者に大きな関係性があることもまた勿論である。ガーベレンツが指摘する、日本語が音節文字を創出したことと日本語の音韻構造との関係だけでなく、

言語史叙述と文字・表記史叙述　141

その変化の要因を言語側に求めることの出来る文字・表記史的現象は多々あろう。そうした例の更なる指摘・検証は、国語史の一部としての文字・表記史の側面からも、重要なことである。
　例えば、漢字・平仮名・片仮名の関係性の変化はどうだろうか。大まかに言うと、近世と現代とでは、3者の関係は下に示したAからBのように変化している。
　Aの近世における関係性は、漢字平仮名交り文と漢字片仮名交り文の併存関係を表す。表記体系上、平仮名と片仮名とが同位置に立ち、且つ排他的な選択関係であった（感動詞や終助詞等における片仮名使用は除く）。それに対して、Bの現代の関係性は、漢字平仮名交り文への片仮名の交用を表す。ここでは寧ろ片仮名は漢字と同じ位置に立つが、用途は明確に区分されている。近代は、このA関係とB関係の併存の状況から、B関係への統一に移行する過渡期であった。

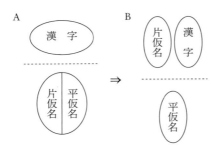

（上段自立語表記：下段付属形式表記）

　この表記史的現象は、外来語の増加という語彙史的変化が外来語卓立表記の機能性を増加させ、Bの優位性を決定づけたゆえのものと解釈できる。これも、言語史と文字・表記史の接点の一例たりうるものである。
　最初に述べたところに立ち返るが、文字・表記は、確かに言語要素である一方で、言語要素の中では特異な性質を有するものでもある。従って、その史的変化の捉え方も、【言語史の一部としての文字・表記史】、【言語史から独立した分野としての文字・表記史】の2面があってある意味当然であると言える。そのどちらがより重要

だというのでもない。そのいずれもが文字・表記史である。

＊1　欧米の言語研究でも、近年になって writing system を言語研究の文脈で捉え直そうとする視点が復活しつつあるようにも見える。例えば、Coulmas, Florian. (2002) *Writing Systems: An Introduction to Their Linguistic Analysis.* Cambridge University Press（斎藤伸治訳（2014）『文字の言語学 現代文字論入門』大修館書店）など。

＊2　構造主義に先立つ青年文法学派の中では、ヘルマン・パウルのように、言語史の変化原理を統一的に説明しようとした試みがあったことは重要である（ヘルマン・パウル　福本喜之助訳（1965、原著初版1880）『言語史原理』講談社）。今はパウルの論について詳述する余裕を持たないが、ガーベレンツと共にパウルも上田万年に影響を与えていることなどから、近代国語学の成立に当たってのその言語史観の形成への関わりについても、深く追究すべき問題ではある。なお、パウルは文字については、「正書法」によって言語変化を覆い隠してしまうことに注意を喚起するが、文字史については言及がない。

＊3　マルティネ『言語機能論』の以下のような言を、文字・表記史に当てはめてしまっては、全くその研究が成り立たない。

　　言語学者は、社会的要因が言語構造に決定的な影響を及ぼしたことを突きとめたなら、自分が訓練を受けていないことや、証明できない仮説の領域に引き込まれるかもしれないこと、つまり、その影響を詳しく検討したり、文化史の分野に勇敢に足を踏み入れるようなことを、しようとすべきではない。
　　　　　　　　　　　　　　　　　　　　　　　　　　　　　（p.153）

＊4　例えば、藤原定家の表記の分析が、所謂定家本の精確な理解に資する可能性があることは当然認められる。但し、その場合、それが意図的な選択の結果であるかどうかは、寧ろその有効性のための必要条件ではない。

＊5　ここで、略体仮名、殊に平仮名の成立に関する文字・表記史的意義については改めて確認しておきたい。書字教育史の観点から見て、仮名の発生は、リテラシーを「読む」能力（中心）から「書き・読む」能力へと変化させたという大きな意味合いを有する。表語文字の単独使用は、獲得されている語彙に対し、書記に使用することの出来る語彙を大きく制限するが、表音文字の使用は、それと音との対応関係が単純な規則に整理されているか、若しくは乱れを無視して良いという条件の下であれば、獲得されている語彙の全てを書記に使用することを可能にするからである。

＊6　斎宮跡から出土したいろは歌墨書土器（11世紀末〜12世紀前半）や京都市堀河院跡から出土したいろは歌墨書土器（12世紀末〜13世紀初頭）。

＊7　前出矢田勉（2012）「第二編第二章 文字・表記史と表記史資料の普遍性・特殊性」参照。

参考文献

小松英雄（1999a）『日本語はなぜ変化するか―母語としての日本語の歴史』笠間書院

小松英雄（1999b）「日本語進化のメカニズム―環境への適応としての言語変化」『国語学』196: pp.150–138. 国語学会

小松英雄（2014）『日本語を動的にとらえる―ことばは使い手が進化させる』笠間書院

中田祝夫（1957）「生きている国語史」『日本文法講座 月報』2. 明治書院:pp.1–3.

矢田勉（2012）『国語文字・表記史の研究』汲古書院

古代日本語書記史の可能性

乾善彦

1. はじめに

　かつて、記紀万葉が古代語の世界のすべてであった時代があった。「ことば」が音による意思伝達の手段であるかぎり、「ことば」の「かたち」を知ることのできる資料のみが、「ことば」の資料として有効である。漢字で書かれた多くの資料は「ことば」の「かたち」をあらわすには適さなかった点において、「ことば」の資料としては一等価値を減ずることになる。そこで、「ことば」の「かたち」のわかる資料として、記紀の歌謡と訓注や仮名書部分、そして万葉集の歌うたとがあった。それ以外の多くの資料、たとえば記紀の仮名書きでない部分や正倉院文書の中の日用文書などは、「ことば」の「かたち」が確定できないことによって、古代語の直接の資料とはなりえなかったのである*1。

　漢字が「ことば」の「かたち」をあらわすのに適さなかったということについては、注釈が必要である。漢字の祖国中国においては、漢字は表語文字であり、「ことば」の「かたち」をもあらわす文字でもあったからである。それが、朝鮮半島を経由してわが国に将来されるに及んで「訓読」という逐字訳による読解法・学習法が採用されることになると、和訓が成立し和訓によって漢字が用いられるようになる。そこで、漢字は音（オン）と訓（クン）との二種類の音（オト）をもつようになり、その結果、漢字で書かれたものは、漢文であれ、変体漢文であれ、読み方には音訓両様の読みの可能性をもつようになる。そればかりでなく、訓は漢文の文脈によって、複数のヨミの可能性がある。また、仮名で書かれたものでも、数字の「四（シ、よ）」「八（ハ、や）」など、文脈によって音訓が決定できない場合がある。その意味で、漢字文字列がふたつ以上のヨミ

145

の可能性を常にもつことになるのである。つまり、ヨミが確定できないのは、漢字の問題ではなく、日本における漢字使用の問題だということである。

　膨大な量をほこる一次資料の正倉院文書が、古くからその存在を知られながら、古代語の資料として活用できなかったのは、まさにその一点にある。『南京遺文』が仮名を含む資料を集成したのも、「ことば」に対するそのような見方によるところが大きい。かめいたかしが「古事記はよめるか」と問うたのも、その点を重視したものと思量される（かめいたかし 1956）。

　もちろん、そのような資料が活用されなかったわけではない。とくに、1960 年代に平城宮跡から木簡が出土したことによって、同じ位相と考えられる正倉院文書の再検討がおこなわれるようになった。その結果、本稿の課題である、書記あるいは文字とことばとの関係については、研究が進んだ感もあるが、それでも状況がかわったわけではなく、「ことば」の問題は仮名書資料がふえないかぎり、やはり、それほど大きな飛躍は考えられない*2。

　近年、書記研究の進展にともなって、書記のみならず、語彙や文章といった「ことば」に対する言説も多くなってきたようにみえるが、文体をひとつ取り上げても、従来の漢文・変体漢文・仮名文といった表記に基づく分類が、即、文体の分類に結びつけて考えられる傾向は、それぞれの呼び名についての議論はなされるものの、基本的な方向はほぼかわりない。古代の「ことば」がどのようなものであったかという点については、まだまだ証明しきれない事項が多く、議論はそれほど進んでいないのが現状である。われわれは、「ことば」の問題と「書記」の問題とを、今一度、ソシュールの「言語と書とは二つの分明な記号体系である；後者の唯一の存在理由は前者を表記することだ；言語学の対象は、書かれた語と話された語との結合である，とは定義されない；後者のみで対象となすのである．」という言説（F. ソシュール　小林英夫訳 1972: 19）にたちもどって考える必要がある。書記の歴史記述は、そこからしかはじまらない。それが「ことば」の学であるかぎり。

2. 古代資料の限界

2.1 木簡資料がもたらしたもの

　近年、大量に出土する7・8世紀木簡は、日本語書記史にとってきわめて有効な一次資料である。ただ、断片的なものが多く、まとまった文章は少ない。また、ウタを書いた木簡も、重要な知見をわれわれにあたえるが、ウタ一首が完結して書かれたものは、まだみつかっていない*3。「ことば」の資料としては、やはり記紀万葉といった文献資料には及ばないのが現実である。

　そんな中で、ウタが書かれた木簡と、断片ながら、仮名を小字で書いた木簡とが、それまでの通説に疑問を投げかける契機となったことがある。徳島県観音寺遺跡から出土した「なにはづ」木簡と、奈良県飛鳥池遺跡から出土した宣命書きの仮名を交える木簡断片（「世牟止言而／□本〈止〉飛鳥寺」（『木簡研究』21、〈　〉は小字右寄せ））とである。

　前者は、ウタの書記が、変体漢文から漢字仮名交じり、さらに仮名書へと展開したとする稲岡耕二の説（稲岡耕二 1976、1986、1987、1992 など）に変更を求めることになった。後者は、宣命書きが大字から小字一行書き、さらに小字割書きへと展開したとする小谷博泰の説（小谷博泰 1986）に再検討を加えるきっかけとなった。両者に共通するのは、いちはやく木簡を資料として利用したものであること、しかしながら、あらたに発見された木簡によって、その説に訂正を求められたことである。詳細については、次節以下に、くわしく検討を加えることにして、ひとつ見逃せないのは、両者とも、われわれがすでにえていた文献資料をひとつの到達点ととらえて、それに向かった展開を考えたものであったということである。もちろん、歴史の記述とはそういうものである、今に向かって展開するその流れを説明するものである以上、当然のことである、ということなのかもしれない。前者についていえば、ウタの書きようが万葉集から古今集に向かうという歴史、後者についていえば、藤原宮から発見された宣命らしき文書が仮名部分を小字にしないことから出発して、続日本紀宣命のような小字割書きに向かう宣命書

きの歴史を、資料にそって構築したものであり、資料という動かしがたいものをならべて、みごとに歴史を描き切ったものであった。それまで二次資料に頼るしかなかった歴史記述に、新たに発見された一次資料によって、まさに欠落部分（失われた連環）が補われたような図式がそこにはあった。ただ、木簡にせよ正倉院文書にせよ、一次資料はその時々にものされた臨時のものであり、文献資料である記紀万葉などは、書写を繰り返すことによって伝えられたものではあるけれど、成書（ひとつの作品）というある種の完成態である。そこには、価値をこえて資料の性格に差異がある。一次資料はある意味、偶然に左右される。たとえば、「自筆本の誤写」（遠藤嘉基1982）ということがいわれるように、一次資料である自筆本が、筆者の意図をそのまま伝えるものでもない。文献資料は作品としての形態をもっており、かえって、転写を経ることによって、形式がなお整えられて、作者の意図が正確に伝わることさえ考えられる（乾善彦2004）。歴史記述に際しては、資料の性格を厳密に見極める必要がある。

　かつて、このふたつの通説に検討を加えたことがある（乾善彦2003: 63–266）。その時には、さまざまな意見をいただき、また、反論もいただいた。しかしながら、今でも大枠で修正を必要とするとは考えていない。そこで、まず、現在までの新たな資料も含めて、再度、このふたつの説について考えてみることにする。その上で、古代の日本語書記史の歴史記述の方法について考えてみることにする。

2.2　ウタの書記をめぐる言説

2.2.1　稲岡説

　万葉集が二十巻で完結するひとつの「作品」であることは、言をまたない。しかし、ひとつひとつの巻は独立した性格をもっており、集合体としての性格もある。伊藤博（1974）に代表されるような構造と成立を考えるとき、作品内部に歴史を読み取ることができると考えるのも、それが世界のすべてであった時代には、ひとつの自然な成り行きであった。したがって、稲岡耕二が、古来より問題とされてきた人麻呂歌集の二様の書きようを、万葉集内部の歴史にも

とめたのも、仮名書が訓字主体に遅れると考えたのも、自然な考え方であった。つまり、万葉集内部では、仮名書歌のもっとも古いものは巻五の大伴旅人と山上憶良の歌うた、つまり奈良時代以降のものであり、人麻呂歌集歌を人麻呂自身の工夫と考えたとき、変体漢文的な書き方から、漢字仮名交じり、さらに仮名書へと展開する道程は、日本語としてよめるように書く工夫の歴史でもあったと考えられた。古今集の仮名書きを背後に置き、漢文でつづるしかなかった時代を前において、ウタを書く歴史を、日本語を書く歴史に重ね合わせて、通史的にとらえることは、きわめて魅力的な考え方であったとみてよい。

　しかし、この説が発表されてすぐ、反論があった。一番大きなものは、仮名書の位置づけである。工藤力男（1994: 176）の「歌でも散文でもいい、確かに仮名書きされた七世紀の木簡が一枚出土したら決着する問題なのだが、それまではなお思索を重ねなくてはなるまい。」という発言が示すように、直観的に稲岡説に対する疑問はわかっていても、当時、目の前にある資料をならべてみると、そのようにみえるのに対して、新たな資料の出現を待つしかなかったのである。滋賀県西河原森ノ内遺跡から出土した文書木簡は、稲岡説には都合のよいものであった（稲岡耕二1987）。しかしながら、やがて、徳島県観音寺遺跡から仮名で「なにはづ」の歌が書かれた7世紀木簡が出土した。まさに、「仮名書きされた七世紀の木簡」が出土して、これで決着がつくと思われたが、事はそう簡単には進まなかった。それまで、深く考えられてこなかった当然のことがらが問題として浮かび上がってきたのである。それは、「ウタを書く」ことの意味と特殊性とである。

　いちはやく、稲岡耕二は、声の歌と文字の歌というふうに、歌の書記を歌の側の変化にシフトさせて、自説の修正をはかった（稲岡耕二編1999）。歌の享受面において、あるいは文学的な価値観において、歌の書きようを考えることで、ひとつ、たとえば万葉集という閉ざされた世界では、という限定を与え、声の歌から文字の歌へという発展段階に対応させる形で、木簡の仮名書歌を処理して、略体歌（古体歌）から非略体歌（新体歌）への発展説の有効性を保持

しようとしたようにみえる（このことについては、もはや書記の歴史からは離れてしまうことでもあり、ここで議論するべき問題ではない）。一方で、木簡に書かれる歌の方にも、「歌木簡」という木簡の類型を考えることで、習書される歌や万葉集の載る歌との位相差を考える必要が出てきた。

2.2.2　歌木簡

7・8世紀のウタが書かれた木簡の例が増えるにしたがって、「歌木簡」というひとつの類型が提唱されるようになった（栄原永遠男2011を参照のこと）。「歌木簡」とは、従来、ウタが書かれた木簡が習書や落書として扱われてきたのに対して、最初から歌を書く目的で、約二尺という大型の材が用意されて、その片面に一行でウタが書かれ、おもに典礼の場で使用されたものをいう。これによって木簡にウタを書くことの意義があらためて問い直されることになった。きっかけは、2006年に難波宮跡からみつかった「皮留久佐乃皮斯米之刀斯」と書かれた木簡である。この木簡は裏面が整形されておらず、一面にウタだけを書くためにものされたものであると考えられた。これがウタの一部であり、31文字のウタが書かれていたとすると、二尺余りの長大な長さとなることから、特段の用途があったと推定される。そこで、従来から知られていたウタが書かれた木簡を再調査した結果、いくつか、ウタを書くための木簡が想定されるにいたったのである。

栄原永遠男によると、歌木簡が使用された特段の用途については、典礼の場ということが想定されているが、だとすると、万葉集歌が享受された場とは、やや異なることになる。そこで、万葉集歌が書かれた場が問題となる。

ウタは文字通り、ウタわれるものであり、あるいは、ウタい継がれてきたものである。そのかぎりにおいて、ウタは書かれる必要はない。ウタが記録される必要性が、ウタを書く必要性となる。ところが、歌木簡は、記録というよりは、「一回性の書くこと」が求められたものといえる。それが典礼という特殊な場によるものなのかどうかは別として*4。これに対して、万葉集は歌を集めた歌集で

あり、いわば国家事業としてのウタの記録にその淵源がある。そもそも、書くことの要請が異なるのである（「声の歌、文字の歌」といったレベルの問題ではない）。だとすると、その目的の差異を考慮する必要がある。やはり、資料を年代順にならべるだけでは、ウタを書くことの歴史を記述することは困難であることにかわりがなかったのである。

2.2.3　仮名書歌

現在までに確認されている歌木簡をはじめ、ウタが書かれた木簡は、ほぼ一字一音の仮名書である。その点で、万葉集の仮名書歌巻との類似性がみとめられる一方で、さまざまな違いが指摘されている。かつて、乾善彦（2014a）において、記紀万葉の仮名と木簡の仮名とで、

①一字一音が基本である。中には、比較的やさしい訓字がまじる。＝記紀とは異なり、万葉と共通。

②借音仮名の中に借訓仮名がまじる。＝記紀万葉と異なる。記紀は音仮名のみ。

③一部を除いて清濁を区別しないようにみえる。＝記紀万葉は比較的区別する。

④一部を除いて変字法を用いない。＝記紀万葉と異なる。

⑤上代特殊仮名遣にたいして比較的ルーズである。＝記紀万葉にも、若干の異例はみとめられる。

⑥平安時代の仮名と共通するが、記紀万葉にあらわれないものがある。

のような差違のあることを指摘した。清濁や上代特殊仮名遣にルーズな点は、後世のひらがな・カタカナに連続するとみられ、それが実用的な仮名の実態であったことが考えられている（犬飼隆1992）。だとすると、歌木簡を儀礼的ととらえてよいかは別として、実用を旨として書かれたのが歌木簡であり、万葉集のようないわゆる文字表現とは異なる書記の方法なのだと理解される。これに対して、万葉集の仮名歌巻の仮名書は、訓字主体歌巻と同様の文学的な所作の結果と考えるとすると、その性格は、万葉集中での論理で考えるほ

古代日本語書記史の可能性　151

うが、実態に即していると考えらえる。稲岡説は、万葉集中のウタの書きようの差異を日本語表記の展開と重ね合わせて考えたところに、特徴があるのだけれど、いったん表記史から離れて、万葉集だけの論理として考えれば、また、異なる評価が考えられよう。つまり、万葉集自体の中に、万葉集としての歴史を考えるならば、それは、万葉集として説明のできるものであったと思われる。まさに、万葉集が古代語の世界そのものと考えるところから出発した論理であったということなのである。

2.3　宣命書きの展開

2.3.1　小谷説

次に、宣命書きの展開について考えてみる。藤原宮跡から発見された木簡の中に、宣命らしき文言のみられる木簡があった。

- ・□御命受止食国々内憂白
- ・□止詔大□□乎諸聞食止詔　　　　　　　（『上代木簡資料集成』48）

通常、宣命体というのは、大字の自立語に小字で活用語尾や付属語を加える表記をいうが、とくに独特の文体まで含めて宣命体といい、大字に小字を交える表記のみを取り上げる場合には宣命書きといわれる。この木簡の特徴は、宣命の一部らしき文章が、すべて同じ大きさで書かれているところにある。そこで、このようなものを宣命大書体と名付け、通常の大字に小字を交える表記を宣命小書体として、区別された。続日本紀宣命以外に、従来、正倉院文書の宣命案（宣命の写し）二通と、宣命の一節を引用した正倉院文書が知られていたが、木簡にも宣命の一部と思われる資料が追加されたことになる。そして、これを年代順にならべると、宣命大書体→宣命小書体（小字一行書き）→宣命小書体（小字二行割書き）の順になり、この順に宣命の書記形式が推移したと考えられた。この説は非常に説得力があり、今や通説になっていると思われるが、疑問がないわけではない。

宣命書きは、大字と小字とで形態素を書き分ける点に特徴がある。しかして、大字と小字との使い分けは、宣命書きにかぎったことではなく、いわゆる変体漢文の訓字と仮名との関係においてもみとめら

れる。宣命書きの大字と小字の書きわけを、漢文の注形式に求める
ならば、仮名の部分を小字にするのは、大きさを区別しない書き方
から段階を経て工夫されたものではなく、漢文の注記形式に学んで
自然発生的に生じたものが、全体の表記体として採用され、それが
宣命の書記形式に採用されたという道筋も考えられるのではないか。
　たしかに、宣命と思しい資料だけを年代順に並べれば、そのよう
に見える。しかし、それらは、木簡、正倉院文書に残された案文
（写し）、宣命の引用、続日本紀の書写本と基本的な資料の性格を異
にしたものである。それぞれのまわりには、宣命書きを採用する多
くの資料がある。木簡だけにかぎっていえば、飛鳥池遺跡出土木簡
のように、仮名の部分に小字を採用するものとしないものとが同居
する例もあるし、藤原京時代にすでに小字を含む木簡もみとめられ
る。正倉院文書においても、部分的宣命書きを採用する変体漢文文
書や仮名の大きさが変化するような文書も存在する。また、全体に
宣命書きを採用するのは宣命にかぎったことではない。だとすると、
宣命大書体と宣命小書体とは、正式な文書とそうでない文書との書
記意識の差異にすぎないとも考えたのである（乾善彦 2003: 185–
202）。

2.3.2　実証主義の陥穽

　これについては、さまざまにご批判をいただいた。ひとつは、全
てを表記体の選択の問題としてしまえば、それから先の実態につい
ての見通しが立たないこと。全てが選択の問題として処理されてし
まうと、どのような選択が、どのように可能であったかが記述され
ないかぎり、選択の問題だといってしまっては、そこで議論が終わ
ってしまう。いわば思考停止に陥っている。従来の歴史記述はそれ
を問題にしてきたはずで、ただ、議論を振り出しに戻したに過ぎな
いというものである。また、資料を年代順にならべるよりほかに史
的展開を実証的に証明する方法はあるのかというのもあった。すべ
てを選択の問題としてしまうと、実際に時代順にならべたときに見
える差異は気にならないのか。つまり、それを史的展開としてとら
えなければ、史的展開をどのようにとらえればよいのかという、根

本的な方法の問題である。

　古代語の資料は限られている。したがって、いわゆる実証主義といっても、われわれが目にできる資料は氷山の一角にすぎない。とある事実を証明するにはおのずと限界があるのはいなめない。方法として、厳密にとらえようとすればするほど、さらに資料は限られてくることになる。そこで、資料の外側にある状況が問題となるのである。稲岡説は、万葉集を考えるときに資料の外側にある書記史を援用したところに落とし穴があった。逆に、小谷説は資料を厳密に規制したがゆえに、反論の余地があるようにみえる。

　現代人と古代人とのあいだには埋めがたい隔たりがあることは事実である。したがって、現代的な目で古代を見ることは慎まなければならない。そこで資料のみに基づいて言語事実が組み立てられる。それが実証主義といわれる方法であり、古代語研究では当然のこととして行われてきた。資料による実証、あるいは資料によって帰納される帰結が重んじられるのは当然のことである。しかし、少ない資料を補うために、言語変化の契機や環境といった外的要素を加味することは、これまた科学としてはひとつの方法である。コセリウが「目的性」となづけた言語変化の要因（E. コセリウ　田中克彦・かめいたかし訳1981）を追求することは、歴史記述のための歴史観をもたねばならないのと同様、言語研究としての史的研究には必須の要素であるように思われる。たしかにそれは、古代人のあずかり知らぬ未来からの視点ではあるけれど、単に古い時代から新しい時代へと、それぞれの時代の資料を時代順に配列することのみでは見過ごされてしまいがちな、総合的かつ理論的な記述の方法としてあってよいと思われるのである。

　そこで考えたことは、漢字の表音用法には、もともとふたつの流れがあったのではないかということである。ひとつは、漢文における外来語表記に用いられた仮借の応用である。もうひとつは、漢文学習のために用いられた訓読による、日本語要素の補入の方法である。前者は、稲荷山古墳出土鉄剣銘をはじめ、古代金石文中の固有名詞表記に用いられる。これは、用途も漢文の方法そのままである。この仮名の部分を固有名詞から普通名詞、さらには日本語のさまざ

まの要素に、用途を広げてゆけば、仮名で日本語の語形をあらわすことができるようになる。記紀歌謡が漢文部分と同じ大きさで日本語の文を漢文中に組み込んでいるのはその応用の例である。これに対して後者は、漢文における割注による挿入方式によって、本行とは異なる要素を組み入れる方法の応用である。漢文学習によって漢文と日本語との差異が自覚されるようになると、漢文にない助詞や活用語尾といった日本語要素を小さな字で補うことがおこなわれた。正倉院文書にみえる部分的に宣命書きを含む文書のようなものである。これは、後の訓点記入に通じるものである（白藤禮幸 1967）。宣命書きにおいて仮名書されるのは、おもにそのような要素であって、それは後代の小書きされる部分（たとえば漢字片仮名交じりにおける片仮名の大きさ）にまで通じる。

　両者は宣命書きにおいて融合することになり、そこでは漢字の大小は、表記の選択の問題としてある。臨時の場合には、大きく書いたり、一行で書いたりするものを、正式な文書として浄書するときには、厳密に区別される、そのような場合が想定されるのではないか。たしかに、このことは、目の前にある資料だけでは説明しにくく、実証不可能な面があるのだけれども、これを考えることで、後の時代の平仮名片仮名の用途の差異も考えられるようになると思われたのである。

3. 出土資料と文献資料

3.1 進化の歴史

　そうはいうものの、われわれには、与えられた資料を吟味しながら、年代順にならべるしか方法がないのもたしかである。そこで、既存の説の見直しについて、従来の説の立て方に対して、修正するための加えなければならない観点にはどのようなものがあるかを考えてみる。

　稲岡説と小谷説とには似たところがある。万葉集なり続日本紀なり成書となったものに基準を求め、そこに至る過程を木簡などの外部資料に求めるという点である。先に述べたように、非常に実証的

にみえる方法であり、多角的にひとつのテキストを考証する点で確たる成果であるといえよう。ただし、そこには記紀万葉が世界のすべてであった時代の意識が根強く残っていたように思えてならない。語るべき歴史は、既知の文献資料によってもとめられた到達点への「進化の歴史」であった。稲岡説でいえば、万葉集における変体漢文から漢字仮名交じり、さらに仮名書への進化が、小谷説でいえば、宣命における同行内の漢字と仮名とを区別して、さらに二行割書きへと整えられてゆく進化が、それぞれ語られている。そこでは万葉集なり続日本紀という完成された文献資料が、ひとつの世界を構成していたのである。そこで求められたのは、定められた到達点にいたる過程であり、漢字で日本語を表記するための、漢字とのたたかいの歴史、漢字による日本語表記の発展過程であった。それに向かって一直線に歴史が描かれる。到達点がひとつであるかぎり、その歴史は一直線のものでしかありえないのである。

　しかし、表記史に関するかぎり、そのような進化論は成立するのだろうか。日本語の表記の歴史には、不思議なことがらがいくつもある。日本語を表記するための文字である仮名（ひらがな・カタカナ）をうみだしたにもかかわらず、依然、漢字はその中心をしめて、仮名だけで日本語が書かれることは、それほど多くないのはどうしてだろうか。あるいは、ほぼ同時に二種類の異なる仮名の体系が成立したのは、どうしてだろうか。などと考えたとき、表記システムが、言語の問題ではなく社会の問題であるかぎり、表記史は、「ことば」の歴史とは、異なる面のあることが予想されるのである（乾善彦 2003: 11–60）。

　一直線の歴史記述では、一次資料である木簡も、文献資料と同じく、そのめざす到達点に至るための資料として扱われることになる。当然、質的な差異は、考慮されないとはいわないけれど、積極的に考慮されるようなものでもない。なぜなら、これを厳密にしてしまうと、同質の資料は少なくなり、歴史を語るための資料が不足してしまうからである。質の異なるそれぞれの資料を、文献資料による到達点に向かって、年代順に一直線にならべるしか方法はなかったのだけれども、稿者にはそれでは何かが欠けているように感じられ

たのであった。

3.2 正倉院文書と木簡

7・8世紀木簡の増大は、単に一次資料の増加だけでなく、それまで知られていた正倉院文書中の実用文書の再検討をもたらした。それは、位相を同じくする資料群であるところからくる、ことばの類似性によるところが大きい。たとえば、「帳内」という語が木簡にあらわれる。これは「舎人」と同じく「とねり」をさすということが、両者をならべて明らかになる（東野治之1996）。語彙面だけでなく、変体漢文の表記体が共通するし、仮名使用の面からも、類似性が指摘される。つまり、ひとつの同質の「ことば」を使用する、とある共通の場が想定されたのである。

犬飼隆は、正倉院文書の戸籍帳に用いられる仮名と記紀に用いられる仮名との差異から、両者が、異なる場面で用いられる体系のようなものをもつこと、前者が平安時代の仮名と類似性を持つことを指摘していたが（犬飼隆1992）、木簡の仮名は前者ときわめて近いことで、より一層両者の差異が明らかになり、律令官人たちの「日常ふだん」の文字遣いが、そこにはみとめられることが明らかになった（犬飼隆2005）。

これによって、古代語の世界は、広がりをもち、記紀万葉だけが世界のすべてであった時代は、ようやく終焉をむかえることになる。実は、最初からわかっていたことが、ソシュールの言説によって排除された部分が意識化されなくなり、ようやく近年になって、古代語史研究の方法として意識化されるようになったのである。

これは、逆にいえば、記紀万葉の資料的性格が明らかになったということである。その結果、記紀万葉の書記研究も新たな局面をむかえることになった*5。近年では、さらに東アジアという広がりの中で古代文字資料がとらえられつつある。

3.3 テキストとしての記紀万葉

近年の万葉集研究では、万葉集を閉じられた世界（テキスト）として、万葉集をみる方法が提起されている（神野志隆光（2013）

など）。万葉集の書記が、古代の書記世界の全体ではなく、きわめて特殊な一部にすぎないとすると、万葉集はそれ自体で完結する作品としてしか把握できないと考えるのは、その是非はともかく、自然な成り行きであろうと思われる。万葉集には歌と散文とを含めて、とくに歌の部分では、考えうる全ての漢字の用法が駆使されている。いわば漢字による日本語表記の精粋、あるいは見本帳のようなものであるが、それが当時の書記活動の実態であったとは考えがたい。特殊な位相に属するものであり、仮名書歌も含めて、きわめて高度の文字表現の世界として位置づけられるものである。

　古事記の表記体が、正倉院文書や文書木簡等のいわゆる変体漢文の表記体と共通の基盤をもつことは、従来指摘されてきたとおりである。しかしながら、その古事記の表記体も、犬飼隆が「精錬」という語で呼ぶところの（犬飼隆 2008）、かなり特殊なものであることは、その後の日本語の書記に、そのまま引き継がれることのないことで明らかである。むしろ、正倉院文書や文書木簡の表記体は、後世の記録体などとよばれる公家日記や、平安遺文等におさめられる日用文書と直接のつながりをもつ。犬飼のいう「日常ふだん」の書記体こそが、日本語書記史の本流であり、直接の対象となるのである。

　その点では、続日本紀宣命の表記体も、ひとつ特殊なものとして位置づけられる。現代においても祝詞や宣命の表記体として連綿と用いられ続けているところが他とは異なるが、やはり、特殊な一面にすぎない。春日政治の慧眼（春日政治 1942、1956）が、今昔物語集に代表される片仮名宣命書きの淵源を、続日本紀宣命よりも訓点記入に求めたのは、両者ともに漢文訓読ないし訓点記入と大きくかかわる点で、また、その形式は他の漢字片仮名交じりとはことなり、やはり特殊な要素がある点で、まったく影響がないとはいえないけれど（乾善彦 2003: 249–265）、首肯されるところである。

　このようにみてくるならば、記紀万葉や続日本紀宣命に至る過程は、それぞれの完成形への過程として表記史上の重要な位置をしめるけれども、それが日本語表記史全体を見通すものでは決してないということは、注意しておく必要がある。そこが、記紀万葉が世界

全体であった時代と一線を画する、現在の水準である。古代という限られた時代の共時的研究であったとしても、それは常に意識されなければならないのである。

4. 仮名への道程

4.1 「仮名」の位相

前節までに、古代語における資料と歴史記述の方法についての研究史と反省点を述べてきた。本節では、「仮名の成立」をとりあげて、最新の出土資料を参照しながら、具体的なケーススタディーを試みたい。

その前提として「仮名」という用語の問題にまずふれなければならない。古代、漢字専用時代にあって「仮名」は漢字の一用法でしかないととらえるのが本稿の一貫した立場である。日本語を書きあらわすための文字としては漢字しかない時代に、それを「漢字」とは呼ばないという立場から、「真名」と「仮名」との対立があったとする立場があるが（山田健三 2013）、表語用法の訓字に対して表音文字としての「仮名」の体系がすでにできあがっていたというのは疑問である。当時の言語意識に即した形の用語が選定されなければならないというのは、その通りであろうが、以前に指摘した、用字法分類における森本治吉と時枝誠記との論争が思いおこされる。言語の体系的な分析において用語というのは、当代のことばですべてを覆うものではないし、当代の意識がそれで語りつくされるとは思えない。たしかに、木簡の仮名書きウタをみるかぎり、仮名という日本語を書きあらわすための表音文字の体系ができあがっていたかにもみえるが、それらは、万葉集の仮名書きと連続性をもつ。一方、万葉集仮名書歌巻の仮名は、訓字主体表記との連続性の上で漢文とつながりをもつ（乾善彦 2014a）。それぞれのつながりは、それが「漢字」の用法の問題である点でのみ説明ができるのであり、よって、古代漢字専用時代にあっては、仮名は漢字の一用法にすぎないと、今のところは考えて支障はないと思われる*6。

日本語を書くための表音文字としての仮名（ひらがな・カタカ

ナ）の成立過程を記述することは、古代語の書記の歴史におけるもっとも重要な課題のひとつである*7。その点で、木簡に加えて、近年、頻繁に報告されるようになった墨書土器をはじめとする出土資料が注目される。とくに、9世紀の墨書土器や漆紙文書は、仮名成立時期の資料であり、漢字の用法としての仮名と文字としての仮名とを結ぶものとして貴重である。それまで、一次資料とはいえ、紙に書かれたものによって仮名の成立が考えられていた。それが、上代からの続きでいえば、木簡が活用されるようになって官人たちの「日常ふだん」を記紀万葉から切り離すことになり、平安時代とのつながりが浮かび上がってきた。にもかかわらず、依然、仮名の到達点の側では、有年申文と秋萩帖とが同列に扱われるようなことが行われてきた。それはこの時期の仮名の遺品の量的な問題が大きくかかわっているからであり、それをひとまとめにしても、見えてくるものはそれほど大きくかわるものではないということも、たしかにあった。つまり、仮名字母の共通点は、記紀万葉のそれとは異なり、木簡や正倉院文書と共通するということが、9～10世紀の仮名との関係で重要であり、したがって仮名の淵源は記紀万葉の仮名ではなく、位相を異にする木簡や正倉院文書の仮名に求められることが確認されれば、当面はそれで十分であったからである。

4.2　墨書土器という一次資料

2012年に報告された、藤原良相邸跡出土の墨書土器群は、平安時代初期の仮名資料として注目された。もちろん、それ以前にも成立期の仮名が書かれた墨書土器は数例報告されていた。また、仮名成立期の漆紙文書も報告されている*8。ただし、それらを仮名の成立と関係づけて考えることが、積極的にはおこなわれてこなかった。歴史学や考古学と、国語史学との間の交流が少ないことが原因であるが、それが現在も大きくは変わっていない状況である。

2013年には、また、堀川邸跡出土の土器に「いろはうた」が書かれていたことが、再調査で判明した。「いろはうた」のほぼ全体が見つかったことで注目されたが、仮名で「いろはうた」が書かれた墨書土器は、近年、斎宮跡をはじめとしていくつか、文献よりさ

かのぼるものが報告されている（山本真吾（2005）など）。

　草仮名の古い例としてよくあげられる藤原有年申文や漆紙文書に含まれる仮名書は、日用文書の変体漢文文書に仮名を交えたものである点で、正倉院文書の部分的宣命書きを含む文書に近いものとして位置づけられるとすれば、歌が書かれた墨書土器は、広義の歌木簡の仮名書きに通じる点がある。しかし、日用文書が紙に書かれている点で共通するのに対して、歌の場合、木簡と土器との違いがある。はたして、歌を木簡に書くことと土器に書くこととのあいだには、どのような関係にあるのだろうか。

　「なにはづ」の歌の場合、木簡だけでなく、土器、法隆寺五重塔落書、桧扇など、さまざまな媒体に書かれることがある。法隆寺五重塔落書の場合は、筆ならしであった可能性を排除できないけれど、やはりそれが「なにはづ」の歌であることの意味は考えておかなければならないだろう。土器に書かれた、「なにはづ」の歌以外の場合、たとえば、『伊勢物語』69段「雁の使」のかはらけに歌を書く場面などが想定されるが、それでも、多くの墨書土器を見るに、贈答に用いられた形跡はむしろ少なく、何首かの歌が方向を一致させずに書かれているもの（後述、墨14）などは、やはり習書を考える必要があろう。その他の歌の場合も、たとえば、醍醐寺五重塔の落書などは、筆ならしの可能性があろう。また、呪術的な何らかの意図もなしとはしない（乾善彦2014c）。その場合は、木簡の用途とも一致する。したがって、土器と木簡とで、媒体が何らかの差異をもたらすということはないともいえる。しかし一方で、すでに見てきたように、何に書かれるかは資料の位相差に結びつくものであり、また、書記の目的も異なるとせねばならない。

4.3　仮名のふたつの流れの相関

　古代、漢字専用時代に仮名にはふたつの流れのあることを先にみた（2.3.2）。同じ漢字の表音用法でも、木簡や正倉院文書にみられるものと、万葉集仮名書歌巻にみられるものとのあいだには、いくつかの差異が指摘できた。しかし、一方で共通する面もある。

　記紀万葉のみならず、古代の仮名字母には、位相を異にするにも

かかわらず、実は、共通するものも多くある。そこで、表面的には
さまざまの漢字が使用され、また、古漢音・呉音・漢音などよって
たつ音韻体系が異なるものがある一方で、潜在的に、とある表音用
法の漢字の体系が、基層には存したのではないかと考えられる（乾
善彦2007）。

　そうすると、位相を異にするふたつの流れであっても、それは互
いに交流をもちながら、さまざまの相として、それぞれの資料とな
ってあらわれるという図式が考えられる。仮名成立期の資料とされ
る有年申文と秋萩帖とでは、一方は実用文書、一方は芸術的な要素
の強い資料であり、位相を異にする。当然、使用される仮名字母に
は差があるし、ちょうど、正倉院文書や木簡と万葉集との差異に近
いものがある。したがって、これらは別々に扱われるべきものなの
であるが、仮名字母が万葉集と秋萩帖とではおおきく異なり、むし
ろ、平仮名への連続性として、一体感を感じさせるものでもある。

　ところで、藤原良相邸跡出土墨書土器の解読の中に「侶」の字と
解読された「て」の文字がある（京都市考古資料館速報展資料、墨
14）。この土器をめぐるシンポジウム（京都産業大学日本文化研究
所主催シンポジウム「『かな』という文字を考える―墨書土器から
みえてくるもの―」（2014.9.27、於　むすびわざ館））において、
この字が万葉集の中でも特異な字母であることから疑問が投げかけ
られた。あるいは「須（す）」の可能性が考えられないわけでもな
いが、ここはそのまま「て」と読みたい。右旁の「二」から「く」
のようなかたちに続くのが、やはり「弖」に見えるからである。平
仮名の中に上の二画が短くて「く」のかたちに続く「て」の字源が
「弖」だとすると、万葉集にみえる「侶」の字もありうると考える。
この土器にはもうひとつ「到（と）」かとみられる文字もあり、字
母の面できわめて特殊な特徴がある。むしろ、これら特殊な仮名字
母をみとめて、大きく異なるふたつの位相のあいだに何らかの関係
性をみとめるほうがよいのではないか。

　位相とは、あくまでもひとつのものの、ありかた、見えかたの違
いである。ひとりの人物は、さまざまの位相をもつ。位相によって
使用する仮名字母が異なる場合もありうる。同じ集団の人々が、位

相を異にする文字使用をすることもまた考えうる。当該の土器のようにいくつかの方向で異なる筆で歌のようなものが書かれているようなものでは、一部に万葉集につながるような字母が用いられたとしても、あながち、不思議なことでもあるまいと思われるのである。

5．まとめにかえて　古代日本語書記史の可能性

　古代、漢字専用時代に日本語を書記する方法として、漢文以外に、漢文訓読を媒介として変体漢文という、表記体が成立する。これを表記体とするのは、あくまでも「ことば」をわれわれは確定できないからである。それは「ことば」がなかったことではない。「ことば」を書く習慣がなかったのである。そしてそれは、書くための「ことば」をもたなかったことを意味する。「ことば」が書記用の文体として成熟していなかったことを意味する（奥村悦三（2015）に同様の趣旨が述べられている）。ことばのない文体がありえるのかどうかは、大きな課題であるが、文体として未成熟な段階では、「表記体」を考えるしかない。文字に大きく依存する後代の日本語あるいは日本語書記から考えても、「書記という言語現象」を考えることは、ありえないことではないと考える。そんな漢字専用時代に、漢字の表音用法によって、「日本語」を「かたち」のまま書くために「仮名」が成立する。ひとつは、ウタということばを書くために、もうひとつは、漢文（中国語）にない日本語要素を書くために、大きくふたつの要請から、漢字の表音用法は日本語を書くための文字として利用され、体系をつくりあげてゆく。

　一方で、漢文訓読の習慣によって成立した和訓を基に、漢文とは異なる変体漢文という表記体が、律令制のもとでの日常の文書様式として成熟してくると、それを「訓読のことば＝律令官人たちの日常のことば」（乾善彦 2014b）で読むようになって、変体漢文は訓読による文体を形成するひとつの道筋をつけるようになる。同時に、仮名による日本語要素の補記を含む表記体を生み出す。ひとつには宣命体とよばれる表記体（スタイル）であり、ひとつは万葉集歌にみられるような漢字仮名交じりの表記体（スタイル）である。後者

は、変体漢文とウタの仮名書きとの交わるところに位置する。そこにあることばはウタに代表される「生活のことば」である。逆に、ウタを書くための仮名と変体漢文文書の訓読とが交わるところに、正倉院仮名文書と、それから読み取れる「ことば」があると位置づけられよう。

　このように複雑にまじりあった変体漢文と仮名との関係が、文字としての仮名成立後に、文字としての仮名によって、それぞれの場において、それぞれの「ことば」による書記用文体を形成してゆくと考えるならば、やはり、日本語の書記史も、ひとつの直線として歴史を描くことはできないであろう。書記の歴史を描く方法が、これからも模索されなければならないのである。

─────────────

＊1　もちろん、最初から古代語の資料は、記紀万葉だけではなかったし、『寧楽遺文』や『南京遺文』『南京遺文拾遺』には、仏足石歌や正倉院文書をはじめとする古代文書の中から、日本語資料として利用できるものが集められており、さまざまの資料のあることははやくから自覚されていた。しかし、それらも記紀万葉のことばを補強するためのものであり、別の世界があったとはいう認識は、早く菊澤季生（1933）などにみられるものの、記紀万葉が中心世界であったことにはかわりない。

＊2　奈良女子大学21世紀COEプログラム報告書、桑原祐子担当『請暇不参解編（一）』『請暇不参解編（二）』、黒田洋子担当『啓・書状編（一）』科学研究費報告書、桑原祐子担当『造石山寺所解移牒符案（一）』、黒田洋子担当『啓・書状編』、中川ゆかり担当『正倉院文書からたどる言葉の世界（一）』において、正倉院文書の中の請暇不参解の注解が行われたときに、漢語を積極的に音読するという方針がとられたが、乾善彦（2011）に批判したように、表記の差異が当時の語彙の実態を示すものである保証は、残念ながらない。その点で、これによって当時の語彙のあり方に対する把握の仕方が前進したわけではない。

＊3　したがって、そのような欠を補うために、位相が比較的近い正倉院文書とあわせて考えることになる。逆にいえば、木簡資料の増大によって、これまで、それほど活用されてこなかった正倉院文書が活用されるようになったということもできる。両者を合わせることによって、その資料としての有効性が発揮されるようになったのである。

＊4　これについては、乾善彦（2010）に、習書の可能性まで含めて検討した。

＊5　もちろん、はやくから木簡の位相についての言及はあった（阪倉篤義

1969)。ただそれが、意識的に木簡資料の扱いにいかされていたかどうかは、検証が必要ではあるが、疑問なのである。

＊6　ただし、正倉院仮名文書二通の存在は大きい。これを日本語散文文体の成立ととらえるならば、ひとつ、ここに仮名の成立、仮名文の成立をみることが可能だからである。その点の整合性については、いまのところ保留せざるをえない。ただ、仮名文の成立についても、文字としての仮名の成立によるところが大きいとすれば、仮名文書二通は、やはり例外的なもの、あるいは萌芽的なものと一応は考えておく。

＊7　ここでも用語の問題がある。「ひらがな」は後の「いろは仮名」に対する名称であり、草体の仮名の総称としては不適切であるとの指摘もある（山内洋一郎2013）が、現在の研究レベルでは、片仮名と対立する仮名の総称として使用されており、いまは慣用に従って広義に使用しても別段、支障を生じることはないと考える。むしろ、源義にしたがってのみ使用することは、混乱を起こしかねないので、本来の意味では「いろは仮名」が定着してきており、それで十分に議論ができると考える。

＊8　鈴木景二氏の御教示によると、

【漆紙文書】多賀城跡出土仮名文書（『宮城県多賀城跡調査研究年報』（1992）、平川南『よみがえる古代文書』（岩波新書））、門新遺跡出土三号漆紙文書（『長岡市立科学博物館研究報告』42号（2007）

【墨書土器】赤田Ⅰ遺跡（2002）（鈴木景二「平安前期の草仮名墨書土器と地方文化―富山県赤田Ⅰ遺跡出土の草仮名墨書土器」『木簡研究』31、2009.11）、阿見町小作遺跡（『埋蔵文化財部年報』29、2009）、平安宮跡（『平安京跡発掘資料選』（1980）、藤岡忠美『王朝文学の基層』（2011、和泉書院）、『平安京跡発掘調査報告』（1987、1988、1989、1998に新たな出土情報）、斎宮跡（『斎宮歴史博物館研究紀要』14、藤岡忠美先掲書）

などがある。

参考文献

伊藤博（1974）『万葉集の構造と成立』塙書房

稲岡耕二（1976）『万葉表記論』塙書房

稲岡耕二（1986）「木簡と表記史」松村明教授古稀記念会編『国語研究論集』pp.7–24. 明治書院

稲岡耕二（1987）「国語の表記史と森ノ内遺跡木簡」『木簡研究』9: pp.119–129. 木簡学会

稲岡耕二（1992）『人麻呂の表現世界』岩波書店

稲岡耕二編（1999）『声と文字―上代文学へのアプローチ』塙書房

乾善彦（2003）『漢字による日本語書記の史的研究』塙書房

乾善彦（2004）「擬似漢文成立の一方向―『御堂関白記』の書き換えをめぐって」『文学史研究』44: pp.96–105. 文学史研究会

乾善彦（2007）「仮名の位相と万葉集仮名書歌巻」『万葉集研究』第29集: pp.185–203. 塙書房

乾善彦（2010）「「歌木簡」の射程」『文学・語学』196: pp.81–89. 全国大学国語国文学会

乾善彦（2011）「正倉院文書請暇解の訓読語と字音語」『国語語彙史の研究』30: pp.33–47. 和泉書院

乾善彦（2014a）「万葉集仮名書歌巻の位置」『万葉』218: pp.1–20. 万葉学会

乾善彦（2014b）「古代における話しことばと書きことば」石黒圭・橋本行洋編『話し言葉と書き言葉の接点』pp.171–186. ひつじ書房

乾善彦（2014c）「新出資料と仮名の成立」『関西大学東西学術研究所研究報告書　東アジアの中の日本文化』pp.11–24. 関西大学東西学術研究所

犬飼隆（1992）『上代文字言語の研究』笠間書院（のち増補版（笠間書院2005））

犬飼隆（2005）『木簡による日本語書記史』笠間書院

犬飼隆（2008）『漢字を飼いならす―日本語の文字の成立史』人文書館

遠藤嘉基（1982）『日本霊異記訓釈攷』和泉書院

奥村悦三（2015）「話すことばへ」『万葉』219: pp.1–30. 万葉学会

春日政治（1942）『西大寺本金光明最勝王経古点の国語学的研究』斯道文庫紀要第一

春日政治（1956）『古訓点の研究』風間書房

かめいたかし（1956）「古事記はよめるか―散文部分における字訓およびいはゆる訓読の問題」『古事記大成言語文字篇』平凡社（のち『日本語のすがたとこころ（二）』（吉川弘文館1975）所収）

菊澤季生（1933）『国語位相論』明治書院

工藤力男（1994）「人麻呂の表記の陽と陰」『万葉集研究』20: pp.147–177. 塙書房

桑原祐子ほか（2009）桑原祐子ほか『請暇不参解編（一）』『請暇不参解編（二）』奈良女子大学COE報告書

神野志隆光（2013）『万葉集をどう読むか―「歌」の発見と漢字世界』東京大学出版会

E. コセリウ　田中克彦・かめいたかし訳（1981）『うつりゆくこそことばなれ』クロノス（のち田中克彦訳『言語変化という問題―共時態、通時態、歴史』（岩波文庫2014））

小谷博泰（1986）『木簡と宣命の国語学的研究』和泉書院

栄原永遠男（2011）『大阪市立大学人文選書2　万葉歌木簡を追う』和泉書院

阪倉篤義（1969）「国語史資料としての木簡―藤原・平城両宮跡出土の木簡について」『国語学』76: pp.17–26. 国語学会

白藤禮幸（1967）「上代宣命体管見」『国語研究室』6: pp.21–33. 東京大学国語研究室

鈴木景二（2009）「平安前期の草仮名墨書土器と地方文化―富山県赤田Ｉ遺跡出土の草仮名墨書土器」『木簡研究』31: pp.245–261. 木簡学会

F. ソシュール　小林英夫訳（1972）『一般言語学講義』岩波書店（初訳は岡書店1928）

東野治之（1996）『長屋王家木簡の研究』塙書房

平川南（1994）『よみがえる古代文書』岩波新書

藤岡忠美（2011）『王朝文学の基層』和泉書院

山田健三（2013）「書記用語「万葉仮名」をめぐって」『信州大学人文学部人文科学論集〈文化コミュニケーション学科編〉』47: pp.15–30. 信州大学

山内洋一郎（2013）「ことば「平仮名」の出現と仮名手本」『国語国文』80（2）: pp.40–53. 京都大学文学部国語学国文学研究室

山本真吾（2005）「平仮名史に於ける斎宮跡出土仮名墨書土器の座標」『斎宮歴史博物館研究紀要』14: pp.22–37. 斎宮歴史博物館

日本語文法史の再構をめざして
「二段活用の一段化」を例に

青木博史

1. はじめに

　日本語史の「叙述」とはすなわち、単なる事実の羅列でない、研究者の解釈によって描かれる「ストーリー」である。ただ、何をもってストーリーといえるのか、日本語の歴史を必要十分な形で説明しうるのか、そのあるべき姿というのは必ずしも共通理解が得られているとは言いがたい。

　「文法史」を構築するにあたっては、文法は抽象的な体系であるため、体系への視座なくして記述はできない。しかし、体系を構築するためには、当該の文法事象に関係する、個々の用例の観察・解釈から始めなければならない。各時代における記述を積み重ね、そこではじめて文法体系を俯瞰することになる。そこからさらに、時代間における変化を見出そうというのは、一朝一夕に出来るものではない。しかし、こうした研究の蓄積を、日本語史研究はすでに持っている。積み上げられてきた先学の研究成果に敬意を払い、発展的に継承していくべきであろう。

　この「文法体系の変化」という点に関しても、これまでにいくつもの鳥瞰的な見方が示されている。古代語に特有の係り結び構文を手がかりとした、「係結的断続関係」から「論理的格関係」へ、あるいは「開いた表現」から「閉じた表現」へといった見方である。また、助詞・助動詞の「意味」に端的に現れるものとして、「総合的」から「分析的」へ、といった見方も示されている。これらは大変優れた捉え方であり、文法変化のダイナミックな一側面を、きわめて端的に言い表したものといえる。しかしその一方で、文法変化のどこからどこまでをこの概念で捉えることができるのか、あるいは、当該の歴史変化がいつ、どのようにして、なぜ起こったのか、

ということを説明するものとして必要十分であるか、ということについては、こうした提案をもとに、これから我々が考えていくべき課題である。

　また、日本語史を再構するにあたって重要な課題の１つに、文献に見られる言語の「位相」をどのように解釈するかという点がある。これは、従来の「国語学」「国語史」においても精力的に進められてきた部分であり、文献学と一体となった言語研究の方法の重要性を示している。文献に記された言語事象を時代順に並べても「歴史」にはならないのであって、文献に現れた言語が何者であるかを常に考える必要があるといえる。

　そうしたことに自覚的に取り組むにあたって、有用であるのが「方言」との対照である。歴史研究が方言研究と提携して記述を深化させることは、これまでも行なわれてきたが、「方言には古語が残る」といった素朴な言語観から一歩進み、比較対照という観点からの分析はきわめて重要である。たとえば『方言文法全国地図』を繙くことにより、我々は特定の文法現象に関する方言データを、たちまち手に入れることができる。文献によって再構された「歴史的変化」と「地理的変異」が、容易に付き合わせられるわけである。これによって、「中央語史」としての「日本語史」は、いわば他言語としての「方言」と対照することによって相対化されることになる。

　こうした対照研究の方法は推し進められるべきであるが、同時にまた一歩立ち戻って、「歴史」と「方言」がどのような対応を示すかについても、常に考えておきたい。すなわち、過去の文献に顔を出した言語は一体何者なのか、文献を使ってつないでみた歴史は言語史のどの部分を反映したものか、といったことを考えるための手がかりとして、方言を活用するわけである。具体から抽象へ、そして一般化したところからまた個別的な事象へ、というフィードバックの繰り返しの中で、文献と方言を繋ぎながら「歴史（ストーリー）」を描くことが求められているように思う。

　本稿では、このような「日本語文法史」を再構築するためのケーススタディとして、「二段活用の一段化」現象を取り上げる。形態における歴史的変化としてきわめて重要な現象であり、先行研究の

記述も多いが、まだ考える余地も残されているように思う。文献資料のみに頼るのではなく、方言データも活用しながらこの現象についての歴史解釈を試みたい。

2. 先行研究

上にも述べたように、これまでの日本語史研究において、「二段活用の一段化」に関する言及は多い。積み上げられてきた記述により、以下のような事項はほぼ定説となっている。

(1) a. 院政時代より始まった。

   b. 上二段活用のほうが下二段活用よりも早く進行した。

   c. 終止連体形のほうが仮定形（已然形）よりも早く進行した。

   d. 自立語のほうが付属語よりも早く進行した。

   e. 音節数の少ない語のほうが多い語よりも早く進行した。

   f. 関東方言において早く完了した。

   g. 江戸時代中期頃に完了した。

まず、この現象がいつ頃から始まったのか（＝1a）という点について、文献の資料性の吟味、それぞれの語の性格の検討などを経て、以下のようなものが比較的早い時期の確例として認められている（山内洋一郎 1972）。いずれも、院政鎌倉時代の言語資料に見られる例である。

(2) a. 媚　コフ　コヒル　　　　　　　　（前田本色葉字類抄・下5オ）

   b. ソリシテ返シ時ニ長者ノ門ヲスキルニ（三教指帰注・30ウ）

そして、この現象はゆっくりと進行し、室町時代を経て江戸時代も中期頃に至ってようやく完了した（＝1g）とされている（島田勇雄（1959）、坂梨隆三（1970）、小林賢章（1991）など）。日本語史の概説書における代表的な記述を、いくつか以下に掲げておく。

(3) a. 二段活用の一段化は12世紀（院政時代〜鎌倉初期）以降徐々に広まっていき、〈中略〉中世を通して進行し、江戸中期ごろに完了した結果、上二段活用ならびに下二段活用は消滅して、それぞれ上一段活用、下一段活

用に合流した。　　　（沖森卓也編著『日本語史概説』朝倉書店）

b.　下二段活用、上二段活用の動詞が一段化して下一段活
　　用、上一段活用に転じていく現象が江戸時代に見られ
　　る。そのような例はすでに鎌倉時代・室町時代におい
　　て見られる。しかし、全体数より見れば、従来の二段
　　活用で表れるもののほうが断然多い。1700年前後、元
　　禄・宝永・正徳期の資料でも、従来の二段活用の形と
　　その一段化したものとは相半ばして用いられている。

（山口明穂・坂梨隆三他『日本語の歴史』東京大学出版会）

　次に、上二段と下二段でどちらの方が早く進行したか（＝1b）
という点については、①初期の例が上二段に偏っていること（＝
2）、②近世前期の資料（近松世話物）で上二段の一段化率の方が
高いこと（坂梨隆三1970）、③現在方言で上二段の残存はほとんど
見られないこと（奥村三雄1968）などから、上二段の方が進行が
早いとされている。

　また、仮定形よりも終止連体形の方が早く進行した（＝1c）、付
属語よりも自立語の方が早く進行した（＝1d）、音節数の多い語よ
りも少ない語の方が早く進行した（＝1e）、という3点については、
やはり近世期の文献資料の調査データから裏付けられている。奥村
三雄（1968）、坂梨隆三（1970）では具体的な数値が示されてお
り、説得力に富むものとなっている。また、奥村論文では、文献の
みでなく方言の面からも上の結論が補強されている。

　そして、方言に関しては、関東方言において早く完了した（＝
1f）ことも定説となっている。これは、現在方言における二段活用
の残存は京都以西（九州と紀州中部）に限られるという点と、『ロ
ド リ ゲ ス 日 本 大 文 典（1604–08）』に お け る「た だ‘関 東’
（Quantô）で用ゐられ、又‘都’（Miyaco）で一部の者に用ゐられ
てゐる（土井訳p.29）」という記述が、有力な根拠となってい
る*1。

3．問題の所在

　以上のように、現象そのものの観察から得られた（1）の諸点は、確かに揺るぎないもののように見える。しかしながら、歴史変化の一般性に鑑みると、今一つ腑に落ちない点もいくつか存在している。まず、（1a）と（1g）の関係、すなわち、院政期に始まった変化が江戸中期に至ってようやく完了するという点であるが、これはいかにも長すぎる感がある。「活用の単純化」などと説かれるこうした形態変化が、受け入れられるまで600年以上かかるというのは、他の歴史変化と比較して、果たして妥当であろうか。さらに遡るに、古代語の上一段活用動詞「居る」は、上代語資料において上二段活用であったことを示す例が認められている。「居(う)」という形が、「急居、此をば菟岐于と云ふ（崇神紀・10年9月）」のように用いられているのである。このほか「廻(み)る」「干(ひ)る」なども、古くは上二段活用であったと推定されている（橋本進吉（1951）など）。そうすると、上代においてすでに「二段活用の一段化」が起こっていた可能性が考えられ、これと後代の「一段化」の関係をどのように考えるかがさらに問題となる。上代から近世にかけて、1000年以上の時をかけて変化が進んだと見るべきなのであろうか。

　また、（1c）（1d）の変化の遅速の差は、使用度数と比例している。自立語と付属語という観点で見ると、二段活用をする付属語は「(ら)る」「(さ)す」といったヴォイスの助動詞くらいしかないため、その大部分は自立語ということになる。また、連体形と已然形という観点からは、古代語已然形は、確定条件を表すものとして「ば」（順接）や「ども」（逆接）に続いたり、係助詞「こそ」の結びとなったりするという、いくつかの機能を担っていたが、恒時条件の延長上にある「仮定」を表すものに固定されるようになっている。これに対し、名詞句を構成する述語形として機能する古代語連体形は、中世以降さらに終止用法をも持つようになっており、これらの使用度数に差があるのは一目瞭然である。言語変化が、使用の多い部分から起こることは、自然に了解されよう。

　ところが、（1b）は、これに反している。上二段と下二段という

観点であるが、下二段に属する語は上二段に属する語よりも圧倒的に多く、したがって使用頻度は下二段の方がはるかに高いのである（坂梨隆三（1970）のデータでは、下一・二段総数880：上一・二段総数48）。奥村三雄（1968）では、使用頻度の高いもののほうが「伝統的形式が保持され易い」として理論的に自然であるとされるが、そうすると、あまり使用されない形式から言語変化が生じ、よく使用される形式へ影響が及ぶと考えることになってしまう。この点に関しても、今一度考え直してみる必要があるように思う。

4. 語幹の増加と語形の安定化

そこで、あらためてこの形態変化において、どこがどう変わったのかを見ておきたいと思う。以下に、表1として、「活用表」の形で掲げておく（木田章義編『国語史を学ぶ人のために』（世界思想社）による）。中世から近世を念頭に置き、連体形終止が一般化した後の状態を示しておく。

表1

	上二段	上一段	下二段	下一段
	起くる	起きる	受くる	受ける
語幹	ok	oki	uk	uke
未然形	ok-i	oki	uk-e	uke
連用形	ok-i	oki	uk-e	uke
終止連体形	ok-uru	oki-ru	uk-uru	uke-ru
已然形	ok-ure	oki-re	uk-ure	uke-re
命令形	ok-iyo	oki-yo	uk-eyo	uke-yo

そもそもこの現象は、「き」と「く」あるいは「け」と「く」という「二段」に活用していたものが、「き」または「け」のいずれか「一段」に統一されるということから、「二段活用の一段化」と呼ばれている。しかし、「一段」に「活用」するという説明はいささか不適切であり、「活用」していない部分は「語幹」とすべきであろう。すなわち、上の表1に示したように、二段活用「起くる」「受くる」の語幹は「ok」「uk」、一段活用「起きる」「受ける」の

語幹は「oki」「uke」としておきたいと思う。このように記述することにより、「二段活用の一段化」において大きく変化した部分は、「語幹」の部分であることになる。母音１つ分だけ、語幹が増加しているわけである＊2。

このように把握することにより、音節数の少ない語のほうが多い語よりも早く進行した（＝1e）ことの意味を、理解することができる。すなわち、語幹の音素数の増加とは、語形を安定させようとする変化である。文中の機能によって、「受け」の形が出てきたり「受く」の形が出てきたりすると、語形の同定が難しくなるが、こうした不安定さは、「寝」のような単音節の語、すなわち語幹が子音音素１つの語ほど顕著である。「ne」や「nu」といったバリエーションを廃して、「ne」という形に固定させたいという欲求が、音節数が少ない語のほうからまず実現されたという歴史的事実は、この変化が語幹の増加による語形の安定化を目指したものであったという見方を支えるものといえよう＊3。

5. 上二段活用の一段化

このように見てきたとき、あらためて思い出されるのが「上一段活用」である。古代語の上一段活用動詞は、「見る」「着る」「干る」「煮る」「居る」などすべて、語幹が一音節の動詞に限られているのである＊4。そして、先にも述べたように、「居る」「干る」などは古くは上二段活用であったのであるから、語幹の増加による語形の安定化を目指した「二段活用の一段化」は、すでに古代語において、「上二段→上一段」の形で（単音節語幹の語において）起こっていたと考えたほうがよいことになる。したがって、「二段活用の一段化」は、院政期から始まった（＝1a）という見方は、まず訂正する必要があることになろう。

さらに、「上一段」と「下一段」の不均衡も問題となる。上代には、すべて一音節とはいえ「上一段」と見るべき活用型に属する数語が存在するのに対し、「下一段」は存在しないのである。したがって、一段化の問題は、従来のように「上一段」と「下一段」をひ

日本語文法史の再構をめざして　175

とくくりにするのでなく、区別して観察すべきであると考えられる。

このように、あらためて上二段と下二段を区別して見てみると、「一段化」の早い例として挙げられてきた院政鎌倉期の用例は、大部分が上二段であることに気づかされる。

（4）a.　暴虎馮河、死而無悔（クイル）者、吾不与也

(高山寺蔵寛元元年写論語)

　　　b.　耄　ヲイル　　　　　　　　　　　(字鏡集・老部)

（2）（4）の諸例は、上代から存する「一段活用」という型にならって、語幹一音節語から二音節語へ拡張する形で上一段活用を（散発的に）作り出しているものと考えられる。

これに対し、鎌倉期までの下一段の例はほとんどなく、古代語活用表に組み込まれることも多い「蹴る」、これに「経る」くらいしか存しない（山内洋一郎（1972）参照）。

（5）a.　「鞠ヲケル」トイヘル「ケ」如何。「ケ」ハ蹴也。

(名語記・巻2)

　　　b.　麗　ヘル　　　　　(観智院本類聚名義抄・法下111)

「蹴る」は、古くは「くゑ、くう、くうる」といった下二段活用であり（「蹴散 クエハララカス（神代紀）」「鞠打 まりクウル（岩崎本皇極紀）」）、これが「ける」という形を生じたのは、「クエ」が合拗音化を経て「ケ」になったという特殊な事情による。一音節動詞が一段化するという上一段の例にならって、「経る」の一段化も起こったのであろう。

ただし、下一段の場合は、このようにごく限られた語彙において起こった、例外的現象であることに留意すべきである。「蹴る」は、鎌倉中期までは「くゑ」の形が見られるし*5、「ける」の形が確立した後、いずれ四段（五段）へと活用を変える。「経る」も、古辞書には確かに「へる」という形が記されているものの、他の文献資料にこうした一段形はほとんど現れず、もっぱら「へ、ふ、ふる」の形である。すなわち、「ミル（見）」「ヰル（居）」のように、古代語において「ケル（蹴）」「ヘル（経）」といった安定した形は存在しないのである*6。活用型としての「下一段」は、鎌倉期までは存在しなかったと見るべきであろうと思う。

176　　青木博史

6. 上二段・上一段活用と下二段・下一段活用

　このような見方は、「上二段／下二段、上一段／下一段」という、いわば整然とした体系を見出そうとする向きには違和感があるかもしれない。しかし、二段活用・一段活用における「上／下」が、必ずしも「体系」を成しているわけでないことは、現在方言の様相からもうかがえる。

　九州方言は、古典語の二段活用が残存する地域ということで注目されることも多いが、ここでは上下二段の不均衡に注目しておきたい。すなわち、上下二段ともに残存する地域は豊日方言北部などごく一部であり、二段活用を残す多くの地域は、下二段のみなのである。このとき上二段活用は、一段化を起こした後に五段化するか、下二段に統合されるかのいずれかである。この状況を、迫野虔徳（1988）に基づき、以下に（6）として示しておく。

（6）A.　五段活用（古典語四段・上一・ナ変・ラ変）

　　　　下二段活用（古典語下二）

　　　　上二段活用（古典語上二）

　　B.　(1)　五段活用（古典語四段・上一・ナ変・ラ変）

　　　　　　下二段活用（古典語下二・上二）

　　　　(2)　五段活用（古典語四段・上一・上二・ナ変・ラ変）

　　　　　　下二段活用（古典語下二）

　このように、「下一段」という活用型は、九州方言には存在しない。「二段活用の一段化」は、下二段においては起こっていないのである。その一方で、上二段の一段化は起こっている。ただし、「一段活用」はなじまないため、「起きん、起くる」が「起きん、起きる」に変化した後、さらに「起きらん、起きる」のようにラ行五段化を起こしている。九州方言におけるこのような「活用体系」は、二段活用・一段活用における「上下」が、必ずしも必須の形態でないことを示している。したがって、中央語の歴史においても、こうした不均衡な状態があった可能性は十分に想定される。

　そもそも、上二段活用・上一段活用に属する語は限られている。代表的な語を、以下に掲げておこう。

日本語文法史の再構をめざして　177

（7）a. 起く、尽く、過ぐ、落つ、朽つ、恥づ、怖づ、恋ふ、
　　　伸ぶ、鄙ぶ、侘ぶ、恨む、老ゆ、悔ゆ、報ゆ、下 (お)
　　　る、懲る、古る、……
　　b. 見る、着る、干る、似る、煮る、射る、鋳る、居る、
　　　率る

（7a）は上二段であるが、大部分は自動詞であることが見てとれる。また先述のように、所属語数も決して多くない。そして（7b）は上一段であるが、周知のとおり、所属語数はここに掲げた約10語に限られる。

　これに対し、下二段活用は、所属語数は上二段に比べて圧倒的に多く、また意味的な制限も見られない。特に注目すべきは、四段活用と対応する形で自他のペアを形成しているという点である。これは、「立つ」のように「四段：自－下二段：他」の場合もあれば、「焼く」のように「四段：他－下二段：自」の場合もある。いずれにしても、規則的に母音交代を行い、所属語数の最も多い活用型である四段活用と、下二段活用は密接な関わりを示しているのであり、こうした存在のあり方は、上二段活用とはまったく異なっているのである*7。

7．文法変化としての「二段活用の一段化」

　以上のように、二段活用の「上下」を区別して見てみると、古代語（鎌倉時代まで）の「一段化」は上二段の一段化しかないのであるから、これと後代の「一段化」は区別されることになる。これはきわめて重要な観点であるといえよう。

　そこであらためて室町時代のデータを観察すると、今度は逆に、下二段が一段化した例しか見当たらないことに気づく。室町期の三大口語資料とされる、抄物資料、狂言資料、キリシタン資料においては、上二段の一段化例はほぼ皆無といってよい状況なのである。

　抄物資料を幅広く調査した湯沢幸吉郎（1929）では、「文語の上二段活用を、上一段の様に用いた例は、次の一語の外、気がつかぬ」として「生きる」の例が挙げられている。「生きる」は古くは

四段活用であり、カ行イ音便との関係で生じた特殊な語であるため（迫野虔徳1971a）、例外として処理することができる。これに対し、下一段の例は「全体から見れば極めて少い」ものの、「コエル」「コタエル」「オシエル」「コシラエル」など、多くの語が挙げられている。また、蜂谷清人（1968）では、「虎明本」「天理本」「天正本」の3種の狂言資料が調査され、「寝る」「植える」「教へる」「こしらへる」など多くの一段化した例が挙げられたうえで、「上二段活用の一段化した例は認められない」と報告されている。

　この点について、キリシタン資料である『ロドリゲス日本大文典（1604–08）』の記述は示唆的である。

(8) 現在形でE（エ）に終るあらゆる動詞は、話しことばで稀にしか使はれない別の構造に従ふ。ただ‘関東’（Quantô）で用ゐられ、又‘都’（Miyaco）で一部の者に用ゐられてゐる。それは語根にRu（る）の綴字を添へて作る。例へば、Cuberu（焼べる）、agueru（上げる）、motomeru（求める）、faneru（跳ねる）、todoqueru（届ける）、atayeru（与へる）、feru（経る）、ideru（出でる）、majeru（交ぜる）、mixeru（見せる）。　　　　　　　　　　　　　　　　（土井訳p.29）

話し言葉でこの変化が進んでいること、中央語よりも関東方言で進んでいること（→1f）などが見てとれるが、ここには下二段の一段化に関する記述しか存しない。当時「落ちる」「滅びる」のような上二段が一段化した言い方もあったのであれば、注意深いロドリゲスは恐らく書き留めたであろう。抄物資料・狂言資料の状況も併せて考えると、室町時代より体系的に起こった「二段活用の一段化」は、下二段活用においてまず始まったものと考えられる。

　さらに、この下二段活用の一段化の初期の例（＝抄物資料の例）を観察すると、ヤ行動詞の例が圧倒的に多いことが注目される。

(9) a.　タエルトハコラウルコトナリ　　　　　　　（論語抄・陽貨）
　　 b.　妻ヲムカエルニハ六體ガアルソ　　　　　（蒙求抄・六19ウ）
　　 c.　舗設－コシラエルソ　　　　　　　　　（百丈清規抄・三両序）
　　 d.　秋風ハ兵乱ニタトエルソ（米沢図書館蔵詩学大成抄・八4ウ）

湯沢幸吉郎（1929）、柳田征司（1973、1975）に挙げられる例は、

日本語文法史の再構をめざして　179

「カエル」「ウエル」「ソエル」「ヲシエル」「コタエル」「サカエル」「カンガエル」「ヲトロエル」「トトノエル」など、大部分がこうしたヤ行動詞である。亀井孝（1970）では、「二段活用の一段化の浸透はヤ行からはじまって他におよんだものかと解される」と述べられている。

　これらのヤ行動詞は、古典語でア行・ハ行・ワ行であったものを含んでいる。すなわち、室町期において、「一段化」に先駆けてこうした「ア・ハ・ワ行下二段動詞のヤ行化」が起こっているのである。このヤ行化現象は、抄物資料や節用集類を参照すると、語によってヤ行化の進度が異なっていることが見てとれる。「変ゆる」「据ゆる」など、音節数が少ない語ほどヤ行化が進行しているのである。したがって、このハ・ワ行下二段動詞のヤ行化は、「変ふる」を例にとると、「カウル→コール」のように語幹が長音化する可能性があるため、「カユル」とすることでこれを避けたのではないか、すなわち語幹を保持するために起こったのではないかと考えられる（出雲朝子 1979）。

　この音変化の背景には、未然形・連用形の「与へ」「植ゑ」等の「エ」が、ヤ行の「見え」等と同様「ye」となったことの影響が大きい。ただし、単なる類推によって終止連体形も「ユル」となったと考えるよりは、音節数が少ない動詞からヤ行化が始まっていることに鑑みると、上述のような語幹の安定化を目指した変化であると考えたほうがよいだろう。すなわち、語幹保持・語形の安定化を目指すという点で、二段活用の一段化と同じ動機づけによる音韻変化であったと考えられるのである。

　このように見てくると、なぜ室町期において、上二段でなく下二段において、それもヤ行動詞から始まったのか、という点が了解されるように思う。これらの変化は連動する形で起こっており、このようにしてできた「ヤ行下一段動詞」によってはじめて、「下一段」という型が成立したものと考えられる*8。そして、この「型」に牽かれ、他の下二段動詞、さらに上二段動詞へと一段化の波が及んでいったわけである。この形態変化は、15世紀から18世紀にかけて、約300年の時を経て進行し定着していったものと考えられる*9。

180　　青木博史

8. まとめ

以上のように、本稿では、言語変化の一般性を視座に収め、あらためて過去の文献資料の用例と正面から向き合うことで、「二段活用の一段化」現象を捉え直した。まず、院政鎌倉期の資料に見られる一段活用の例を、「二段活用の一段化」の初期の例と位置づけるのでなく、類推等で起こった語彙レベルにおける例外的現象と見ることで、歴史解釈におけるいくつかの矛盾点を解消した。また、現在方言を視野に入れることで、上二・上一段と下二・下一段は必ずしもシンメトリカルな体系を成していると見る必要がないことを示し、したがって室町期以降の一段化とそれ以前の一段化を区別すべきことを述べた。文献資料に現れた現象の背後にある、"言語"を掬い取ることが必要であると思う。「二段活用の一段化」を説明するにあたっては、「上一段化」と「下一段化」をひとくくりにするのではなく、分けて記述すべきというのが、本稿における最も重要な主張である。

鎌倉期の連体形終止の一般化と、室町期の二段活用の一段化を連動したものと見る論もあるが、本稿はこうした見方をも否定したことになる*10。

9. おわりに

「国語学」といえば「国語史」のことを指す、という時代は確かにあった。このとき「国語史」は、文献学（フィロロジー）の延長上に存在した。「国語学」が一般化・理論化を怠り、語法研究に拘泥して「言語学」に発展しなかったという批判があるにしろ、文献学的研究の成果は揺るがない。我々はこうした成果の蓄積の下、安心して言語研究に取り組むことができている。

世界の言語の1つとしての日本語、「言語学」の1つとして日本語を対象とした「日本語学」、その中で歴史的観点からアプローチする「日本語史」。こうした認識の下に、「日本語史」は世界の歴史言語学へと開かれていく。しかし、従来の「国語史」すなわち「国

語学」と緊密に繋がっていた「文献学」「国文学」との距離は、随分と離れていってしまうように感じられる。

　かつて「方言国語史」という方法論が提唱されたことがあった。従来の国語史研究を「文献国語史」と呼び、対比的に強調されすぎたきらいはあるが、日本語の「歴史」を構築することへの情熱の迸りが感じられる。冒頭でも述べたように、日本語史の「ストーリー」を描くにあたって、我々は言語の階層性・重層性に最大限注意を払う必要がある。こうした位相論・文体論を視座に収めるなら、単線的な歴史ではなく、複線的・重層的な歴史が想定されるはずである。したがって、言語地理学や社会言語学と結びついて発展してきた「方言学」の成果は、歴史研究に取り込んでしかるべきである*11。「国語史」の名前を捨てた「日本語史」というのであれば、このような視座の下に新たな発展を目指していくべきであろう。

　蛇足ながら、こうした方法論やディシプリンを大上段に振りかざすよりは、具体的な文法現象の歴史解釈をできるだけ示していきたいと思う。大方のご批正をお願いしたい。

＊1　東国語的特徴を示すと言われる室町末から江戸初期の文献資料（『天正狂言本』『三河物語』など）で、一段化が進んでいるという報告もある。
＊2　黒木邦彦（2012）では、二段活用の語幹が2種認められている（＝複語幹動詞）。一段活用は単語幹動詞とされ、したがって二段活用の一段化現象は「母音複語幹の単語幹化」と捉えられている。記述のあり方としてはあってよいように思うが、なぜ、どのようにして、この変化が起こったかを記述・説明するものではない。
＊3　語の同定を容易にするためという説明は、山口佳紀（1985）などにも見られる。清瀬義三郎則府（1999）では音便の発生による同形語の成立（「買って」「勝って」「刈って」）を根拠に批判されるが、あってよいように思う。同じく単音節語（＝語幹が子音音素1つの語）である「来る」「する」が、多くの方言で一段化あるいは五段化の傾向を示すこと（小林隆1997）、古語「あふぐ（扇）」が名詞の場合は長音化するが動詞の場合は「あおぐ」となって長音化を避けること（出雲朝子1981）、などは活用語における語幹の重要性を示すものと思う。
＊4　上代語資料には、多音節語「いさちる」の例が認められる（「啼<u>伊佐知</u>伎

也……哭伊佐知流…（神代記）」）。「こころみる（試）」「ひきゐる（率）」など
と同様、複合によって出来た語形かとも思われるが、この解釈については保留
する。

＊5　「蹴る」をめぐっては、山内洋一郎（1982）に詳しい。「くゑ」表記の例
をいくつか掲げておく。

　　　・其後ソラクモリ、カミオドロ＼〜シクナリテ、此楼門ヲクエヤブリテケ
　　　　リ　　　　　　　　　　　　　　　　　　　（神宮文庫本続古事談・巻2-4）
　　　・蹴　化ル　　　　　　　　　　　　（観智院本類聚名義抄・法上85）
　　　・「鞠ヲケル」如何。「ケル」ハ「クエル」トカケリ。蹴也。（名語記・巻5）

＊6　そういう意味では、「過ぎる」「老いる」なども、古辞書類には一段形が散
見されるが、他の文献資料では通常、二段形で現れる。

＊7　青木博史（2001）では、古代語から一貫して存在するヴォイスの対立を
示すあり方、そして近代語に入って発達した可能動詞形成のあり方といった、
活用体系における四段と下二段の形態的対立が示す重要性について述べた。川
端善明（1997）なども参照されたい。

＊8　柳田征司（1985、1993）では、「kajete, kajuru」が「kaite, kairu」に変
じていく動きがあり、そのような形へ動く衝動の中で下二段活用であるという
意識が働いて「kaete, kaeru」が実現した、と述べられる。ヤ行動詞に注目され、
二段活用の一段化は音韻変化がもたらしたとされる点は賛同するが、「下二段
活用であるという意識」「先に同じ変化を遂げた上二段活用とは対立するもの
であるという意識」から、「ai, ui, oi」が「ae, uje, oe」へ転じたという説明には
首肯しかねる。ただし、本稿でも、「カユル」の形で語幹保持に"成功"したは
ずの語形を、なぜさらに「カエル」としなければならかったのかについては、
十分に説明できていない。

　室町期頃、音便との関係で新たに生じた「借りて、借りた」の形からは語幹
「借り」が生じた。すなわち、「借るる」ではなく「借りる」が生み出されたの
である（迫野虔徳1971b）。音変化による動揺を受けた新しい形「カエテ、カ
エタ」からも、同様に「カエ」という語幹が取り出された（すなわち「カエ
ル」という一段形が作り出された）と考えられようか。このように見るとき、
「くゑ」が合拗音化によって語幹に動揺が起こったとき、その形をそのまま語
幹にしたこと、すなわち「クェル」という一段形が作り出されたことと並行的
に捉えられるかもしれない。いずれにしても、こうした語幹への体系的な「動
揺」が、ハ・ワ行下二段動詞のヤ行化にあったことは揺るがないだろう。

＊9　したがって、坂梨隆三（1970）で示された近世前期のデータは、その変
化の初期段階ではなく、かなり進んだ段階ということになる。変化の波が上二
段へ及んだ段階であれば、上二段の一段化のほうが進んでいるように見えるこ
とがあったとしても、本稿の主張とは抵触しない。

　ただし、坂梨論文で上二段の方が早く進行しているように見えるのは、「一段
化率」という数値の示し方によるところが大きい。すでに述べたように、上二段
と下二段では母数がまったく異なるため、「上二段の一段化率:86％、下二段の一
段化率:59％」といっても、一段化して現れる語形の総数は「上二段:19例、下二段
:226例」であり、ここからそのような遅速の差を導くことはできないであろうと
思う。

＊10　先行研究との相違を一々挙げるのは本意ではないが、たとえば坪井美樹（1991）などでは、そうした見方が示されている。また、清瀬義三郎則府（1999）では、上代特殊仮名遣いの崩壊に起因すると述べられるが、本稿で示したような「上下」二段の相違、ヤ行動詞に偏る室町期の「下二段の一段化」の事実などを説明するものにはなっていない。

＊11　小林隆（2004）では、「方言を視野に入れた日本語史研究」として、「方言学的日本語史」の方法が提示されている。「文献学的方法と方言学的方法を総合するという、より高次の方法論の立場に立つ」という目的には、大いに共感される。青木博史（2013）も参照されたい。

参考文献

青木博史（2001）「四段対下二段の対応関係について」『京都府立大学学術報告（人文・社会）』53: pp.1-16. 京都府立大学

青木博史（2013）「日本語文法史研究の射程」『国語研プロジェクトレビュー』4 (2): pp.82-88. 国立国語研究所

出雲朝子（1979）「中世における文語ア・ハ・ワ行下二段活用に属する動詞のヤ行下二段化現象について」『中田祝夫博士功績記念国語学論集』pp.15-45. 勉誠社

出雲朝子（1981）「「仰ぐ」「倒る」等の語形について」『馬淵和夫博士退官記念国語学論集』pp.1-32. 大修館書店

奥村三雄（1968）「所謂二段活用動詞の一段化について」『近代語研究』第二集 pp.217-234. 武蔵野書院

亀井孝（1970）「中華若木詩抄の寛永版について―とくに言語資料としてのその個性の一面」『方言研究年報』13: pp.1-20. 広島方言研究所

川端善明（1997）『活用の研究Ｉ・Ⅱ』清文堂

清瀬義三郎則府（1999）「所謂「二段活用の一段化」の起因―音韻変化が文法変化を」『EX ORIENTE』2: pp.137-155. 大阪外国語大学言語社会学部

黒木邦彦（2012）「二段動詞の一段化と一段動詞の五段化」丹羽一彌編『日本語はどのような膠着語か』pp.104-121. 笠間書院

小林隆（1997）「動詞活用における一段化傾向の地理的分布」加藤正信編『日本語の歴史地理構造』pp.519-533. 明治書院

小林隆（2004）「方言学的日本語史の目的」『方言学的日本語史の方法』ひつじ書房

小林賢章（1991）「二段活用の一段化時期」『語文』56: pp.39-44. 大阪大学国語国文学会

坂梨隆三（1970）「近松世話物における二段活用と一段活用」『国語と国文学』47 (10): pp.157-174. 東京大学国語国文学会

迫野虔徳（1971a）「カ行イ音便の形態的定着」『語文研究』31・32: pp.113-124. 九州大学国語国文学会

迫野虔徳（1971b）「東国文献と言語指標―『天正狂言本』における「借りる」をめぐって」『北九州大学文学部紀要』7: pp.55-73. 北九州大学文学部

迫野虔徳（1998）「九州方言の動詞の活用」『語文研究』85: pp.72–82.九州大学国語国文学会

島田勇雄（1959）「近世後期の上方語」『国語と国文学』36（10）: pp.67–77.東京大学国語国文学会

坪井美樹（1991）「終止連体形統合と二段活用の一段化」『文芸言語研究　言語篇』19: pp.1–17.筑波大学

橋本進吉（1951）「上代に於ける波行上一段活用に就いて」pp.185–204.『上代語の研究』岩波書店

蜂谷清人（1968）「狂言台本に見られる一段活用化の現象」『国語学』74: pp.52–62.国語学会

柳田征司（1973）「活用から見た抄物の語彙」『愛媛大学教育学部紀要第Ⅱ部人文・社会科学』5（1）: pp.1–21.愛媛大学教育学部

柳田征司（1975）『詩学大成抄の国語学的研究』清文堂出版

柳田征司（1985）『室町時代の国語』東京堂出版

柳田征司（1993）『室町時代語を通して見た日本語音韻史』武蔵野書院

山内洋一郎（1972）「院政鎌倉時代の二段活用の一段化」『国語学』88: pp.27–42.国語学会

山内洋一郎（1982）「下一段動詞「蹴る」について」竹岡正夫編『国語学史論叢』pp.65–82.笠間書院

山口佳紀（1985）『古代日本語文法の成立の研究』有精堂

湯沢幸吉郎（1929）『室町時代の言語研究』大岡山書店

付記　本稿の内容の一部については、平成26年度九州大学国語国文学会（2014年6月14日、九州大学）において発表した。発表席上また発表後において数多くの貴重なご意見を賜ったことに対し、心よりおん礼申し上げる。

　また、本研究は、平成26年度科学研究費補助金（基盤研究C、課題番号26370541）による研究成果の一部である。

否定疑問文の検討を通じて考える
近世語文法史研究

矢島正浩

1. 通史的言語研究における近世と文法史研究

　近世は中央語が上方語から江戸語へと交替するという稀有な出来事を抱える時代である。中央語の歴史をたどる際には、上方に続く関西系の言語から江戸の言語へとつないで捉えなければならない。単純な接続が歴史とならないことに注意を払いつつも、事象を並列させ、変化の道筋を見出さざるを得ない。そこではどのような配慮が必要なのか、慎重に問われてしかるべきであろう。

　ただし、別な見方をすれば、近世期は、中央語の交代によって上方語と江戸語という異なった地域言語の豊富な資料が残され、そのおかげで両言語の比較を容易に行える状況が生み出されてもいるわけである。言語研究にとって、それぞれの言語を育む言語文化、表現の指向性に対する格好の検討材料が、利用しやすい形で提供されている。それまでの、特定地域の言語に研究・記述対象が限定されがちな時代に比べ、相対的・立体的な把握を行いやすい、魅惑的な研究対象であるともいえる。

　本稿は、特定の言語表現の用法に着目し、近世期上方語資料及び江戸語資料とでその運用がどのように異なるのかを明らかにしながら、両地域言語がそれぞれどういった物言いをよしとする言語であると理解すべきものかを論じる。それによって、近世前・中期上方語と後期江戸語を直接、連続させて捉えることの問題を再確認しつつ、それぞれの表現指向のあり方に位置づけた文法史構想の必要性を示してみたい。

2. 方法

2.1 否定疑問文を取り上げること

　検討の指標として疑問文を用いる。言語行動としての「文」の運用には、人々の表現指向や発想の傾向が直接に現れる。疑問文は「文」を単位とする言語行動であり、話者の意図、聞き手の理解の中で位置づけられる発話における意味を、端的に問うことができる。その疑問文の中でも、ここでは特に否定疑問文に注目する。否定疑問文は、命題の真偽を中立的に問うだけでなく、話者の情意や判断において、ある種の傾きを含んだ問いかけを行う。

（1）a.　これ食べて見ないか？（勧め）

　　　b.　そろそろ行かないか？（誘い）

（田野村忠温 1988 の例文より）

否定疑問文は、否定辞込みの命題形式によって聞き手に共有されていない情報として提示し、その真偽を問う。否定辞込みの疑問文構成をあえて取るところに、肯定疑問形を取らなかった意図、疑問形以外の方法を取らなかった意図が込められる。（1）には、相手に行為を促すという言語行為を、肯定疑問文でも命令文でもなく、否定疑問文によって行うという選択意図が働いている。そこには、話者の判断の示し方や他者への関わり方といった、当該地域言語の表現指向性やコミュニケーションのあり方の特徴が濃縮された形で現れているはずである。

　この否定疑問文を使用する頻度が、後述するように古代に比べて近世は飛躍的に高くなる。なぜそのようなことが起こるのか、近世語がどういう表現を指向する言語であり、それが上方と江戸とでどのように異なるのか。その点を検討することを通して、1 節に掲げた問いについて考える方針とする。

2.2 調査資料

　調査資料は、稿末の「資料及び使用テキスト」に示した。本稿の目的に対応させ、次の 2 点を基準として選定している。

a）　中央語の口語史を捉える際によく用いられる資料であるこ

と。
b) 近世後期分は上方語と江戸語の比較を効果的に行える資料とすること。

基本的に各資料の冒頭から疑問文200例ずつを取り上げるサンプリング調査とする。確実な論拠を得るには不十分であるが、傾向を大きく捉えることは可能であると判断する。近世資料は地の文と会話文の乖離が甚だしいので会話文のみを対象とする。また疑問文のうちでも、文としての言語行為を直接に問うことのできる直接疑問文を調査の対象とする*1。

なお、洒落本の資料選定に際しては、上のb)に対応して、同年代で一定以上の用例が得られることや、江戸語における上方語的要素の多寡を寛政年間前後で問う必要があることなどを考慮して、I. 1790年、II. 1800年、III. 1830年の3期を設定した。上方・江戸それぞれの資料を対象に、各期100例の計300例ずつを調査している。

3. 否定疑問文の用法

3.1 否定疑問文の用法整理

まずここでは、近世期の否定疑問文を捉えていく上での便宜として、次の簡単な区別を用いる*2。

図1　否定疑問文の用法

■第I〜III類の区別は、田野村忠温（1988）、三宅知宏（1994）などに基づく。
第I類：事実内容の確認に用いる。話者にとって不確定要素のない

認識が、場や聞き手に共有されていないことを否定形によって表し、その成立を主張することで、認識や想起を聞き手に求めたり、驚きや非難などの情意を表したりするものである。

(2) あの子も一座のはしなり。てめへとも分けて心安くする<u>じやアねへか</u>。あの子が気をとふしてかいれかいれといつたとて、そんならかいろふともまさか言われねへ。

(江戸洒落本・契情買言告鳥 18・上 114)

(3) (陰口を伝え聞いて) ほんにそふいつたか。とんだ気まぐれ<u>じやあねへか</u>。 (江戸洒落本・総籬 2・17・58)

第Ⅱ類：推論内容に用いる。話者が信じたり思い込んだりする命題の成立を確認する、あるいは命題が真であると認識しているという、その認識のあり方を明示するものである。

(4) 「この烏賊はあをり<u>じやあねへか</u>。「なに真いかさ。

(江戸洒落本・総籬 2・17・57)

(5) 「(略) しかし悪い思ひ付きじや。歌妓が聞たらやかましからふ。又をれまで困らすの<u>じやないかへ</u>。「ナンノマア細工は流〳〵仕上げを御らうし。 (上方洒落本・南遊記 4・18・190)

(6) 「わが身の伯父様の所は何処やら此あたり<u>じやないか</u>。「アイつい爱でござり升。 (台帳・鬼門角・上 10)

第Ⅲ類：否定本来の意味を残す否定表現によって構成される命題の不確定性について問うものである。「事態成立への見込み」の点で、肯定疑問文に対する有標性が現れる場合がある（5.2 節で詳述）。

(7) 「ムヽわしや伯父様の女房じやと思ふて<u>かへ</u>。「そうじやど<u>ざんせぬかい</u>の。「いや、そうじやござんせぬ。

(台帳・鬼門角・上 17)

(8) 「この砂糖は糠でもまぜや<u>アしねへか</u>。「本太白でござります。 (江戸滑稽本・浮世風呂 4 上 239)

(9) ごくにも立ゝぬ父めを持て。かはいや冷たい目をするな。此冷たさでしまへばよいが。ひよつと憂い目は見<u>せまいか</u>。にくや〳〵

(近松・天の網島・下 11・746)

※第Ⅲ類の下位分類として（a）〜（c）を立て、第Ⅲ類のうちで実現が不確定なことでかつ話者が成立を望む事態について否定疑問文を用いるものを抽出する。話者は肯定命題が成立すべきであると認識しているが、聞き手に共有されるかどうかあるいは事態として実現するかどうかという点で不確定性を維持するものである。命題に「不確定要素がある」という特徴が稀薄化した（が完全には喪失しない）表現群が抜き出される。ただし、その性質を持つ表現群のすべてを抽出する設定ではないので、第Ⅲ類の下位分類の扱いとするものである*3（5.2節で捉え直す）。

（a）勧誘：1 + 2 人称主語の行為要求*4。

 （10）味方の心遅れては仕損ずるは定のもの。天道よりの御知らせ。また明日の日も有ものを。今日は延引せまいか。といへば

          （近松・堀川波鼓・下4・535）

 （11）「（略）昨日、其方へ佐八から何じや来たげな。それを慰みに見よふぢや有まいか。「アイ。大方アノ袋棚に。

        （上方洒落本・南遊記3・18・188）

（b）提案・依頼・命令：2 人称主語の行為要求。

 （12）二人ともそれへ出イ。きり〰出ぬか。

           （台帳・鬼門角・上1・20）

 （13）ナンノマア恥づかしいことがある。チヤツト上りんかいな、エヽエ世話やかす子では有ぞ。

        （上方洒落本・南遊記3・18・185）

（c）願望：3 人称主語の実現要求。聞き手を想定していない。

 （14）はやう夜があけてくれんか、火の用心、〰

         （上方滑稽本・穴探し・初3・438）

3.2　否定疑問文と隣接領域にある表現との関係

第Ⅰ・Ⅱ類の〜デハナイカは、前節で整理するように、解答を要求する表現ではなく、話者がどう認識するかを表す言語形式である。現代日本語における〜デハナイカは、例えば日本語記述文法研究会（2003）では、「事態に対する話し手の認識的なとらえ方を表すモダリティ形式」として、以下の諸形式と並行して取り扱われる。

否定疑問文の検討を通じて考える近世語文法史研究　191

φ・ダロウ（「断定と推量」）

カモシレナイ・ニチガイナイ・ハズダなど（「蓋然性」）

ヨウダ・ミタイダ・ラシイ・ソウダなど（「証拠性」）

ノデハナイカ・デハナイカ・ト見エル・ト聞ク・ト思ウなど

（「そのほか」）

こういった認識的な捉え方に関わる諸表現の多くは、近世期におい
て発達したものである（青木博史 2013 参照）。

ベシ（→ウズ）　　　　→カモシレナイ・ニチガイナイ・ハズダ

ム（→ウ）　　　　　　→ダロウ

連体ナリ　　　　　　　→ノダ

メリ・終止ナリ（→ゲナ・サウナ）

　　　　　　　　　　　→（ゲナ）ソウダ・ヨウダ・ラシイ（ミタイダ）

つまり、〜デハナイカは、近世期に広く発達した認識的な捉え方
を表すモダリティ形式の１つとしてあったと言える（〜デハナイカ
が中世末に発生、近世で発達する様子は 4.1 節で確認する）。

　一方、第Ⅲ類の下位分類とした（a）（b）の〜ヌカ・ナイカについ
ては、質問への解答を要求するよりも他者に行為を促すことに主
眼があるため、行為要求に関わる諸表現との関係が問われるもので
ある（6 節参照）。

　このように、否定疑問文の発達は疑問表現史に位置づけられると
ともに、認識のあり方を伝えたり、他者に行為を促したりといった、
隣接・重複領域の表現史にとともに捉えるべき問題であることを確
認しておきたい。

4. 近世上方語と江戸語における否定疑問文の用法差

4.1 否定疑問文の使用頻度の推移

　調査範囲内の否定疑問文の使用数を表 1 に示す。否定疑問文が特
定の用法において次第に多用されていく様子が、肯定疑問文の使用
状況との対比において確認される。

　表に明らかなように、疑問詞疑問文においては、第Ⅲ類を基本と
し、大きな増減傾向は認めにくい。対する肯否疑問文も、否定疑問

文は中世前期までは第Ⅲ類が中心であった。表では、（15）のような第Ⅰやの後悔して、現代語であれば第Ⅰやの後悔して、現代語であれば否定疑問文を用いるはずの例*5をカウントしているが、さほど多いわけではない。

（15）これ希代の朝恩にあらず<u>や</u>。今これらの莫大^{バクタイ}の御恩を思し

召し忘れて…

（平家・2・97）

むしろ、古代語では、現代語であれば否定疑問文を用いるはずのところで、用いていない例の方が目立つ。

（16）醜き容貌^{かたち}をも、この人に見<u>や</u>疎まれ<u>む</u>とわりなく思ひつくろひ、疎き人に見えば面伏せに<u>や</u>思は<u>む</u>と憚り恥ぢて、

（源氏・帚木1・72・6）

…醜い顔かたちも、夫の私に嫌われはすまいかと懸命に化粧をしたり、また他人に見られたら夫の恥になりはせぬかと遠慮も気兼ねもし、

この状況からすると、否定疑問文は、特定の固定的な表現方法が広く定着していたわけではない領域に、いわば「新規参入」の表現として成立したものであることが考えられる。

中世末期には変化が顕在化し、第Ⅰ類の〜デハナイカや第Ⅲ類（b）の〜ヌカ（マイカ）などが現れる*6。

表1　否定疑問文の使用状況

		肯定疑問文	否定疑問文					
			Ⅰ	Ⅱ	Ⅲ	(a)	(b)	(c)
疑問詞疑問文	中古	110			3			
	中世前期	122			4			
	末期	107			2			
	近世中期上方	197			9			
	後期上方	190			3			
	後期江戸	215			6			
肯否疑問文	中古	85	1		1			
	中世前期	67	2		5			
	末期	73	7		8		2	1
	近世中期上方	146	9	2	32	2	3	
	後期上方	192	21	5	36	2	47	4
	後期江戸	208	29	13	20	1	8	

※網掛は、注意すべき多用傾向が見える箇所に施した。

(17)何と殊勝なこと<u>ではなひか</u>、思ひの外はやうお暇を下され、

仕合の良ひもおかげじやと思ふ。　　　（虎明本・鬼瓦189・12）

(18)「身どもが頼ふだ人は大名じやが、おこしやる<u>まひか</u>。「そ

なたの頼ふだ人が、いかやうなる人じやも身どもは知らぬ。

（虎明本・鴈盗人178・7）

　近世中期には、第Ⅲ類の増加傾向が顕著になる。さらに近世後期には江戸語で第Ⅰ・Ⅱ類の～デハナイカ、上方語で（b）の～ヌカ

表2　近世期否定疑問文の用法別用例数

		I	II	III	(a)	(b)	(c)
～デハナイカ	中期上方						
	浄瑠璃	1					
	歌舞伎台帳	8	2	1			
	後期上方						
	Ⅰ洒落本	2			1		
	Ⅱ洒落本	6	2		1		
	Ⅲ洒落本	8	2				
	穴さがし	5	1				
	後期江戸						
	Ⅰ洒落本	5	3	1			
	Ⅱ洒落本	8	1				
	Ⅲ洒落本	7	1		1		
	浮世風呂	9	8	1			
～ヌカ・ナイカ	中期上方						
	浄瑠璃			18	2	1	
	台帳			13		2	
	後期上方						
	Ⅰ洒落本			10		7	
	Ⅱ洒落本			8		8	
	Ⅲ洒落本			8		2	
	穴さがし			10		30	4
	後期江戸						
	Ⅰ洒落本			3		6	
	Ⅱ洒落本			6		1	
	Ⅲ洒落本			1			
	浮世風呂			8		1	

※表中、上方語と江戸語との比較において、使用頻度が「高」の部分には網掛を付し、相対的に「低」の箇所には、枠を付している。

の増加が著しくなり、地域的な特性も明確に捉えられるようになる。

4.2　近世期否定疑問文の用法別使用状況

　近世上方語と江戸語の否定疑問文の資料別使用状況を見る。表2に、肯否疑問文にしぼり、洒落本についてはⅠ～Ⅲ期を分けて資料別に用例数を示す。

　本稿は、各時代・資料で同数の疑問文を調査する方法を取るものであった。したがって、表中の用例数は、そのまま否定疑問文を用いる頻度の高低を意味する。この数値から、～デハナイカの第Ⅰ・Ⅱ類は、近世中期、さらに後期と段階的に増加していること、また、上方語資料で少ないわけではないが、江戸語資料の方で、若干、多用する傾向があることなどが読み取れる。

　一方の～ヌカ・ナイカについては中期上方から多用傾向が見える*7。中でも（b）「提案・依頼・命令」は、～デハナイカとは異なって、上方語での多用傾向が著しい。後期江戸語の（b）用法は、「Ⅰ洒落本」では、同時期の上方語資料と同程度の使用が見えているが、「Ⅱ洒落本」（すなわち寛政年間）以降、減少し、上方語との差が顕著になることなどが注意される。

　この概括的な把握が具体的にどのような内実を伴った意味を持つものなのか、以下検討していく。

5.　否定疑問文の使用の偏りと地域言語の特性との関係

5.1　第Ⅰ・Ⅱ類～デハナイカの江戸語・上方語での用法*8

　近世期の第Ⅰ・Ⅱ類の～デハナイカは、事実としてあることや事実についての推論に用いることが多い。特にその傾向は、江戸語資料に著しい。

(19)　小娘もすさまじい。うぬは何だ。子守ぢやアねへか。おいらア是でも八百屋のお嬢さんだよ。

　　　　　　　　　　　　　（江戸滑稽本・浮世風呂・4上223）　第Ⅰ類

(20)「モシ〻、おめへ今のお話では、雪女とおつしやつたではごぜへませんか。「雪女さ。

否定疑問文の検討を通じて考える近世語文法史研究　195

（江戸滑稽本・浮世風呂4上238）第Ⅰ類

(4)「この烏賊はあをりじやあねへか。「なに真いかさ。

（江戸洒落本・総籬（再掲））第Ⅱ類

　江戸語の例では、第Ⅰ類〜デハナイカ30例中、上接語は名詞類11例、過去6例、推量5、形容詞6、動詞1、打消1であり、第Ⅱ類の13例のうち名詞類8例、過去5例である。名詞類・過去を受ける例の多さに象徴的に現れるのであるが、それらにおいては、(19)「子守である」事実、(20)「雪女と言った」事実、(4)「あおり烏賊であると認定した」ことを述べる。現実にある事実を話題とし、確認する。このように、事実に対する認定情報を一方向的に主張し、聞き手に提示する方法を、[**一方向性／主張・提示型**] と押さえてみる。

　一方の上方語では〜デハナイカの上接語は、第Ⅰ類の21例のうち、江戸語では中心的だった名詞類が4例、過去が2例とわずかであり、そこには明らかな違いが現れている。代わりに、上方語では形容詞類8例、打消2、動詞4、意志1などが多彩に用いられている。第Ⅱ類も同様で、5例のうち動詞＋ノ2例、「やう・こと」など形式名詞3例である。

(21)「ドレわたしも平_{ひら}さんさやうなら。「まあエヽじやないか。「思ひ出したやうじがござります。

（上方洒落本・色深狭睡夢・上27・309）第Ⅰ類

(5)「（略）しかし悪い思ひ付きじや。歌妓が聞たらやかましからふ。又をれまで困らすのじやないかへ。「ナンノマア細工は流_{りう}〜仕上げを御らうし。

（上方洒落本・南遊記（再掲））第Ⅱ類

　江戸語に典型的だった、事実についての確認は頻度としては低い代わりに、(21)事態に対する評価、(5)現実にない想定事態について話題とする例などが目立つ。話者がどう評価・認識するかを説明し、それが聞き手にも共有され得るかどうかを打診して確認することに特徴が見える。こういった表現例に見出される特性を [**共有指向性／説明・打診型**] と捉える。

5.2 第Ⅲ類の江戸語・上方語での用法

　第Ⅲ類は第Ⅰ・Ⅱ類と異なり、基本的には事態に不確定要素を含む命題について、その解決を図ろうとするものである。命題構成の方法に着目してみると、［直截的］［紆曲的］の２つ特徴を持つものに大別することができる。

○ **［直截的］** 方法：第Ⅲ類のうちでも、情意的に中立に、事態を否定辞込みの命題形式で捉え、言語化するものである。この特徴を持つ例は、おおよそ江戸語で10例、上方語でも11例とほぼ同頻度で見出すことができる。

　(22)「能加減にさつし。「そんならもう聴ねへか　　聴ずばよさう。

（江戸滑稽本・浮世風呂4上239）

　(23)「(略) 船場といふ処は遠い所で御座りますかへ。「イヽヤ格別遠い事はないが、お前はまだ知らぬか。「ハイ〜

（上方洒落本・南遊記4・18・191）

相手の、もう聴こうとしないそぶり（例22）や、知識がない様子（例23）などを見て、それぞれ否定辞を含んで命題化して、その真偽を問う。否定辞本来の機能が何の加工もされずに用いられる方法である。

○ **［紆曲的］** 方法：第Ⅲ類のうち、否定事態が、話者の見込み、情意に基づいて設定されるものである。話者が肯定・否定のどちらかに傾いた答えを予想していることを、否定事態で問いかけることによって表す。

　(24) ちよつとあひたいものじやが、あはれんか。

（上方洒落本・色深狭睡夢・上27・309）

　(8)「この砂糖は糠でもまぜやアしねへか。「本太白でござります。

（江戸滑稽本・浮世風呂（再掲））

　(25) おきよ、誰も見ていやせぬかエ。

（上方滑稽本・穴探し・初2・438）

話者は、(24)「会うことができる」、(8)「糠を混ぜた」という事態が成立することを期待し、(25)「誰かが見ている」事態が成立しないことを期待している。そういった、「ある種の判断に傾いた捉え方・提案」でいいかどうか（その命題が真かどうか）が不確定

であることを、否定形を組み込んで命題の構成を行い、問う。肯定形をもって（24）「会えるか」、（8）「混ぜたのか」、（25）「誰か見ているか」と直截に命題を構成して問うことも可能であるところ、あえて否定形を用いて設定するものである。その方法は、［直截的］に対して［紆曲的］と捉えられよう。この方法による例が上方語資料に 25 例と高頻度で見出され、江戸語資料には 8 例と上方に比べると少ない。

　その中には、次のように、当然否定されるべき内容をあえて設定する方法を取る、さらに加工性を高めたものも含まれる。

（26）ぐずるとはなんのこつぢゃい。此金に戎三郎と書いてあるが。おのれが眼にや読めんか。へげたれめ。
　　　　　　　　　　　　　　（上方洒落本・色深狭睡夢・下 27・328）

（27）おまはん、今夜はどふしたものじゃいなア。気でも違やしませんか。　　　　　（上方洒落本・色深狭睡夢・上 27・311）

話者は承服しがたい事態に直面しており、その状況を生じさせる聞き手の過誤をあえて設定する。（26）で言えば相手が「誤った行動をするのは、つまり、字が読めないから」、（27）では「解せない行動をするのは、気が違っているから」とする。その否定されるべきことがらについて真偽を問うて、「偽」と解答内容を想起させることによって、非難の情意を伝える方法である。

　あえて現実と食い違う事態を加工して切り出す方法は、非難のみならずさまざまな情意とともに用いられる。

（28）チト商売をはじめなさらんかゲイシナ〜　「大きにお世話さん。今始めやうと。「思ふて居やせんのか。アゝごめんごめん、アいたタタゝゝ　　　（上方滑稽本・穴探し 3–5・474）

相手の肯定命題で終わるはずの会話部分を否定命題に変えて問う。相手の発言を茶化す意味あいが生じる。（26）〜（28）のように特に加工性が際立つ例は、上方語資料には目立つ一方で（8 例ほど該当）、この調査範囲の江戸語資料には見出すことができない。

　これら［紆曲的］な方法に共通するのが、話者が「ある種の判断に傾いた捉え方」をした上で「提案」という言語行為を行っていることである。解答の真偽を話者がどう想定しているかが明確な命題

を、相手に共有されるものかをあえて打診する形を取りながら、その解答の傾きと一体となって話者の情意を伝える仕組みである。そこでは、話者の判断が共有できるかを説明・打診する姿勢が下敷きとなる（［共有指向性／説明・打診型］）。

ところで、便宜的に、先に分出していた〜ヌカ・ナイカによる用法（a）〜（c）の表現も、［紆曲的］方法そのものである。中でも（a）「勧誘」、（b）「提案・依頼・命令」は、聞き手に話者の意図が共有されるかどうか打診する形を取りながら行為を要求する、典型的な［共有指向性／説明・打診型］の表現である。

(29) もふ一つあがりませんか。ゑんさんお茶漬けわへ。
　　　　　　　　　　　　　　　（江戸洒落本・総籬 2・17・49）
(30)「ちつとあそんでいかねへか。「しかられんすよ。
　　　　　　　　　　　　　　　（江戸洒落本・総籬 2・17・50）
(31)「申〳〵モウおしづまりなさらんか。「イヤまだ〳〵酒がたらぬ。　　　　　　　　　　　（上方洒落本・睟のすじ書 16・130）
(32)「そんなら常吉とん、はよいて来て見せてもらをか。サアはやう歩きんか。「こんなことなら輪廻してきたらよかつたのに。　　　　　　　　　　　　　（上方滑稽本・穴探し・初 6・443）

これらも含めると、第Ⅲ類否定疑問文について見てきた各用法は、図2のように、大きく各要素の相互の関連を捉えることができそうである。

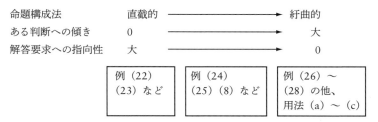

図2　第Ⅲ類否定疑問文の用法

図に示すように、加工性が高まる物言いは、解答要求への指向性は相対的に弱く、典型的な「問い」からは離れていく。第Ⅲ類の観

察から、江戸語には図中の左寄りの直截的方法を取るものが多く、一方の上方語はその表現方法を江戸語と同頻度で用いることに加えて、右寄りの紆曲的方法による表現も多用している違いがあった。特に、(b)の用法例は、江戸語で低頻度（正確には上方同様の頻度→低頻度へ）、上方語では高頻度という大きな相違が見られたのであった。そして、これらの紆曲的な方法は［共有指向性／説明・打診型］の表現を構成し、上方語の特徴を形作るものだったということである。

6. 上方多用型・江戸多用型の表現の指向性

6.1 各種表現の東西差と表現指向との関係

ここまで見てきたように、否定疑問文の用法を精査することによって、上方語と江戸語では、それぞれで好む表現方法に相違があることが見えてきた。これらが何を意味するのかを考えるために、否定疑問文の用法に関連性のある認識のあり方や行為要求に関わる表現のうちで、同様に上方語と江戸語の使用傾向差を示すものに注目してみる。表3に、先行研究等ですでに明らかにされている成果を引く。

表3　各種表現の使用傾向に見る東西差

	上方多用型の形式	江戸多用型の形式
否定疑問文 第Ⅰ・Ⅱ類	～デハナイカ・～トチガウカ 評価認識の共有 （まあ、ええじゃないか）	～デハナイカ 既定事実の確認 （子守じゃないか）
否定疑問文 第Ⅲ類※	～ヌカ・～テンカ 紆曲的（早う歩きんか）	
行為要求表現		命令形命令（歩け） ★歩けばいい・ 歩いたらどう…
	歩かんならん	歩いてはいけない
談話標識	それなら・そうしたら （ホナ・ホタラ）	それだから
	［共有指向性／説明・打診型］	［一方向性／主張・提示型］

※否定疑問文第Ⅲ類で江戸語に「直截的」方法に偏る傾向があるが、同方法による表現は上方語でも同程度に用いるのでここの記載対象としない。

200　矢島正浩

以下、前節まで見てきた上方語・江戸語の表現指向と、これらの偏りとの関係を整理してみる。

A. 表中の┊┄┄┄┄┊部分：森勇太（2013・2014）の研究成果を参照*9。

江戸語に、命令形による命令表現が多用されるという傾向がある*10。命令形命令は、一方向性を持った主張・提示型の行為指示表現である。この方法による表現が、上方語に比べて江戸語で活発であるということである。

(33) いい〰、待て居ろ。いま、おれが連れてつて、あの親めらに謝らしてくれう。　　　　　　　　　　（浮世風呂・2下118）

B. 表中の▨▨▨▨▨の部分：矢島正浩（2013）を参照。

行為要求の表現が発動する前提となる認識が当為表現である。状況や事態に対して「こうあるべきだ」と判断したことをもって、それぞれの行為指示表現が生まれる。そのうちの肯定的な当為表現（例34）は上方語で多用され、否定的な当為表現（例35）は江戸語の方で活発に用いられる。

(34) a.　金払ふて男立てねばならぬ。　　　（近松・女殺12・187・12）

　　 b.　（梅の母→久米之介）お梅は男定まれば思ひきらねばならぬぞや。　　　　　　　　　　（近松・心中万年草（再掲））

(35) a.　なんでも人は奢ってはゆかぬネ。　　（浮世風呂・前上・27）

　　 b.　コレサ卒公、爰へ来てまで、そうふざけてハいけねへ、もふまじめでやらツシナ。　　（江戸滑稽本・八笑人（再掲））

上方語に多い〜ネバナラヌは、事態がどう捉えられるか、一般に共有される判断基準に照らしたときに得られる見解・評価である。(34a) のように状況事態について認識を表すことを基本としつつ、さらにその内容が聞き手の動作に関係がある場合に、(34b) のように聞き手への行為指示の意味あいが生まれる。「思い切らない場合はコトがならない」と状況を説明的に示しつつ、聞き手に同一認識の共有をはかることで結果的に特定の動作を促す方法である。

江戸語に顕著な〜テハイケナイも、本義は (35a) に示す如く、一般的な認識に照らした評価・判断である。ただ、(35b) のごとく、聞き手の動作に向いた場合、現在聞き手が行っている特定動作

「ふざける」を継続することを禁じる。つまり、具体的・個別動作についての指示を一方向的に行う方法である*11。両表現の不均衡な使用状況は、上方語が［共有指向性／説明・打診型］、江戸語が［一方向性／主張・提示型］の表現指向をそれぞれ背景とすることによって生じていると理解されるのである。

　こういった表現指向の差は、他者との関係を作る表現において、広く見出せる可能性がある。例えば、談話標識の用い方でも同様であって、矢島正浩（2013）において、上方語にはソレナラ・ソシタラ類を多用する傾向があり、江戸語ではソレダカラを早い段階から高頻度で用いる様子があることを指摘した。

(36)「サア〳〵モウよい泣きやんなおれが悪い誤りじゃ。堪忍しや。「そんならモウ此後はトント悪性（あくしやう）なことをばしておくれなへ。　　　　　　　　　　　　　　（上方洒落本・南遊記1・18・176）

(37)「いらざるお世話だ構やアがんな目腐めヱ。「ホンニ〳〵あきれた子だのう。それだから男の子になぶられらア。あくたれあまとはおめへの事だ。　　　（江戸滑稽本・浮世風呂2上112）

(36)のような上方多用型のソレナラ・ソシタラ類は、まず相手の状況について「それ・そう」であると新規に情報を獲得しつつあることを言語化する方法であり、それによって状況を詳しく説明し、やり取りを展開する（［共有指向性／説明・打診型］）。それに対し、(37)のような江戸多用型のソレダカラは、話者の状況理解は確定済みであり、聞き手に反論の余地を与えずに話者の主張を提示する方法と言える（［一方向性／主張・提示型］）。

　ちなみに、現代語を対象とする久木田恵（1990）が、「関西方言」はソレデ・ソシテを多用し、「状況を詳しく説明し、「聞かせる」展開」をする傾向があることを見出し、「客観説明累加型」と捉えている。一方、「東京方言」はダカラ・ホラ・ネッを多用することを明らかにした上で、「聞き手に反論の余地を与えず、強引に話者の主張を押し付け、聞き手を納得させていく」特徴があることを指摘し、「主観直情型」とした。近世期に確認される両地域語の特性が、そのまま現代語にまで連なっているということである。これらが、時代を超えて地域に根付く表現指向としてあるものである

ことを示していよう。

C．表中の★部分：〜バイイ・タラドウ類による勧め表現について。

　〜バイイ・タラドウ類も、〜ネバナラナヌ・テハイケナイと同様に当為判断に基づく表現である。本稿で問題とした〜ヌカ・ナイカによる（b）「提案・依頼・命令」と、直接的に重なる用法を持つ表現でもある＊12。

(38)（手拭が）醤油でひどく煮しめた様だといふことよ。（略）いつ買たかしられねへが、ちつと洗濯でもすればいい。」「大きにお世話。　　　　　　　（江戸滑稽本・八笑人2上69)

(39)エ、何をぐだらねへ事を、ぐづ〳〵いがみあふのだ。それよりマア斯うしたらどふだろう。せつかく卒公も一生の智慧を出して趣向をつけて、押出さねへでもくやしからう。
　　　　　　　　　　　　　　　　（江戸滑稽本・八笑人3下147)

　表4に近世後期の上方語・江戸語資料中の〜バイイ・テハドウ類による勧め用法＊13 例を示した（本調査に限り資料は矢島正浩2013に用いたものと同様）。

表4　条件形を用いた勧め表現の東西差

〈上方語〉	文（全例）	仮定的条件	〜バイイ・テハドウ類 勧め	〜バイイ・テハドウ類 許容	「勧め」占有率
洒落本					
月花余情	9			2	0%
新月花余情	7				0%
聖遊廓	12			1	0%
陽台遺編・秘言	36			1	0%
郭中奇譚	40				0%
短華蘂葉	17				0%
睟のすじ書	14			1	0%
十界和尚話	27			1	0%
色深狭睡夢	51			3	0%
当世粋の曙	22			1	0%
南遊記	108		1	7	1%
北川蜆殻	39			1	0%
滑稽本					
穴さがし心の内そと	173		6	9	3%
諺臍の宿替	724		4	18	1%
臍の宿替	123				0%

〈江戸語〉	文（全例）	仮定的条件	〜バイイ・テハドウ類 勧め	〜バイイ・テハドウ類 許容	「勧め」占有率
噺本					
鹿の子餅	32		1		3%
聞上手	32			1	0%
鯛の味噌津	14				0%
無事志有意	63		1	3	2%
洒落本					
遊子方言	42		1	3	2%
辰巳之園	35		1	1	3%
通言総籬	47		1	3	2%
傾城買四十八手	67		2	2	3%
傾城買二筋道	60		2		3%
滑稽本					
浮世風呂	550		10	11	2%
八笑人	649		16	30	2%
人情本					
春色梅児誉美	293		1	8	0%

否定疑問文の検討を通じて考える近世語文法史研究　　203

上方語では幕末以降成立の資料に至るまで使用が見出せないのに対し、江戸語資料では18世紀後半（明和・安永期）から継続的に使用が確認される。つまり、江戸語で先行して成立、発達する表現方法と言える。～バイイ・タラドウ類による行為要求の特徴は、一般的な認識に照らした評価的判断を提示することにある。命令形命令に比べて、一般的評価に託す物言いである分、直接性は緩和される。その意味での間接性は確保される一方で、聞き手に対して(38)「洗濯をすること」、(39)「こうすること」というそれぞれ特定の動作を、一方向性をもって勧めるものである。同じ当為判断に基づく～ネバナラヌの状況説明→認識の共有→行為要求に見た紆曲性とは大きく異なった主張態度が見える。このような［一方向性／主張・提示型］の性質を持った表現が、上方語で未発達で、江戸語の方で多用する状況があるのである。ここまで捉えてきた両言語の表現指向性と、まさに符合するものである。

　以上、行為要求表現を中心とする聞き手への働きかけを含む表現、並びにその表現発動の前提となる当為表現を取り上げ、そのうち、上方で多用される表現には［共有指向性／説明・打診型］、江戸で多用される表現には［一方向性／主張・提示型］の特徴が認められることを見た。各資料に用いられるそれぞれの言語形式の用法、さらには使用頻度などは、言語文化を育む人々の思考様式、発想の傾向に裏付けられたコミュニケーションの指向性のもとに生じたものであることが見えてくる。

6.2　上方多用型の表現が化政期以降の江戸語で起こす変化について

　4.2節の表2で確認したとおり、第Ⅲ類（b）用法の～ヌカ・ナイカは、後期江戸語においてもⅠ洒落本（寛政年間）までは多用しており、その後、その傾向は失われるものであった。これは、上方多用型の表現に共通する推移のあり方でもある。先に、当為表現や接続詞的表現について、上方語・江戸語に使用傾向差があることを取り上げた。そのうち、上方で多用された肯定的当為表現～ネバナラヌ類、接続詞的表現ソレナラ類が全く同様の消長傾向を示すので

ある（矢島正浩 2013 参照）。

　・肯定的当為表現：江戸語でも寛政期までは上方語と同程度の頻
　　　　　　　　　　度で〜ネバナラヌを用いるが、化政期以降は
　　　　　　　　　　漸減＊14。
　・接続詞的表現：江戸語で寛政期までは上方語と同様にソレナラ
　　　　　　　　　を多用するが、化政期以降は激減し、代わりに
　　　　　　　　　ソレデハを用いるようになる＊15。

　これらに共通する寛政期を境とした増減傾向については、一般的
には、江戸独自の言語文化の発達・完成との関係から説明が与えら
れよう。例えば、小松寿雄（1985）は、江戸語の形成を三段階に
分けて捉える立場から、このあたりの事情について次のように説く。

　　化政期に第三次形成の頂点をおく。江戸訛りばかりでなく、安
　　永（1772）以降、いわゆる東国語的特徴が上方語的特徴を幾
　　つかの点で圧倒していくが、東国語的特徴は下層民の言葉に多
　　いので、この傾向は下層民の言葉が江戸の共通語の特色となっ
　　ていく傾向と読みかえてよい。　　　　　　（小松寿雄 1985：6）

つまり、寛政期ころまでの江戸の言語文化は、上方語などの影響を
大きく受けながら形成されていたものであったが、化政期以降は、
「下層民の言葉」が江戸語の性格を特色付けるものとして顕在化し
ていくということである。

　江戸の言語に起きた状況の把握として、まずはそのとおりであっ
たと理解してみる。ただ、この解釈は、他でもなく第Ⅲ類用法
（b）、あるいは〜ネバナラヌ類やソレナラ類が、江戸語で用いられ
なくなっていく事情、逆に、〜テハイケナイ類やソレダカラという
表現であれば隆盛し得た事情までを説明するものではない。では、
「下層民」によって特徴付けられる「江戸の共通語」において第Ⅲ
類（b）、〜ネバナラヌ類、ソレナラ類が一定以上は受け入れられ
ず、〜テハイケナイやソレダカラが好んで用いられたのはなぜなの
か。本稿は、上方多用型の表現に［共有指向性／説明・打診型］の
特徴があり、江戸多用型の表現には［一方向性／主張・提示型］の
特徴があったと捉えてきた。そしてそのことこそが、その理由を説
明するものと考える。つまり、第Ⅲ類（b）の〜ヌカ・ナイカなど

の上方で育まれた表現方法は、江戸語形成の過程で持ち込まれはしたものの、江戸の地で育った人々には馴染まない指向性を持つ表現であったのではないか。そうであるからこそ、「下層民の言葉」としては上方語ほどの頻度で用いられるものではなく、その人々による言語が顕在化する段階では、使用頻度が格段に下がる事態が生じていたのであろうということである＊16。

7. おわりに

　古代語に比べて近世語では否定疑問文が大きく増加していた。それはつまり、大きくは、認識的な捉え方や当為判断などを経た表現を他者にどのように提示するのかという表現の、同時期における発達史そのものを反映するものであった。そしてその否定疑問文、さらにはそれと関連のある諸表現の発達の様子を観察することにより、上方語・江戸語のそれぞれには、地域差で捉えるべき相違があることを考えてみた。すなわち、上方語の［共有指向性／説明・打診型］、江戸語の［一方向性／主張・提示型］の表現指向である。これは言い換えれば、言語使用については、言語文化を育む人々の思考様式、発想の傾向に裏付けられたコミュニケーションの指向性から説明されるべき面があるということである。

　そのようにおおまかに表現指向性の違いを捉えることによって、上方語と江戸語において、次の項目について発達に差が生じることが説明された。

　　　上方語：〜デハナイカ第Ⅰ・Ⅱ類（認識評価の共有）、〜ヌカ・
　　　　　　　ナイカ「提案・依頼・命令」、〜ネバナラヌ類、ソレナ
　　　　　　　ラ類

　　　江戸語：〜デハナイカ第Ⅰ・Ⅱ類（既定事実の確認）、〜テハイ
　　　　　　　ケナイ類、〜タライイ・テハドウ類、命令形命令、ソレ
　　　　　　　ダカラ類

上記のように両言語を捉えることは、以下の把握に連なることも意味した。

　　ⅰ）化政期の江戸語において、なぜ上方語的要素のうちで退潮

傾向を示すものがあるのか、その一部に対して説明を与える。すなわち、上方語の表現指向性の下で育まれた表現が江戸の地に移植されても、江戸語の指向性に馴染まないものである場合、一般化・定着には至らないということである。

ⅱ）口語的な資料の観察から得た情報には、地域言語としての特性が反映した面が含まれている。特に資料の豊富な上方語・江戸語については、それぞれに通底する表現指向性を見出すことが可能であり、それを認識することによって両言語にそれぞれ偏在する表現の存在を浮き彫りにすることができる。また、それを指摘することによって、地域固有の特性を反映した部分と、汎地域的特性を反映した部分との弁別が可能になる。

ⅰ）は、つまり、同じく寛政期までの江戸語に持ち込まれた上方語的要素のうち、定着するものと否との違いに対して説明を与えることができるということである。江戸語の形成に関与する要素を整理していく上で、新たな視点の提供につながるものだと考える。またⅱ）は、言語の自立性を重視し、言語構造の記述に徹する文法史の立場に対して、その情報が使用可能なものであるか否かの選別に寄与していく可能性があるということである。

ⅱ）について、具体的な事例で確認してみる。次のモノカによる反語表現は、一般的な認識を背景とする方法としての形を取った、典型的な［一方向性／主張・提示型］の表現である。

（40）何事でも亭主にくつてかかつて済むものか。勿体ねへことをしらねへ。　　　　　　　　　　　（江戸滑稽本・浮世風呂2上115）

このモノカを文末に取る肯否疑問文は、本調査の範囲においては、近世中期上方語で8例、近世後期上方語で7例、近世後期江戸語で26例であった。同じ近世後期で比較すると、使用頻度は明らかに「江戸語＞上方語」である。このことは、本稿で見てきた上方語・江戸語の表現指向性と、さらにモノカによる反語表現の方法特性とを照らせば、当然の結果と言える。しかし、「中央語」の歴史として単純に中期上方→後期江戸と接続して捉える立場においては、「近世中期から後期にかけて反語モノカの使用が急増した」という

把握が生まれてしまう。この種の［一方向性／主張・提示型］の表現は江戸の地でこそ馴染み、その状況が多用傾向となって現れているに過ぎず、歴史的な変化が現れているわけではない。現に上方では、中期と後期との間で取り立てて増減と捉えられるような推移の傾向は認められないのである。

　このように、近世の中期までを上方語から、後期以降を江戸語から取材して得た情報をただ切り出して並べても歴史にはならないという、これまでも自明とされてきた認識の重要性を、ここで再確認することができよう。そして地域性を超えた歴史記述を適切に行っていくためにも、本稿で試みた「指標」を得る作業は、さらに継続されるべきものと考える。

　ところで、本稿の指摘は、当然、上方では［共有指向性／説明・打診型］、江戸では［一方向性／主張・提示型］の表現がなぜ好まれるのかという問いとともに考えられなければならない。そもそも本稿は、否定疑問文を中心とした極めて限られた範囲の表現について取り上げた試論に過ぎない。この指向性がどの範囲の言語行為を捉えていくのに有効なのかという視点からの検討も必要である。それらとともに、そこで明らかとなる両地域の言語文化のありようがなぜ生まれ、育まれたのか、社会史的考察を広く行いながら、それらによる知見と一体となった文法史研究の構築が、今後、求められていくものと考える＊17。

＊1　直接疑問文は、主節末を構成する疑問文である。それに対して、次のような間接疑問文などは、文の構成要素に格下げされ、ここで見ようとする話者の判断や聞き手への態度を観察することができない。
　　例、「コレもふよそは行燈ひいてじやあつたか見や」
　　　　　　　　　　　　　　　　　　　　　　（上方洒落本・色深狭睡夢・中312）
近世には間接疑問文の発達が認められ、近世語の特徴を問う上で有効な面もあるが、ここでは議論を分ける方針としたい。
＊2　第Ⅰ・Ⅱ類は〜デハナイカの用法区分に用いるが、〜ヌカ・ナイカの中にも〜デハナイカの用法と重なりを示す例がある（例えば本文中の例（8）は第

208　　矢島正浩

Ⅱ類と類似）。ただ、現代語を考察対象とした張雅智（2009）等には、〜デハナイカと類似性のある〜ヌカ・ナイカとの間には根源的な相違があることも明らかにされており、分けて扱う。

＊3　（a）〜（c）は、疑問文本来の機能が稀薄化している点でも、また近世語で大きな変化を示す点でも注目すべきものである。森勇太（2014）など先行研究によってこれまで注視されてきた領域でもある。本稿もそれらにならい、便宜的に、一旦、この分類を立てて検討を進め、5.2節で全体像を捉え直す方針を取る。

＊4　永田里美（2000）は中世末期の〜マイカによる勧誘が近世後期までに衰退し、〜ヌカ・ナイカの他、〜ウデハナイカなどの分析的表現に交替することを明らかにしている。

＊5　永田里美（2001）に中古和文資料中の第Ⅰ・Ⅱ類タイプの否定疑問文について調査があり、文中ヤ、文末ヤと否定辞ズ・マジ・ザラム・ジ類との組み合わせによる非固定的な形式によってⅠ・Ⅱ類タイプに対応する例が見出せることを指摘する。ただし、Ⅰは「当該命題に対する話し手の捉え方」が「真である」場合、Ⅱも「必然的に真である」場合に限られ、Ⅱに「可能性として真である」用法例（例「どうも明日は雨が降るんじゃないか。」）は見られないとする。山口堯二（1984）も、否定疑問形を用いた第Ⅰ・Ⅱ類に該当する表現については、「どの程度標準的な言い方であったかは一考を要する」としており、表現として広く行われていなかった可能性を指摘している。

＊6　永田里美（2002）は虎明本狂言全体で〜ヌカ（マイカではない）による用法（b）は2例のみとする。〜マイカに比べて劣勢なのは、〜ヌカが「〜していないか」のアスペクト的意味を担っていたことと関わるとしている。

＊7　ちなみに（a）「勧誘」は用例数が少ないのであるが、近世中期上方語の〜マイカから、近世後期江戸語では〜ヌカ・ナイカではなく〜ウデハナイカへと交替することが表4から読み取れる（注4参照）。近世後期以降、否定疑問文による「勧誘」表現自体が不活発である理由については、他の類似表現（〜ショウ、〜ショウカなど）とも合せて検討する必要があろう。

＊8　以下の分析において、〜デハナイカは町人男性に多用され、第Ⅲ類（b）〜ヌカ・ナイカは女性（特に上方女郎）に多いなど、話者の階層・属性を論点に盛り込むことも可能である。ただし調査量が少ないため意味のある違いなのか、直ちに論じにくいところが残る。以下で述べる地域差の下で生じる偏差でもあるので、今後の課題として指摘するにとどめ、ここでは論点としない。

＊9　森勇太（2013）により、命令表現においては、命令形命令のほかに、"第三の命令形"として上方の連用形命令、江戸の連用形＋ナ命令というそれぞれ明確な使用傾向が近世後期には認められることが明らかにされている。ただ、この両形式に関しては、表現指向の相違については直ちに問えるものではないので、ここでの記載対象とはしない。

＊10　森勇太（2014）は江戸語における命令形命令の多寡を直接論ずるものではないが、行為指示表現を調査される中で、表2に上方・関西方言資料、表3に江戸・東京方言資料の、命令形類、否定疑問形による用例数を示している。そのうちの近世期資料（滑稽本、洒落本等）の［命令形命令：（連用形命令／ナ形命令）：否定疑問形］の調査結果は、上方語資料は［62：70：22］、江戸語

資料は［134：96：33で］ある（否定疑問形は用法別に細分化されるがここでは合計値を算出。江戸語資料に否定疑問文が一定数あるのは同論の調査対象資料のうち洒落本が寛政年間までのものを用いていることを反映すると見る）。江戸語の命令形命令の多さが確認される（近現代の調査結果にはさらにそれが顕著に現れ、関西方言資料が［225：156：72］、東京方言資料は［446：81：18］である）。

＊11　～テモラウマイは～テハイケナイ類と同じ禁止を表す表現であるが、上方語のみに用いられる（例、「大事の越中うらじやそら涙でぬらしてもらふまい」（うかれ④８九七）寺島浩子1978）。相手の行動を直接指示するのではなく、話者に影響が及ぶこととしてある事態が成立しないことを説くことによって認識の共有を図り、結果として相手の行動への影響を期す方法である。この紆曲的な方法による形式などにも［共有指向性／説明・打診型］の性質が顕著であり、上方語で多用されることが同様に説明されよう。

＊12　森勇太（2015）では、～バイイ・タラドウの他、「～したら。」のような条件言いさし形の用法も調査され、特に近代東京語以降、命令形命令等の待遇価値の下落と対応しながら条件言いさし形が成立、発達することを明らかにしている。本稿はその状況に加えて、この条件言いさし形が一般化する前提として、特に江戸語において、～バイイ・タラドウ類を多用する下地があったことを強調してよいと考えるものである。なお森は、近代関西語に比して東京語でこの種の言い方が多用される理由を、中央語たる東京で、より「間接的な行為指示表現が求められた」ことに求める。本表現の間接性については本稿も異論がないものであり、なお付け加えて、本表現の命題構成上、またその提出のしかた上の特徴として関西の言語と比べた場合の［一方向性／主張・提示型］性を指摘するものである。

＊13　同じ～バイイの例でも「早く来ればいいものを」のような対人性のない当為判断や願望・後悔・不満などを表すものは「許容」として一括した。これらは、ここで問題とする行為要求の言語行為には関与しないので区別して考える。

＊14　矢島正浩（2013:357）の表2は、寛政期までの資料を用いた江戸噺本・洒落本では上方語に準じて～ネバナラヌ類を用い、化政期以降の滑稽本・人情本では使用を減らす調査結果にあることを示している。近代以降、その差は大きくなる。

＊15　矢島正浩（2013:267-8）に示すように、接続詞的表現ソレナラとソレデハには相互で交換可能な［重複領域］と交換不能なそれぞれの［固有領域］がある。［固有領域］の用法とは、ソレナラは先行する相手の会話を受けて肯定的に話題展開する例であり、ソレデハは逆に先行する相手の会話を受け入れられないと主張する例である。

　　　　例、●俄へでも行たらう。番頭「へ丶丶丶丶夫なら能けれども
　　　　　　　　　　　　　　　　　　　　　　　　　　（浮世風呂・前・上18）
　　　　例、亀「夫ならの、あのの、幸さんに踏まれて居ながらの、ギツクリときめねへ。幸「私はいや。夫じやア私が男之助よりは鼠の方が強くなるものを。　　　　　　　　　　　　　　　　　　　　　（浮世風呂・前・下41）
そのソレナラの特質は［共有指向性／説明・打診型］の談話展開で、ソレデハのそ

れは［一方向性／主張・提示型］の談話展開でそれぞれ馴染むということである。

＊16　このことに関わって、森勇太（2014）は、「近世後期の江戸方言資料」で、第Ⅲ類（b）に当たる否定疑問形の用例を一定程度用いたものが近・現代に向けて用いられなくなっていくことを観察している。本稿では寛政年間以降の江戸語において、（b）の用法が退潮傾向にあったことを重視する議論を行ったが、森の指摘により、巨視的に見れば近代の前期あたりまでは一定の使用があったと見るべきものであることが知られる。なお森は「文献に見られる否定疑問形は江戸の市井のことばに由来するものではなく」、「上方由来の規範言語」として、すなわち「近世スタンダード（近世標準語）の一要素として用いられたものが文献に反映したもの」と考えている。本稿は上方・江戸それぞれの表現指向差を重んじ、すでに近世の化政期に江戸語の固有性が顕在化する部分を強調して捉える点で立場をやや異にするところもあるが、状況捕捉に関しては重複するところが多いものと考えている。

＊17　すでに小林隆・澤村美幸（2014）によって、言語の地域差が生じる社会的要因について示唆に富む検討がなされている。小林・澤村は、日本全体を対象として「ものの言い方」の地域差を明らかにし、「ものの言い方に関する志向や好み」を「言語的発想法」と名付け、大きく7つの観点で整理する。その上で、いずれの言語的発想法においても、「近畿は発達が著しく、東北は未発達の状態にある」とし、それらが生まれる背景として「言語環境」、さらにはそれを形作る「社会環境」が関わるとする。「社会環境」を「人口の集中」や「経済活動・交通の発達」さらには「社会組織」など多岐にわたる観点から特徴づけ、その社会環境が言語形成に与える影響を検討している。他にも都市における文化の享受、識字率の高さなどさまざまなことがらが方言形成に関与する可能性を指摘しており、きわめて興味深い。同論で指摘されることを指針として、さらに議論が重ねられていく必要があると考える。

資料及び使用テキスト

（※ゴシック体は引用の際の表示法を示す）
・中古資料：「**源氏物語**」新編日本古典文学全集（小学館）
・中世前期資料：「**平家物語**」新日本古典文学大系（岩波書店）
・中世末期資料：**虎明本**狂言（大塚光信編『大蔵虎明能狂言集翻刻註解』清文堂、冒頭〜100例程度を脇狂言類、100例程度を大名狂言類）
・近世中期上方資料：歌舞伎**台帳**「心中鬼門角」宝永7（1710）年初演『歌舞伎台帳集成』1（勉誠社）・**近松浄瑠璃**「堀川波鼓」宝永4（1707）年／「冥途の飛脚」正徳元（1711）年（46例）／「心中天の網島」享保5（1720）年『近松全集』使用（岩波書店刊）
・近世後期上方資料：**洒落本**（I. 1790・II. 1800・III. 1830各年頃刊行資料より100例ずつ。以下「巻」は洒落本大成（中央公論社））I.「短華蘂葉」1786（天明6）年（74例）13巻・「睟のすじ書」1794（寛政6）年（26例）16巻／II.「南遊記」1800（寛政12）年18巻／III.「色深狹睡夢」1826（文政9）年（85例）・北川蜆殻1827（文政）10年（15例）いずれも27巻／**滑稽本**

「穴さがし心の内そと」幕末〜明治頃『近代語研究』4（武蔵野書院）
・近世後期江戸語：**洒落本**（I. 1790・II. 1800・III. 1830 各年頃刊行資料より
100 例ずつ）I.「通言総籬」1787（天明 7）年 17 巻／II. 契情買言告鳥 1800
（寛政 12）年 18 巻（66 例）・同後篇「言告鳥二篇廓之桜」1801（寛政 13）
年刊（34 例）／III.「青楼色唐紙」1828（文政 11）年（97 例）・「青楼奇談初
夢草紙」1828（文政 11）年（3 例）いずれも 28 巻／**滑稽本**「浮世風呂」
1809〜1813（文化 6〜10）年、新日本古典文学大系（岩波書店）2 編・4 編
（各 100 計 200 例）

参考文献

青木博史（2013）「文法史」木田章義編『国語史を学ぶ人のために』pp.141–
　　183. 世界思想社
久木田恵（1990）「東京方言の談話展開の方法」『国語学』162: pp.1–11. 国語
　　学会
小林隆・澤村美幸（2014）『ものの言いかた西東』岩波書店
小松寿雄（1985）『江戸時代の国語　江戸語―その形成と階層』東京堂出版
田野村忠温（1988）「否定疑問文小考」『国語学』152: pp.16–30. 国語学会
張雅智（2009）「「〜ないか」の確認的な機能―確認要求「〜ではないか」との
　　比較を通して」『文芸研究』168: pp.1–13. 日本文芸研究会
寺島浩子（1978）「近世後期上方語の待遇表現―命令表現（勧誘・禁止表現）」
　　『日本文学・日本語 4 近世・近代』角川書店（寺島浩子 2006『明治三〇年
　　代生まれ話者による町家の京言葉』武蔵野書院に所収）
永田里美（2000）「勧誘表現「〜マイカ」の衰退―狂言台本を資料として」『筑
　　波日本語研究』5: pp.105–120. 筑波大学大学院博士課程文芸・言語研究科
　　日本語学研究室
永田里美（2001）「中古和文系資料における否定疑問文―真偽判断に関わるタ
　　イプを中心に」『国語学会 2001 年度秋季大会要旨集』pp.80–87. 国語学会
永田里美（2002）「狂言台本虎明本における否定疑問文「動詞＋ヌカ」―行為
　　要求表現という観点から」『筑波日本語研究』7: pp.82–94. 筑波大学大学院
　　博士課程文芸・言語研究科日本語学研究室
日本語記述文法研究会（2003）「認識のモダリティ」『現代日本語文法 4 第 8 部
　　モダリティ』pp.133–188. くろしお出版
三宅知宏（1994）「否定疑問文による確認要求的表現について」『現代日本語研
　　究』1: pp.15–26. 大阪大学日本語学研究室
森勇太（2013）「近世上方における連用形命令の成立―敬語から第三の命令形
　　へ」『日本語の研究』9（3）: pp.1–16. 日本語学会
森勇太（2014）「行為指示表現としての否定疑問形の歴史―上方・関西と江
　　戸・東京の対照から」『日本語文法史研究 2』pp.153–172. ひつじ書房
森勇太（2015）「条件表現を由来とする勧め表現の歴史―江戸・東京と上方・
　　関西の対照から」『近代語研究』18: pp.45–64. 武蔵野書院
矢島正浩（2013）『上方・大阪語における条件表現の史的展開』笠間書院

山口堯二（1984）「疑問表現の否定」『国語と国文学』61（7）：pp.53–66. 東京大学国語国文学会（山口堯二 2000『日本語疑問表現史』明治書院に所収）

付記　本稿は、日本語疑問文の通時的・対照言語学的研究共同研究発表会（第6回）（2015年3月15日、国立国語研究所）、及び文法史研究会研究発表会（2015年3月29日、Time Office 名駅）における口頭発表に基づくものであり、2015年5月6日に入稿した。発表の席上、発表後において多くの貴重なご意見を賜った。記して感謝申し上げる。なお、本研究は、JSPS 科研費 26370534 による研究成果の一部である。

日本語史叙述の方法
語彙史

小野正弘

1. はじめに

　本稿では、語彙史のうちの、特に「語史」の「意味変化」を、あるまとまったストーリーで説明しようとすると、どのような説明原理が必要で、それがどのように組み合わせられることで、あるまとまったストーリーを描きうるのかということについて考察することを目的とする＊1。

　日本語の歴史を、単なる事実の羅列ではなく、あるまとまったストーリーをもって描くという考えかたで語彙史を描くと、どうなるのかということについて述べるまえに、「叙述理論」の章で詳しく考察されることではあろうが、ある程度の説明原理の根本についての確認を行なっておきたい。

　まず、「単なる事実の羅列」とは、いかなることであろうか。たとえば、「家督」という語の意味変化を、次のように述べたとする。

①中世、一門、一族の首長のこと。棟梁（とうりょう）。一門の
　輩（やから）、家の子などに対する語。

②家を継ぐべき子。嫡子。惣領。あととり。家督相続人。

③武士が主君から与えられた封禄。武士の家名と結合した世封世
　禄。跡式。遺領。跡目。遺跡。

④江戸時代、庶民間で家産、遺産のこと。相続財産。財産。

⑤江戸時代、家督相続のこと。

⑥江戸時代、大名、旗本間で生前相続のこと。死後相続である遺
　跡に対する語。

⑦旧民法で、戸主の身分に伴うあらゆる権利義務。戸主の地位。

これは、『日本国語大辞典』第二版（以下「日国二版」）の「家督」という語の、意味説明（解説部分）のみを抜きだしたものである。

たとえば、①に対応する用例は、

（1）一類不_相従_之由。近日自_諸家_。依_其訴出来_。向後大
　　番以下如_此役。早可_相_従一門家督_之旨。今日重被_定_
　　之。　　　　　　　（『吾妻鏡』三十一・嘉禎二年［1236］七月二四日）

となっている*2。これは、南都（奈良）に騒動が勃発したので、在京（京都）のものならびに近国のものは、警護の任にあたるようにという仰せが下ったのに、一部それに従わないものがいるという訴えがなされたのに対し、今後は京都大番役以下の職務を一門の「家督」に従って務めるようにという旨が重ねて下命されたという文脈で用いられたものである。この「家督」の意味は、まさに〈一門の統括者〉であることが確認でき、他の意味ブランチも同様に、「用例―意味説明」という対応のかぎりでは問題ないと、まずは言える*3。

　しかし、①から⑦を通覧して、ここから意味の変化を自然に読み取れるのは、おそらく、日本史の（それも、中世・近世史の）専門家に限られるのではないかと思われる。ということで、この①〜⑦のような説明を、「単なる事実の羅列」と仮に認定する*4。

　それでは、①〜⑦に欠けている点はなにか。どうすれば、「あるまとまったストーリー」になるのか。

　まず言えることは、それぞれの意味ブランチが、相互に関連づけられたものでなければならない、ということである。たとえば、③は、このままでは唐突な感じが否めない。なぜ、①②の〈人間〉に関わるような概念が、③の〈もの〉の概念になるのか。①②と③に、関連性が認められるような述べかたが必要である。④以下も同様であり、要するに、①〜⑦の意味ブランチの説明は、意味変化（とその説明）ということが念頭に置かれていないのである。

　つぎに、関連づけとその説明に合理性があって、納得できるようなものでなければならない。たとえば、日本語の二人称（お前、きみ、貴様、あなた等）は、意味が下落する傾向がある、と説明される。「貴様」が意味下落するのも、二人称のそういった傾向に従っているのだ、と。しかし、これは、説明のようでいて説明ではなく、それこそ、単に事象を追認しただけのものにすぎない。この「説

明」は、なぜ、二人称ならば意味下落が起こるのかを述べず、また、ならば二人称は採用されたとたんに意味下落のレールに乗せられるのか、という疑問に応えることもできない。

　以上のことから、次節では、①〜⑦に関連性が見出せるような述べかたに改めたうえで、どのような説明原理が必要となるのかについて考察することにしたい。

2. テストケース「家督」

　「家督」という語は、意味変化の展開が、そう多くない項目でありながら、適度に複雑であり、テストケースとして適切であると判断される。前述の①〜⑦を、意味記述のための用語を統一するなどして、相互に関連づけ合うように整理したものが、図1である。以下、これを使用しながら、どのような説明原理が必要となるのかを考察していく。

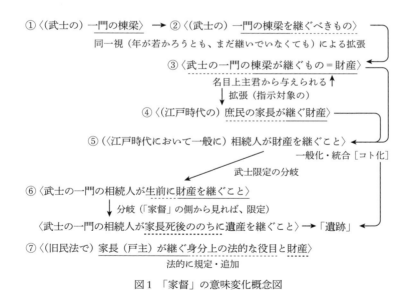

図1　「家督」の意味変化概念図

　まず、①と②を関連づけるために、①を〈(武士の) 一門の棟梁〉、②を〈(武士の) 一門の棟梁を継ぐべきもの〉というように、統一

日本語史叙述の方法　217

的に整理した。このように統一することによって、①と②の意味（変化）のつながりが明示される。

②に対応する「日国二版」の用例は

（2）十六日辛巳、富士野御狩之間、将軍家督若君始令｣射｣鹿給。

（『吾妻鏡』十三・建久四年［1193］五月一六日）

というものであり、将軍（頼朝）の「家督」である若君（頼家）が、富士野の巻狩で初めて鹿を射止めたという記事であり、この「家督」は、〈一門の棟梁を継ぐべきもの〉という意味に対応する。なお、『吾妻鏡』には、これ以外にも②で解すべき「家督若公」という例があり、たとえば、

（3）一日甲午、家督若公、渡｣御江間殿新造花亭｣、被｣献｣御馬御剣｣云々　（『吾妻鏡』十三・建久四年［1193］一〇月一日）

などがその例となる。これは、同じく家督である若公（頼家）が、江間（四郎）の新築した花亭に渡御して、馬や剣を献ぜられたという記事である。

さて、①の〈（武士の）一門の棟梁〉、②の〈（武士の）一門の棟梁を継ぐべきもの〉とを、いずれも「家督」と呼ぶということは、一門の棟梁を継ぐことが決まっていれば、その人間も「家督」と呼んで構わないということであり、ここでは、棟梁本人も、その棟梁を継ぐことが決まっているものも同じであるという認識（認定）、すなわち同等視*5 が働いている。

ところで、①の用例の年代と②の用例の年代を比較すると、①は1236年で、②は1193年である。したがって、文献上は、②のほうが早いということになる。にも拘わらず、「日国二版」が、②の意味ブランチを先にしなかったのは、〈（武士の）一門の棟梁を継ぐべきもの〉から〈（武士の）一門の棟梁〉への意味変化は、ありえないことであるということと、「家督」という語の原義が、家の「督」すなわち〈とり締まって率いる〉もの、〈軍を率いる指揮官〉であって*6、〈継ぐべきもの〉という要素は含まれないことによるものであろう。

ただし、『吾妻鏡』で「家督」という語が初めて出てくるのは、

（4）武蔵国畠山次郎重忠、且為｣報｣平氏重恩｣、且雪｣由比浦会

稽_、欲レ襲＝三浦之輩＿、仍相＿具当国党々＿、可＿来会＿之由、
触＿遣河越太郎重頼＿。是重頼於＿秩父家＿、雖レ為＿次男流＿、
相＿継続家督＿、依レ従＿彼党等＿、及＿此儀＿云々。

（『吾妻鏡』一・治承四年［1180］八月二六日）

の例であり＊7、これは、畠山次郎が三浦義明を襲撃しようと計画
して、触書を河越太郎に遣わしたところ、この河越太郎は、秩父家
において、次男の流ではあったが「家督」を相続していたため（指
揮権を有していて）、その計画に賛同したという場面であるので、
①の意味ブランチの〈（武士の）一門の棟梁〉で解しうるものであ
る。したがって、用例も、この例を挙げておけば、時期的な問題は
生じなかったであろう。

　次に、①および②から③への意味変化を考えてみよう。③の意味
記述は〈武士の一門の棟梁が継ぐもの＝財産〉というように整理す
ると、①および②における〈武士の一門の棟梁〉とのつながりがな
めらかにつくようになる。もとの③は、「武士が主君から与えられ
た封禄。武士の家名と結合した世封世禄。」であるが、これでは、
つながりがよく分からない。しかも、「日国第二版」③の意味ブラ
ンチ冒頭例となっている、

（5）　清盛家督（catocu）を受けとられてより、右に申したごと
　　　く、威勢、位も肩を並ぶる人もござなかった

（『天草版平家物語』一、1593）

の場合、家督は、文脈上、父忠盛から「受けと」った（相続した）
ものであって、「主君から与えられた」ものではない。意味ブラン
チの説明と、用例が合っていないのである。

　そもそも、中田薫（1926所収「徳川時代の家督相続法」：493–
497）によれば、中世では、家名相続（家督相続）と封禄相続（恩
給相続）とは区別されていたのであるが、近世（徳川時代）になっ
て、家名相続と封禄相続が結合し、さらに、その封禄は君主によっ
て与えられるということが、より明確化したものであるとされる。
したがって、（5）の「家督」の例は、①の意味ブランチで理解す
べきものであろう。「日国第二版」が、（5）の次に③の意味ブラ
ンチとして挙げている例は、

（6）［田沼］主殿頭儀、御先代御取立之儀に付、御先代も御宥免
御旨有ㇾ之候に付、嫡孫龍助え、為二家督一一万石被二下置一

　　　　　　　（『宝暦現来集』十七・天明七年［1787］一〇月三日）

であるが、これは、田沼意次が失脚した際の記事であり、田沼は御
先代（徳川家治）が取り立てたものであることを勘案して、嫡孫の
龍助へ家督として一万石を下し置くというものである。これは、
〈武士の一門の棟梁が継ぐもの＝財産〉と解して構わない「家督」
の例である＊8。

　さて、それでは、①および②の意味ブランチから、③の意味ブラ
ンチへの意味変化は、どのように考えたらよいだろうか。端的に言
えば、①②は〈人間〉であり、③は〈財産〉である。そして、③は、
①②の〈所有物〉あるいは〈付随物〉にあたる。この関係は、いわ
ゆる「喚喩」＊9 に類似している。たとえば、「新学期になって、通
学路を、新しい色とりどりのランドセルが通り過ぎた」のようなも
のである。ここで、「ランドセル」は、「新入学の小学生」の喚喩に
なっている。

　ところが、ここで、注意しておくべきことは、〈人間〉と〈所有
物〉という関係性で「家督」の意味変化を捉えたとして、「家督」
が〈武士の一門の棟梁が継ぐもの＝財産〉を表わすということは、
前述の「ランドセル」の例とは逆である。そのことは、

　　「家督」　　　　　　〈人間〉　→　〈財産〉
　　「ランドセル」　　　〈事物〉　→　〈人間〉

というように整理してみるとよく分かる。すなわち、「家督」とい
う身分の〈人間〉に必然的に付随する〈財産〉を同一の語で表わし
ているわけで、意味変化としてはあまり類例を見ないものなのであ
る＊10。

　これをどう説明するかと考えたとき、前述の中田薫（1926）の
捉えかたは示唆的である。すなわち、「家督」とは、中世において
は家名（地位）を表わすものであって、その財産とは切り離されて
いたのであったが、近世にいたって、幕府から与えられる名目とし
ての地位と財産が分かちがたくなったことで、「家督」は、その地
位にあるものが継承して有する財産をも意味するようになった。す

220　　小野正弘

なわち、これは、「家督」という語を用いているあいだに自然に意味が変化したものではなく、いわば、外的な影響によって意味が変化したものと言ってよい*11。

　また、この際、(6)にも見えるように、[[幕府が]家督を下し置く]のような構文のなかで用いられるようになったことも見逃しがたい。このことにより、「家督」は、〈財産〉という意味を明確に発揮しうるようになっているわけである*12。

　次に、③から④への展開を考える。これも、④の「日国第二版」は「江戸時代、庶民間で家産、遺産のこと。相続財産。財産。」であるが、〈(江戸時代の)庶民の家長が継ぐ財産〉のように書き換えると、③の〈武士の一門の棟梁が継ぐもの＝財産〉とのつながりがつく。すなわち、それまでは、〈武士〉限定であった「家督」という語が、〈庶民〉に対しても用いられるようになったわけである。これは、適用対象の拡張と言ってよい。「日国第二版」が、④の意味ブランチの例として挙げているものは、

(7)　孔門の学者は皆人々の本産あり。多くは日本の地士（じざむらい）と云がごとくにて、古風の田地の家督あり。

（熊沢蕃山『集義和書』八・一、1676頃）

である。これは、心友が『孝経』の大綱を尋ねたのに対して答えたなかの一節である。孔子の門人の学者は、日本の地侍と同じように、先祖から伝わる田地の「家督」があるというのであるから、これは、〈武士以外〉に拡張して適用された「家督」の例で間違いない。ただ、もとの「日国第二版」の意味は、「江戸時代、庶民間で家産、遺産のこと。相続財産。財産。」とあるが、厳密に言えば、これは、〈中国古代の学者（の財産）〉に関して用いた「家督」の例であって、〈江戸時代の庶民（の財産）〉に関して用いられたものではない。が、仮に、これが④の意味ブランチには当たらない例だとしても、次に掲げられている、

(8)　今時の後家立るは、其死跡（しにあと）に過分の金銀、家督ありて、欲より女の親類異見して、いまだ若盛（わかざかり）の女に、無理やりに髪をきらせ、心にもそまぬ仏の道をすゝめ、命日を吊（とぶら）はせける。

（井原西鶴『日本永代蔵』一・五、1688）

の例は、(7) とほぼ同時期の例であるので、この時期に、〈江戸時代の庶民（の財産）〉に対して用いられた「家督」の例があることは確定できる。この例は、夫が死亡して若くして後家になった女性が、十分すぎるほどのお金や「家督」があると、欲に目がくらんだ親類が、その女性に対して意見をして、むりやりに尼にさせ、遺産を乗っ取ろうとするということを述べたものであるから、「家督」は〈財産〉に相当すると見てよい。なお、この『日本永代蔵』には、ほかに、二例「家督」の例が見える。

(9) 其後、親の家督を取て、むかしにかはらず豊後の苻内に住て、万屋三弥とて名高し。万事掟を守り、三年が程は、軒端の破損も其まゝに、愁を心根にふくみ、命日を吊ひ慈悲善根をなし、独りの母に孝を尽せば、何事も願ひに叶仕合なり。
（井原西鶴『日本永代蔵』三・五、1688）

(10)町人も、親にまふけためさせ、譲状にて家督請取、仕にせおかれし商売、又は棚賃・借銀の利づもりして、あたら世をうかうかとおくり、二十の前後より無用の竹杖・置頭巾、長柄の傘さしかけさせ、世上かまはず潜上男。
（井原西鶴『日本永代蔵』四・一、1688）

(9) は、「親の家督を取」りという例であり、(10) も「譲状」で「家督」を「請取」ったというのであるから、いずれも〈庶民の財産〉に当たる例と考えてよいであろう。

　また、当然のことながら、「家督」が〈庶民（の財産）〉に適用されたからといって、〈武士（の財産）〉に適用される「家督」の例がなくなるわけではない。同じ井原西鶴で、同一時期の例として、

(11) 又内証を改めけるに、桐指の枕箱三つあり。これに合はせて錠前開くるに、先づ総領には大房付きの珠数一連、黄金百枚、二男には丸頭巾に添へて黄金百枚、三男には脇差、これも黄金百枚、何とも家督の実定し難く、この通り御訴訟申し上ぐる。
（『新可笑記』四・四、1688）

を挙げることができる。この例はやや微妙な例で、〈武家の跡目を継ぐもの〉という意味で解しうるが、少なくとも〈財産〉のからんだ例として挙げておきたい。

次に、③ならびに④から、⑤への意味変化を考える。「日国第二版」の⑤の意味ブランチの説明は、「江戸時代、家督相続のこと。」であった。しかし、これでは、③ならびに④からの変化を説明するには不十分である。そこで、⑤の意味ブランチを〈（江戸時代において一般に）相続人が家や財産を継ぐこと〉のように書き改める。こうすれば、③〈武家が継ぐ財産〉と④〈庶民が継ぐ財産〉を統括しながら、それらの〈財産を継ぐこと〉というように展開できる。「日国第二版」が、⑤の意味ブランチの冒頭例として挙げるものは、

　（12）Catocu.　カトク（家督）すなわち、¶ Iyeuo yuzzuru coto.（家を譲ること）家譲り．¶ Catocuuo vru, l, vquru.（家督を得る、または、受くる）家譲りを受ける、または、家や財産などを相続する．

（『日葡辞書』、1603–04、『邦訳日葡辞書』による）

の例である。この例は、「家督」を、財産を与えるがわと継ぐがわの双方から説明したものである。また、「日国第二版」の⑤の意味ブランチの二番目の例は、

　（13）一町人振舞成程輕くすへし、縱雖爲有德、二汁五菜ニ不可過、但、家督又は嫁娶之時は伺、名主可受指図事

（『徳川禁令考』五六・江戸市中法度、寛文八申年［1668］三月）

というもので、これは、町人は振舞ごとはなるべく軽く済ますべきで、有徳（金持）であっても、その際の食事は二汁五菜を越えてはならぬとしながら、家督のときと嫁取りのときは伺いをたてて、名主の指図を受けるべき（そうすれば、名主の裁量で、多少の超過は許されるのであろう）ことを定めている。これもまた、「家督」は、〈行事・出来事〉としての意味合いで用いられている。

　さて、この③ならびに④から⑤への展開は、まず第一に、③〈武士〉と④〈庶民〉の別がなくなった点は、統合ということになろう。第二に、〈受け継ぐべき財産〉が〈財産を受け継ぐこと〉というように変化したということであるから、デキゴト化とでも呼ぶべき変化が起こったということになろう。前者の「統合」は、それまでの区別を解消したというだけであるから、そう問題はない。が、「デキゴト化」というようなことは、意味変化においてよく見られるこ

とであるのかは、検討すべきことである。

　この「デキゴト化」の類例としては、たとえば、「貯金」「プレゼント」などが挙げられるのではないだろうか。「貯金」は、〈たくわえた金〉とも〈金をたくわえること〉とも解しうるし、「プレゼント」は、〈ひとに贈るもの〉とも〈ひとにものを贈ること〉とも解しうる。また、「陥穽」などは、〈落とし穴〉の意から〈人を落とし穴に入れること（計略にかけること）〉のように変化したようである。類例は、さらに考えられそうである＊13。

　さて、次に、⑥の位置づけを考えてみたい。これも、もとの「日国第二版」の説明は、「江戸時代、大名、旗本間で生前相続のこと。死後相続である遺跡に対する語。」となっていて、武士限定であるという点では、③と結びつきそうであるものの、相続一般とも関わるので、⑤ともつながりそうなものでもある。これもまた、いま、〈武士の一門の相続人が生前に家や財産を継ぐこと〉と書き改める。このようにすれば、⑤の〈（江戸時代において一般に）相続人が家や財産を継ぐこと〉との結びつきが見えてきて、⑤と⑥は「武士の一門の相続人が」および「生前に」という限定項によって分岐され、差別化されていることが見てとれる。この「日国第二版」の用例は、

（14）　一　大名方、御旗本、死後之家相続者、遺跡と唱、存命之
　　　　　　内家相続者、家督と唱候事

　　　　　　　　　　　　　（「例書」四、『古事類苑』武家三二所引）

であり、解説の「死後相続である遺跡に対する語」とよく対応する例である。

　この⑥の意味ブランチの登場によって、「家督」は〈生前の相続（今で言う「贈与」か）〉に限定されたことになる。このとき、「家督」が〈死後の相続〉ではなく、〈生前の相続〉のほうを担うことになったのは、②の存在、すなわち、生前であっても、一族の棟梁となるものが予め決まっていれば、その人物もまた「家督」と言い得たことが関与しているのではないかと思われる。また、この⑥の意味ブランチが〈武士限定〉であるのは、「家督」を使用しているあいだに自然に生じた意味変化ではなく、武士が、生前の家督相続を必要として、それに幕府の側でも応えたという社会的な状勢が関

与していると言える。したがって、この⑤から⑥への意味分岐は、内的な自然意味変化でなく、外的な突発的意味変化であると言えよう。また、⑤から⑥への意味変化は、「家督」全体の意味変化のなかでは、〈武士〉の範疇のなかだけで生じたものであると位置づけられ、⑤として一般的に成立していた〈(江戸時代において一般に)相続人が家や財産を継ぐこと〉のどこかが変化したのではないことにも注意される。

　最後に、⑤から⑦への意味変化を考える。もとの「日国第二版」の⑦の解説は、「旧民法で、戸主の身分に伴うあらゆる権利義務。戸主の地位。」というものであるが、この説明は、それ自体としては正しいものであるけれども、⑤との関連性が見えてこない。そこで、⑦を〈(旧民法で)家長(戸主)が継ぐ身分上の法的な役目と財産〉のように書き換える。そうすれば、⑦は、江戸時代の、〈武士〉〈庶民〉を問わずに、〈家長〉に相当するものが相続していた〈財産〉に、旧民法によって新たに規定し直された〈家(の主としての身分)〉に伴う〈法的な役目〉が加わったものと理解できる。

　これも、江戸時代から明治時代へと時代が変わったことによって、制度そのものが変化したために生じた、意味変化ではあるが、時代と制度が変化したにも拘わらず、古い制度における「家督」という語が用いられ続けたという意味では、同等視による意味変化であると言うことができる＊14。

　ところで、以上の「旧民法で」には、いささか注釈が必要となる。「日国第二版」は、⑦の意味ブランチの用例として、『東京朝日新聞』明治38年(1905)7月24日の記事を挙げている。この場合の「旧民法」とは、この日付けから推すに、明治29年(1896)4月27日公布、同31年(1898)7月16日に施行された「民法」のことを指しているかと思われる。しかし、そうすると、この「旧民法」には、「家督」という語が用いられていないのかとの疑問もわく。結論から言えば、「家督」という文字列は確認できるが、それは、次のように「家督相続」(あるいは「家督相続人」)という文字列のなかのものであって、「家督」単独の例ではないのである。

　(15)家督相続ハ左ノ事由ニ因リテ開始ス

一　戸主ノ死亡、隠居又ハ国籍喪失

　二　戸主カ婚姻又ハ養子縁組ノ取消ニ因リテ其家ヲ去リタ
　　　ルトキ

　三　女戸主ノ入夫婚姻又ハ入夫ノ離婚

（『民法』第九六四条）

　したがって、「民法」の条文をもって、「家督」の用例とすること
はできない。ただし、この「民法」にさかのぼるものとして、ボア
ソナードが起草した「民法」も知られている。これは、明治19年
（1886）3月に「財産編」「財産取得編第十二章まで」が、また、翌
年に「債権担保編」「証拠編」がボアソナードによって起草され、
さらに、日本人委員の手で「人事編」「財産取得編第十三章以下」
が加えられ、ボアソナードの分は、明治23年（1890）3月27日
公布、日本人委員の分は、同10月6日公布されたものである＊15。
すなわち、前述の「民法」を6年ほどさかのぼるものである。「家
督」に関わる条文は「財産取得編第十三章」にあるので、これは、
日本人委員の起草にかかるものである。そして、ここでも、「家督」
は、次のように、「家督相続」（ならびに「家督相続人」）という文
字列のなかにのみあって、単独の使用を見ない。

　（16）家督相続トハ戸主ノ死亡又ハ隠居ニ因ル相続ヲ謂フ

（第二百八十六条）

　なお、これらの「民法」は、公布はされたものの、施行はされな
かった。したがって、国民の目には触れたかもしれないが、国民が
その運用対象となることはなかったのである＊16。

　ちなみに、「旧民法」に関わる「家督」の例としては、前述の
「日国第二版」の引く1905年の新聞記事よりも、

　（17）小花様へ兼吉よりとはさてさて珍しき一通、何処が嬉しく
　　　てか小花身に添へて離さず、中屋の家督に松太郎が直りし
　　　時、得意先多き清二郎は本所辺に別宅を設けての通ひ勤め、
　　　何遍言ふてもあの女でない女房は生涯持ちませぬとの熱心
　　　に、物固い親類すへ折り合ひて、小花を嫁に取引先なる、
　　　木綿問屋の三谷が媒したとか、　（森鷗外「そめちがへ」、1897）

が早い例となる。

226　　小野正弘

以上、「日国第二版」をあと付けながら、「家督」の意味変化の展開を述べてきた。意味変化を「あるまとまったストーリー」とするためには、まずは、意味記述のための言葉を統一しながら、意味変化の相互関連が分かるように記していかなければならないことが、改めて諒解できたのではないかと思われる。
　次節では、本節で用いた説明原理を再確認しながら、整理することにしたい。

3．説明原理

　まず、前節で登場した「説明原理」を簡略的に示す。具体的意味記述は省略（図1ならびに前節に譲り）して、それらをつなぐもののみを示すと、次の図2のようになる。

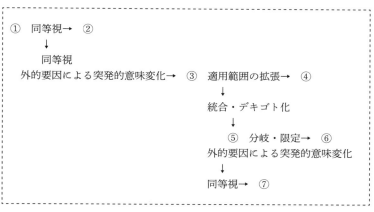

図2　説明原理の図

　この意味変化を説明する際に、まず大別されるべきことは、それが、当該の語句を使用しているあいだに、いわば自然に形成されたものなのか、それとも、なにか外的な要因によって惹き起こされたものなのかということである。図2でいえば、①→②、③→④、［③④］→⑤、⑤→⑦が自然意味変化にあたり、［①②］→③、⑤→⑥が外的要因による突発的意味変化にあたる。この2大別について、若干コメントを加えたい。

日本語史叙述の方法　　227

（A）自然意味変化

自然意味変化の基本的イメージは、当該の語句を使用しているあいだに、漸次的にゆっくりと意味が変化するというものである。たとえば、ある手持ちの語句があったときに、それを今までは使用しなかった対象に用いたとする。そして、その使用が広まることによって、使用層が拡大して、意味変化が起こるというものである。これは、一般的な言語変化について、Coseriu（1969）の言う、「改新」と「採用」のモデルとも合致し、また、Keller（1994）の言う、「思いもよらない（spontan）変化」のモデルとも合致する＊17。

（B）外的要因による突発的意味変化

外的要因による意味変化の基本的イメージは、当該の語句を使用しているあいだに、何らかの外的な要因が働いて、意味が変化するというものである。ここで、「突発的」というのは、ある瞬間や時点で変化するという意味ではなく、それまでの流れからは推測できないような変化が惹起されるという意味である。「家督」の例で見られたような制度の変容ということもあろうし、外国語による影響なども、そこには含まれる。

次に、その2大別のそれぞれのなかで生じる、具体的な意味変化の様相について考察したい。

（1）同等視

まず、同等視について述べていく。同等視を、定義的に述べると、「ある事態やことがらが、ある語形（表現）Xですでに表わされている事態やことがらと同等であると見なすこと」ということになろう。そして、そう見なしたことによって、既存の語形（表現）Xを適用することになる。この同等視によって、既存の言語記号（表現）を（再）使用するということは、新たな言語記号（表現）を増やさないという点で、言語記号の経済に寄与することにもなる＊18。

前述の「家督」の意味変化においては、同等視は3回現れた。すなわち①→②における、〈一門の棟梁〉と〈棟梁を継ぐべきもの〉の同等視、［①②］→③における〈人間〉とその〈所有物〉の同等視、そして、⑤→⑦の〈江戸時代における相続人〉と〈明治時代に

228　小野正弘

おける相続人〉の同等視である。

　この時、注意しておくべきことは、同等視には、（A）自然意味変化の場合（①→②、⑤→⑦）と、（B）外的要因による突発的意味変化の場合（⑤→⑦）とがあるということである。すなわち、同等視は、言語を自然に使用しているあいだにも起こるものだし、また、何か外的な要因によって同等視せざるを得なくなるということもあるということである。

　ところで、この「同等視」は、しばしば、ほとんど同じ意味で、「比喩的に」という言いかたをされることがある。たとえば、「日国第二版」では、

　○あおしんごう【青信号】〔名〕

　①　交通機関で、進行、安全を意味する青緑色の信号。灯火または旗を用いる。⇔赤信号。
　　　＊初稿・エロ事師たち〔1963〕〈野坂昭如〉二「青信号になってもすぐとは足ふみ出さんほど注意ぶかいのに」
　②　（比喩的に）行先が安全であること。幸先（さいさき）のよいこと。⇔赤信号。

のように用いられている＊19。しかし、このようなものを「比喩」の名で呼ぶことはためらわれる。というのは、辞書の説明のような、実用性を重んじたものであれば、一種の方便として用いることも容認できようが、学術的な説明のための用語としては、表現学的な用語として確立している術語たる「比喩」を、「的」のごとき曖昧な接辞を下接して用いることは避けるべきだと考えるからである＊20。

　この同等視は、語形が同一のまま意味変化する場合には、極めて多く出現するものであり、意味変化において「あるまとまったストーリー」を展開するためには基本的かつ必須のものと考えられる。

　（2）統合・分岐
統合は、いままで区別していたものの区別をなくすことである。「家督」の〔③④〕→⑤の意味変化の例でいえば、〈武士〉と〈庶民〉を区別せず、いずれの相続も「家督」という語で言い表すことになったということである。この統合は、見方によっては、同等視

日本語史叙述の方法　　229

とも考えられるかもしれないが、〈(武士の) 一門の棟梁を継ぐべき
もの〉を、〈(武士の) 一門の棟梁〉と同等とみなして、「家督」と
呼んだというのが同等視であるので、〈武士〉と〈庶民〉の区別を
なくしたというものとは、やはり異なる。つまり、〈庶民〉の相続
も〈武士〉の相続と同じようなものだとみなして、「家督」と呼ん
だわけではない。

　統合の逆が、分岐である。それまで区別しなかったものを区別す
るようになること、である。統合・分岐も、上述の (A)(B) の場
合がありえ、実際、⑤→⑥は (B)、すなわち外的要因による突発
的意味変化にあたる。

（3）適用範囲の拡張・縮小

　適用範囲の拡張は、「家督」の③から④への意味変化のような、
〈武士〉限定の適用範囲だったものを〈庶民〉にまで拡張したもの
である。このとき、〈庶民〉にまで拡張されることによって、〈武
士〉のほうが消滅していないことにも注意しておく必要があ
る*21 すなわち、図式的にいえば、[A→A・B] というものであ
り、もし、[A→B] というように、Bへの意味変化が起こることに
よってAが消滅すれば、それは、「転移」とでも呼ぶべきものであ
る。

　適用範囲の縮小は、その逆のものである。この場合も、[A・
B→B] のように、前段階のものの一部だけが残ったものが縮小で
あって、[A・B→C] のように、全体の範囲がCによって縮小し
たとしても、それは縮小ではなく、「転移」の一類型となる。

　なお、この適用範囲の拡張・縮小は、従来も、意味変化に関する
種々の先行研究で指摘されてきたものである（金田一京助［1949］
Ullmann［1957²］、McMahon［1994］、Trask［1996］等）。ただ
し、その概念規定がやや曖昧であったように思われる。

（4）デキゴト化

　デキゴト化とは、〈受け継ぐべき財産〉の意味が〈財産を受け継
ぐこと〉というように変化することであった。これをさらに一般化
すると、

　XするA→AをXすること

のようになろうか。前節では、「貯金」「プレゼント」「陥穽」等を類例として挙げたが、ほかにも、「展示」「出店」などが考えられ、一般的な意味変化としての類型たりうるのではないかと思われる。

4. おわりに

　以上、「家督」をテストケースにして、その意味変化を「あるまとまったストーリー」とするには、なにが必要となるのかを考察し、そのひとつは、「関連し合う意味記述」であり、もうひとつは「説明原理」であることを述べてきた。この両者は車の両輪のように、相互に関連し合う。説明原理をいくら細緻にしても、変化する意味相互の記述が関連し合っていなければ、ストーリーにまとまりは出てこない。また、意味の記述をいかに関連づけたものにしても、それを支える説明原理が弱いと、場当たり的なものになってしまう。今回は、「家督」という、やや複雑なストーリーを要する語をもとにしたが、さらに別の語の意味変化のストーリーを描こうとすると、どんな説明原理が必要となるのかを、さらに見ていく必要がある。

———————————

＊1　「語彙史」そのものを、あるまとまったストーリーで描くとするとどうなるかについては、最近の拙稿（小野正弘2015、2016）にゆずる。
＊2　以下、『日本国語大辞典　第二版』所引の用例は、原典にさかのぼって確認したものを掲載する。なお、前後の文脈をさらに補充したものもある。
＊3　ただし、全く問題がないわけではない。
＊4　もちろん、貶めようとする意図はなく、思考実験的に措定しているだけであることを確認しておきたい。
＊5　equivalent のような語を背景に考えている。
＊6　『学研漢和大字典』の「督」の意味記述ならびに、中田薫（1926所収「中世の家　督相続法」：253）による。
＊7　国文学研究資料館「電子資料館・古典選集本文データベース・吾妻鏡データベース」による検索結果。
＊8　ちなみに、中田薫(1926所収「徳川時代の家督相続法」)の指摘する、〈財産〉を意味する「家督」の例は、文化二年(1805)であり、(6)のほうがわずかに早い。

＊9　ここで、換喩は、概略、全体を象徴する一部を表わすもの、としておく。

＊10　ある身分に必然的に付随するものを、もとの〈身分〉を表わす語を用い
て述べるというものであるから、「社長を引き継ぐ」で〈会社〉を含意するよ
うなものが想定可能ではあるが、現代語でも、「社長」が直接〈会社〉を意味
するというようなことは、やはり違和感を有するのではないかと思われる。

＊11　意味変化には、大別して、当該の語句を使用しているあいだに自然に推
移する変化と、外的な影響によって、いわば突発的に変わるものとがあること
は、Ullmann（1957²：訳書213）にも指摘がある。ただし、そこでは、
Wellander の所説を引いて、外的な影響による変化は、意味変化に含まない説
があることを紹介しているのみで、当面の論の展開とはあまり関係がない。

＊12　構文論的環境と意味の関係については、小野正弘（2001）を参照。

＊13　この点は、今後の課題としてさらに検討したい。

＊14　Ullmann(1957²：訳書217以下)にいう、「言語的保守主義による意味変
化」にあたる。

＊15　現代法制資料編纂会編『明治『旧法』集』（1983、国書刊行会）による。

＊16　「日国第二版」の「家督相続」の項目は、①「家督①を相続すること。」
と②「旧民法で、戸主の地位とその財産を単独で相続すること、およびその制
度。」とを分け、②の用例として、樋口一葉「ゆく雲」(1895)の例を掲げたの
ち、「民法」(1898)の例を挙げるが、法律が成立するまえに、当該法律の適用
範囲内の例があるのはおかしいのではないだろうか。もし、「ゆく雲」の例を
「旧民法」の例として挙げるのであれば、（16）に引いた、ボアソナード(正確
には、日本人委員)の「民法」の条文を挙げるべきであろう。このあたり、「日
国第二版」には、混乱があるのかもしれない。

＊17　Keller(1994)の考え方の概略は、まず、当座の間に合わせとして（つま
り、言語変化などということを意図せず、ということは、共時的に）変容させ
たものが、拡散していって、当初では思いもよらなかった変化が起こる、とい
うものである。

＊18　一般に、ある事態を、ある語によって表現する場合には、大別して三通
りが考えられる。第一、今までにない新しい語をつくる。第二、複合語をつく
る。第三、今までと同じ語を適用する。第一の場合は、純粋に新しい語が1つ
増える。第二の場合は、素材語数は変わらないが、実質語数が1つ増える。第
三の場合は、まったく増加しない。

＊19　Japan Knowledge による「日国第二版」の全文検索では、1076件を数え
る。なお、「赤信号」の項目には「比喩的に」の説明がないのはバランスを欠
いている。

＊20　詳しくは別に論じたい。

＊21　「家督」の意味変化において、③→④への適用範囲の拡大と、①→②の同
一視は関連するところがある。つまり、同一視によって、「家督」の意味が①
〈（武士の）一門の棟梁〉から②〈（武士の）一門の棟梁を継ぐべきもの〉へと
変化し、なおかつ、①の意味が失われていなければ、これもまた、適用範囲の
拡大の範疇に含まれる。ただし、③→④への変化においては、（2）の考察でも
触れたように、〈武士〉と〈庶民〉を同一視しているわけではない。

参考文献

小野正弘（2001）「意味変化の形態的指標となるもの」『国語語彙史の研究』20: pp.11–22. 和泉書院

小野正弘（2015）「国語語彙史における近代―広義と狭義と」『文芸研究』126: pp.213–225. 明治大学

小野正弘（2016）「語彙史」斎藤倫明編『講座言語研究の革新と継承2　日本語語彙論II』pp.233–262. ひつじ書房

金田一京助（1949）『国語学入門』吉川弘文館

中田薫（1926）『法制史論集第一巻』岩波書店

中田薫（1984）『徳川時代の文学に見えたる私法』岩波文庫

Coseriu, E. (1969) *Sincronía, diacronía e historia:El problema del cambio lingüístico*, Montevideo: Universidad de la República.（かめいたかし／田中克彦訳『うつりゆくこそことばなれ：サンクロニー・ディアクロニー・ヒストリア』［1981］クロノス；田中克彦訳『言語変化という問題：共時態、通時態、歴史』［2014］岩波書店）

Keller, R.(1990,1994[2]) *Sprachwandel: Von der unsichtbaren Hand in der Sprache*, Tübingen: Francke Verlag Tübingen und Basel.

McMahon, A.M.S. (1994) *Understanding Language Change*, Cambridge: Cambridge University Press.

Trask, R.L. (1996) *Historical Linguistics*, London: Arnold.

Ullmann, S. (1951, 1957[2]) *The Principles of Semantics*, Glasgow: Glasgow University Publications.（山口秀夫訳『意味論』［1964］紀伊國屋書店）

語史研究の方法

鳴海伸一

1. はじめに　語史（語の歴史）とは

「語史」とは、特定の「語」をとりあげ、文献資料から用例をあつめることによって、その「歴史」をえがいたものである。このばあいの「歴史」とは、いつのどのような資料に、どのような用例がみられ、それがどのようにうつりかわっていくか、といったことである。したがって、語形や意味・用法における何らかの変化や、語形そのものの発生・消滅が文献資料によってあとづけられる「語」が、「語史」の対象となるといえる。「語史」は一語を中心にえがくことが多いが、類義語や関連する語を同時にとりあげることもある。また、通常一語とは認定されないような、慣用句やことわざなどの長い単位のものを、それでひとつのまとまった形式や意味をもつものとして、とりあげることも可能であろう。

　音韻史や文法史の分野においても、特定の一語ないし数語をとりあげて論じる研究方法もあろうが、そのようなものを通常「語史」とは呼ばないであろう。「語史」は一般には語彙史の分野として扱われる。他分野との境界は必ずしも明確でないが、典型的には語形や意味を問題にするものが含まれることになろう。はっきり音韻や文法にかかわる現象を中心に据えるばあい以外のものを、広く「語史」と呼ぶという消極的な定義もできようか。

　さて、ある語が文献資料においてどのように使用されているかを通時的にたどることで、その語の歴史をえがくという研究方法は、文献言語史の考え方としても、もっとも基本的なものということができる。したがって、語史研究の蓄積もおおい。

　しかし、「語史」というものを、日本語史のなかの1つの研究分野としてみたばあい、あるいは、日本語史の議論のうえでの1つの

スタイルとしてみたばあい、必ずしも方法論的な議論がさかんになされてきたとはいえない。そればかりか、単に用例を時代順にならべただけでは価値ある研究とはいえないといった、方法論的な懐疑も根強い*1。

　そのようななか、比較的近年の語史研究においては、従来みられなかったようなあたらしい視点・観点を意識的にとりいれるものもみられるようになっている。たとえば、張愚（2014）は、漢語「無懸」の意味・用法の変化を、現代語の文法研究の成果を参考に、統語的機能の変化との関わりから論じたものである。また、澤村美幸（2007）は、語が中央から地方へ伝播して方言分布を形成する過程を、相続形式の東西差といった、社会構造上の要因との関わりから論じたものである。

　このように、語史研究においても、新しい視点・観点をとりいれることにより、それまでになかったタイプの語史論文が発表されるようになってきている。それは、特定の語を中心に歴史をえがく研究としての「語史」に、まだ発展の余地があるということを示すものといえる。したがって、語史研究についても方法論的検討の余地があるということになろう。

　それでは、これまでの語史研究においては、どのような方法で語史をえがいてきたのであろうか。これまでどのような方法によって語史研究がなされてきたのか、ということをあきらかにすることは、語史研究の今後の発展の可能性をさぐることにもつながろう。また、語史をどのようにえがくかということは、語史をえがくことでその先に何をめざしているのかということともかかわる。さらには、語史研究そのものによってあきらかにできることとは何なのか、といったこともかんがえておく必要がある。

　以上のような問題意識のもと、本稿では、これまでの語史研究*2 における、語史をえがく方法を考察する。その際、用例の扱いかたや分析・考察のしかたの観点から、語史研究の方法を分類することを試みる。それによって、語史をえがくことが何を目的とするものであるのか、語史研究によって明らかになることは何なのか、といったことを考察することを目的とする*3。

2. 語史研究の種類

2.1 2つの語史

　語史をえがく際には、文献資料から用例をあつめ、それを通時的に分析するわけであるが、個々の用例をどのように挙げるか、用例をもとにどのように考察をすすめるか、といったことによって、おおきく2つの方向があると考えられる。

　ひとつは、ある時代のある資料に、そのような用例がみられることそのものを重視するものである。用例の全体的な出現傾向などに対する解釈をすることよりも、個々の用例の存在を事実として述べるという方向性をとるものである。したがって、当該の語の歴史をえがくうえで、個々の用例がそれぞれに言語史的事実としての価値をもつものであるといえる。これは、対象とする語そのものの存在や、語形の変化・新語形の発生などを問題にするばあいに、とられる手法といえる。

　たとえば、山田孝雄（1949）は、「日和」という漢字表記がどのようにして「ヒヨリ」とむすびつくようになったのか、「ニワ」との結びつきもふまえて論じたものである。通時的に様々な文献から、「日和」「ヒヨリ」「ニワ」の確実な例をさがし集め、個々の例をどのように理解すべきか個別に検討したうえで、「日和」と「ヒヨリ」「ニワ」の結びつきという歴史の上にそれぞれの用例を位置づけるものである。

　また、佐藤亨（1979）は、訳語「病院」がどのように成立し、定着していったかを論じたものである。近世初期までの文献や、漢籍にも見られない「病院」は、オランダ語「ガストホイス」の訳語として、「療病（ノ）院」の省略形として成立したことを主張している。このばあいも、「病院」とその成立にかかわる他の形式の用例をあつめ、それぞれに訳語「病院」の成立という歴史の上での位置付けをあたえることで、立論するものである。

　このように、適切な用例をあつめ、個々の用例の存否・解釈とその日本語史上の意味によって歴史をえがくタイプの語史を、本稿では「語史Ⅰ」とよぶことにする。語史Ⅰは、いつのどのような資料

にどのような語や語形がみられるのか、といった点に関心があるということができ、当該の語の、文献上の出現状況を事実として記述することをめざすものであるという点で、記述的語史ということができる。

　それに対し、用例の全体的・部分的な出現傾向から何らかの言語史的事実を指摘する方向をとる語史研究の方法がある。個々の用例の存在を指摘することよりも、集まった用例の通時的変化や位相的変異を分析するという方向性をとるものである。したがって、何らかの変化・変異を読み取るうえで、その語の用例自体は時代を通じてある程度まんべんなくみられるものであるといえる。これは、意味・用法の変化などを問題にするばあいにとられる手法といえる。

　たとえば、信太知子（1981）は、「そむく」対象を表す格助詞が「を」から「に」に通時的に交替する過程を、文体差や「そむく」の対象語の違いといった観点から明らかにしたものである。このばあい、個々の用例を挙げるだけでなく、それらが通時的にどのような分布のしかたを示すか、ということをもとに、その変化の過程を考察することになる。

　また、日野資純（1999）は、基礎語「うち」が〈多くの人（・物）の一部〉の意味をあらわすようになる過程を、「なか」との対比によってあとづけたものである。それによって、「土佐日記」承平4年12月27日の「かくあるうちに」の「うち」は〈多くの人（・物）の一部〉ではなく、時間的経過を示すものであると主張する。このようにこちらの方法（語史Ⅱ）で語史をえがくことによって、語史Ⅰのばあいに論証の根拠となるような、個別の用例の解釈のしかたを、あきらかにすることにもつながるといえる。

　このように、集めた用例の間にみられる、通時的変化や位相的変異によって歴史をえがくタイプの語史を、本稿では「語史Ⅱ」とよぶことにする。語史Ⅱは、語の意味・用法が時間的・位相的にどのような異なりを見せるかといった点に関心があるということができ、当該の語の分布状況から導き出される、意味・用法における何らかの通時的変化や位相的変異を、言語史的事実として説明することをめざすものであるという点で、変化・変異論的語史ということがで

きる。

　このように、語史をえがく際の、用例の挙げかた、用例をもとにした考察のしかたによって、語史研究の方法にはおおきく2つの方向があるとかんがえられる。それぞれが語史研究として成立するものであり、両者に価値の優劣のあるものとはかんがえられない。しかし、語史研究として成立するために必要な要素は、方法論上の相違からおのずからことなることになろう。語史Iのばあいには、適切な用例をできるだけ多くあつめてくることがまず必要となる。それに対し、語史IIのばあいには、あつまった用例に対する分析方法が適切である必要がある。語史IIは、個々の用例の存在自体がそれだけで日本語（語彙）史上の意味を持つわけではないばあいがおおく、用例間の関係を説明することをめざすものである。比喩的にいえば「行間を読む」ということになろうが、それは各「行」のありかたから自然に導かれる「行間」である必要がある。主張したい「行間」のありかたから過度に演繹的に「行」を説明してしまうおそれもあるといえよう。一方、語史Iのばあいには、各「行」そのものを重視するわけである。それが「頁」の上、つまり、えがかれるべき歴史の上に適切にならべられる必要がある。「行」そのものがたしかな事実だとしても、それだけではいわゆる事実の羅列となるおそれもあるといえよう。

　もっとも、この2つは、つねに截然とわかれるものでもない。両者の中間的なタイプのものもあろうし、また、同一の論文のなかで、両者の視点を含みもつということもあろう*4。ただし、境界が必ずしも明確でないとはいっても、あつかう素材によっては、どちらのアプローチをとり、どのようなテーマで論じることになるかが、ある程度義務的にきまるという側面もある。個々の用例の認定が重要な意味をもつ素材・テーマの場合に、それに対する配慮なしに、通時的変化をたどろうとしても、あまり意味があるとはおもわれない。また、各用例のあいだの、意味・用法の異同と、その通時的変化が問題となる素材・テーマのばあいに、個々の用例の認定だけに意を注いでも、それだけで語史とはならない。このようにみてくると、語史Iと語史IIのちがいは、語の歴史のどのような側面がど

語史研究の方法　239

ような方法によってあきらかになるかという点で、おおきな違いで
あると思われる。

2.2　それぞれの語史の中での程度・濃淡の差

さて、前項で述べたように、語史研究の方法は、語史Ⅰと語史Ⅱ
におおきくわけることができる。それは、語史のえがきかたの方法
論的相違といえる。

しかし、2つの語史は、それぞれに一様ではなく、その中でめざ
す方向やアプローチのしかたに程度・濃淡の差があるとおもわれる。
ここでは、あつかう資料とのかかわりや、個々の用例の解釈のもつ
意味という点から検討する。

まず、語史Ⅰは、前述の通り、個々の用例の存在そのものを問題
とするものである。くわえて、単にそのような語や語形がある、と
いうだけでなく、ほかならぬその資料にみられるということにもと
づいて、その資料の性質との関わりで論じることにもなる。したが
って、程度の差はあれ日本語史という側面からみた資料論的・文献
学的傾向をもつことになる。これはあくまでもことばの問題として
論じるものではあるが、用例がみられる資料の問題と関連させて論
じるものといえる。しかし、それには程度・濃淡の差があり、言語
史資料の問題として論じる傾向の強いものもあれば、そこからやや
離れ、ことばそのものの問題として論じる傾向の強いものもある。

言語史資料の問題として論じる傾向の強いものには、たとえば、
「をかし」が「歌系列」にあらわれない理由を、「をかし」のもつ
「知性的な批評精神」と和歌のもつ「感傷的で詠嘆的な性格」との
不一致という点から論じた根来司（1980）のように、ある語が文
学作品に見られる（あるいは見られない）ばあいに、その文学作品
の資料としての性質とのかかわりから論じるようなものが、挙げら
れる。文学作品そのものあるいはその内容の研究としての傾向をよ
り強めていけば、「さいはひ」という語をてがかりに、中古和文に
あらわれた幸福観（・不幸観）を思想史的に論じた原田芳起
（1977）のような、文学・文芸研究に連続するものになるといえる。

つぎに、資料そのものの問題として論じるものではないものの、

言語史資料とのかかわりの問題を多分にのこして論じる傾向をもつ
ものには、たとえば、「学生」「学匠」「書生」がいつどのような語
形・意味で使用されているかをもとに、漢語の受容過程や日本語文
献への流入経路を論じた佐藤喜代治（1968）が挙げられる。あく
までもことばの問題として論じるわけであるが、個々の用例の確例
がどのような資料に見られるかといったことが当然問題となる。和
製漢語の成立や、近代の訳語の定着などをあつかうばあいにも、同
様の傾向をもつことになろう。

　つぎに、言語史資料とのかかわりの問題をのこしながらも、こと
ばそのものの問題として論じる傾向のより強いものには、たとえば、
形容動詞「黄なり」が「黄色なり」へ変化し、さらに形容詞「黄色
い」が発生する過程を論じた、佐藤武義（1990）（1994）が挙げ
られる。このばあい、語形の認定が重要な意味をもち、それがいつ
のどのような資料にみられるかといったことはもちろん考察の対象
となる。しかし、あくまでも日本語においてそのような語形や意味
が生じるにいたった過程の説明を重視することもできる。その点で、
資料論的・文献学的傾向の比較的強くないものといえる。

　さらに、ことばそのものの問題として論じる傾向の強いものには、
たとえば、近現代における新語「食感」の発生・展開を論じる橋本
行洋（2006）などが挙げられる。このばあいも、個々の用例の存
在の指摘が重要になるという点で、語史Ⅰに含まれることになる。
しかし、純粋な意味で資料論的・文献学的傾向をもつ研究とはこと
なり、新語の発生要因やその後の展開過程を論じることに主眼のあ
るものといえる。もっとも、そのばあいでも、それまで必ずしも言
語資料としては使用されてこなかった資料を利用することで、必要
な用例を得ることができるということを示すという目的をもつ点で、
広義資料論的性格をもつともいえる。このように語史Ⅰは、語史Ⅱ
における用例収集の対象となるような、言語資料を開拓することに
もつながるといえる。

　ともあれ、このように、語史Ⅰの中でも、言語史資料の問題とし
て論じる傾向の強いものから、ことばそのものの問題として論じる
傾向の強いものまで、程度・濃淡に差が認められるのである。

語史研究の方法　　241

語史Ⅱは、前述の通り、用例の全体的・部分的な出現傾向から何らかの言語史的事実を指摘するものである。語の通時的変化という側面に重点を置くために、個々の用例がそれ自体で言語史的事実としての価値を必ずしももたないものである。したがって、程度の差はあれ、時間的前後関係や位相差など以外の、個々の用例そのものの問題は捨象して考えることにもつながる。語史Ⅰと同様に、用例を挙げることで立論されるものではあるが、その分布や用例間の用法の異なりから抽象された、言語史的事実としての変化や変異を焦点として論じるものである。しかし、それには程度・濃淡の差があり、変化・変異のありかたを抽象して論じる傾向の強いものもあれば、個々の用例の解釈の問題を比較的のこしながら論じるものもある。

　変化・変異のありかたを抽象して論じる傾向の強いものとして、代表的なものには、たとえば、漢語「優秀」の定着過程を類義語との関わりから統語的に分析した田中牧郎（2005）のような、いわゆるコーパスを使用して語の意味・用法の変化を論じるものが挙げられる。「太陽コーパス」は当時の日本語書き言葉の言語体系を代表できるものであり、年代によって言語の性質に異なりなどのない、ある程度均質な資料と考えられるから、そこに見られる変化・変異を、そのままその語の変化・変異とみることがある程度可能となるのである。変化・変異の抽象がより強まれば、英語の「-tic」を日本語において「-チック」とするか「-ティック」とするかという「ゆれ」の状況から、「-tic」の日本語への受け入れと接尾辞「-チック」の定着を段階化して示そうとする荻野綱男（2013）のような純粋な計量的研究に連続するものといえる。

　つぎに、統計・計量的分析に主眼をおくものではないものの、変化・変異を抽象して論じる傾向の比較的強いものには、たとえば、「今昔物語集」を中心に院政・鎌倉時代にかけての資料から「タダシ」の用例を収集し、副詞・接続詞としての意味・用法の変異と文体的性格を論じた小林賢次（1988）が挙げられる。このばあいも、個々の用例の解釈そのものの問題からはやや離れ、用例の分類・整理によって意味・用法の文体的変異や通時的変化を示すことを目的とするものである。このように語史Ⅱは、副詞・接続詞のような文

法的性質をもつ語を対象とするものを介して、文法史研究に連続する性質をも持つといえる。

　つぎに、変化・変異の抽象という視点をもちながらも、個々の用例の解釈の問題を比較的のこしながら論じるものには、たとえば、「分限」が土地や身分の程度を表す中立的意味から、多くの財産を持つ者・事をあらわすプラスの意味をもつようになったことを示した、小野正弘（1985a）が挙げられる。このばあいは、各時代のさまざまな資料からおくの用例をあつめて論じることになり、得られた用例については、時代を通じて均質なものとすることは必ずしもできない。したがって、語の意味・用法変化のしかたをしめすことを重視するばあいでも、用例の解釈を個別に考察すべき可能性を多かれ少なかれもつことになろう。

　さらに、個々の用例の解釈の問題を多分にのこして論じるものには、たとえば、「つら」と「かお」の出現順序が文献と言語地図で異なることを、貴族階層と庶民階層の位相的二重構造によって説明した小林隆（1983）が挙げられる。このばあいも、用例の出現・分布傾向をもとに立論されるものであり、その点で語史Ⅱに含まれることになろう。しかし、言語史的事実としての変化・変異のみを抽象して示すのではなく、個々の用例に対する位相的観点からの解釈・考察をふまえて論じられるものである。つまり、文献上の個々の用例における意味や語形が、どのような位相を反映したものであるかといった問題から離れて全体の傾向をつかむことのできないものといえる。

　このように、語史Ⅱの中でも、変化・変異のありかたのみを抽象してしめすことに主眼を置くものもあれば、個々の用例の解釈の問題をふまえてそこから離れずに全体の傾向を論じるものもある。

　以上のように、語史Ⅰと語史Ⅱの内部にはそれぞれ程度・濃淡の差がある。それは、用例が得られる資料との相関にもとづいて論じることと、ことばそのものの変化・変異のありかたを抽象して論じることとの、どちらに重点を置くかという、方法論上の相違にもとづくものとまとめることができる。ここまで述べてきた語史Ⅰ・語史Ⅱの区別、および、それぞれの程度・濃淡の差と、論文例をあわ

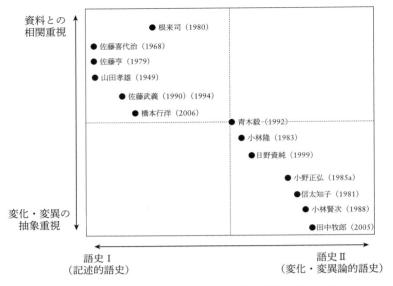

図1　語史研究の2つの方法と、それぞれの程度・濃淡の差

せてまとめると、図1のようになる。

3. 2つの語史の意味するところ　語史研究がめざすもの

　前節では、語史研究が、用例の扱い方や分析・考察のしかたによって、おおきく2つにわかれ、さらにそれぞれに程度・濃淡の差があることをしめした。それでは、このような二類別は、語史研究について従来言われてきたこととどのようにかかわるのだろうか。それは、語史をえがくことが何をめざすものであるか、そのために価値ある語史とはどのようなものか、という問題意識につながるものである。そこで本節では、本稿での語史Ⅰ・語史Ⅱの区別の観点から従来の指摘を検討し、そのうえで、個別の語史研究がそのさきにどのような問題につながるものであるかを考察する。

3.1　「語史」と「語誌」

　本稿ではここまで語の歴史を研究するものを「語史」という用語で言い表してきたが、従来いわれてきた用語に、「語誌」というも

のもある。そして両者は、ばあい（論者）によっては、使い分けのようなものもなされてきている。そこで、「語史」「語誌」がこれまでどのように使用されてきたか、特に使い分けの意識のみられるものについて、主要なものを概観し、本稿で述べてきた語史Ⅰ・語史Ⅱの区別とどのように関わるのかを、考察する＊5。

　まず、佐藤喜代治（1978）は、次のように述べる。

（1）　一語一語の歴史は語史と呼ばれるが、ある語について、その語形・語義・用法、さらに位相的特色などを明らかにし、また、類義語・同音語・反対語などとの関連を考えてゆくときは、「地誌」を「地理」と区別するように、語誌と呼ぶのがふさわしいであろう。しかし、この場合も、歴史的観点が入り、語の新古・雅俗を区別することになるから、語史と語誌との区別も明確にはし難い。　　　　（佐藤喜代治1978）

これによると、語形・語義・用法、位相的特色を明らかにし、類義語・同音語・反対語などとの関連を考えるものを「語誌」と呼ぶということである＊6。

　これを受けて前田富祺（1978）（2007a）（2007b）（2014）は、以下のように述べる。

（2）　語史から語彙史へ進む過程として、関連するいくつかの語の変化を比較しながら合わせ考えることが行われている。語史と区別して語誌と読んだりする。（略）ある語の語形変化・語義変化を考えるためには他の語の語史との関連を考えることが必要であり、語誌的な視点が重要である。

（前田富祺1978）

（3）　ある語の語形・語義、その語源、消長変遷など単語の歴史をたどるという意味で語史と呼ぶ。また、他の語との役割分担など、その語をめぐるいろいろな問題をも考える場合には語誌と呼ぶ。　　　　　　　　（前田富祺2007a）

（4）　語彙史全体をまとめるためには、語史研究を語誌研究として広げ個別の研究をもっと積み重ねてゆくことが必要であろう。語彙史の研究は一語一語の研究を進め歴史的変遷を究めるとともに、語を孤立したものとしてではなく、語形、

語史研究の方法　　245

および語の表記をも参考にした上で、語義の点で関連のあるものとして捕らえることが基本となる。　（前田富祺2007b）

（5）語史ということは単に言語のみの形式的な変化であると考え記述することもできるが、そのような変化が起こった理由を考える必要がある。語の変化というのは常に他の語とかかわり合いながら生じていくのである。また、語というのは、どのような漢字で表されるのか、どのような位相で用いられるのかなど、歴史的、社会的な背景があって用いられている。そのために語の変化もそれらに影響されて起こることが多い。このように語史に歴史的、社会的、文化的な背景を考える場合に語誌と呼ぶことが多い。

（前田富祺2014）

これらにおいては、ある特定の語だけをあつかうのでなく、他の語やその歴史との関わりを視野に入れる場合や、社会・文化などの言語外の要素を背景として論じるばあいに「語誌」と呼ぶとしているといえる＊7。

こうした、社会・文化との関わりを取り入れるという視点は、比較的近年の概説書に見られる次のような説明にも受け継がれるものとかんがえられる。

（6）ある語についてできるだけ古い意味と形式にさかのぼり、その意味・形態・用法などの変遷を語誌として記述することが多い。（略）語誌は語史と書かれることもあるが、語誌のほうが文化的背景をも含む広い概念と考えられている。

（木村義之2010）

（7）語源の検討には、奈良時代以前の確かな資料がきわめて少なく、大きな困難が伴うのであるが、語形や語義の確実な根拠を検討することによって、さかのぼり得る限りの語の歴史を明らかにすることは不可能ではない。そのように、語形や語義について変化の過程を歴史的にたどるものを語史という。それに対して語形や語義などの歴史的変化だけでなく、語をめぐる社会・文化など、さまざまな問題について幅広く記述したものは、語誌と呼んで区別されている。

（吉田光浩 2012）

（1）～（7）の指摘においては、その語の歴史的特徴・特色を記述するために、その語にまつわるさまざまな観点や、他の語とのかかわりを視野に入れながら研究したものを「語誌」と呼んでいるといえる。当該の語の使用の全歴史としての広義「語史」に対し、その一部として、様々な観点から考察したものとしての「語誌」に積極的な意味づけを与えるもの、とまとめることができよう。それは、「語誌」として論じることが何を目的とするものであるかという問題意識につながる。(2)(4)に挙げた前田の指摘中では、語史を「語彙史」としてまとめる方向へすすんでいく際にそのような視点が必要であるとしており、注目される。この点については 3.2 で述べる。

なお、このように考えると、この区別についての考え方が、本稿における語史Ⅰ・語史Ⅱに特に対応するというものではなかろう。どちらの方法論で述べるにしても、社会・文化的背景を取り入れることは可能だからである。ただし、どちらかといえば、ここでいう「語誌」というものを、扱う語についてのさまざまな事実の指摘に重点を置くものというように理解すれば、用例間の通時的変化を説明しようとする語史Ⅱにくらべて、語史Ⅰの方が、ここでいう「語誌」の考え方に近いともいえようか。

一方で、「語誌」をやや否定的に捉える以下のような指摘も見られる。

（8）資料を年代順に整理した段階のものを「語誌」と称し、それに基づいて、史的変化の要因なども含めて、それらを日本語史の上に位置づけられるように考察・解釈したものを「語史」と称する、という術語の区別をしておく。

（小野正弘 2001）

ここでは、「語誌」に対し、史的変化の要因を考察・解釈したものとしての「語史」をむしろ積極的に評価していると考えられる。それは、どのような研究が語史として価値あるものとみとめられるかという問題意識につながる。

また、用例の整理と、それ以上の考察・解釈を区別するという点

でこれと同様の考え方は、「語史」「語誌」の用語の区別をしたものではないが、以下の指摘にも見られる*8。

　(9)　語の歴史を編むためには、まず対象となる語の用例を各時代の文献の中から探し出してくるという作業を行う。そこで採集された用例は、得られた文献の成立年代順に並べただけでも、ある程度の変化を浮かび上がらせる。が、それは時代別用例集とでもいうべき段階に等しく、それをもって語史と称することはできないであろう。少なくとも、資料の位相・文体・地域性などを吟味し用例に歴史的位置付けを与え、また用例不在の時期の状況を前後の時代との関係から推測しながら連続した現象として変化を記述してゆく。このような段階に至れば、ふつうこれを語史と呼ぶことが許されている。　　　　　　　　　　　　　　　　（小林隆1984）

これも、小野正弘（2001）と同様に、価値ある語史研究となるために何が必要かを述べたものと言える。

　これらの指摘も、本稿における語史Ⅰ・語史Ⅱに対応するというものではないが、語史が事実の羅列になることを戒めたものというように理解すれば、個々の用例の存否そのものを重視する語史Ⅰにくらべて、用例間の関係を説明しようとする語史Ⅱの方が、ここでいう「語史」の考え方に近いともいえようか。

　以上のように、「語史」「語誌」の用語の使い分けについては、必ずしも一致した見解というものはない。それどころか、ここで挙げた2つの考え方は、「語史」「語誌」のどちらに価値をおくかという点で異なる。それは、語の歴史をえがくことが何を目的とするものか、何を価値ある語史研究とみとめるか、ということの反映といえる。つまり、ここでとりあげた用語についての考え方は、題材に対して適切な方法・手段をもちい、価値ある語史研究とするための視点を備えたものを、それぞれの用語にこめたものとまとめることができる。

　それに対し本稿で述べてきた語史Ⅰ・語史Ⅱは、どちらもそれぞれの扱う素材に対する適切な方法論であるかぎり、両者に価値の優劣はないと考えられるので、これらのどちらの考え方にも、正確に

対応するということはない。ただし、社会・文化的背景などをふまえて、対象とする語に関するさまざまな事実を指摘するという考え方は、本稿での語史Ⅰに、一方、用例間の関係を説明し、史的変化の要因を考察するという考え方は、本稿での語史Ⅱに、それぞれ近いとはいえよう。そしてそれは、語史研究がその先に何をめざすものなのか、そしてそのために何が必要なのかという問題意識につながるものといえる。そこで、次項では、個別の語史研究がその先にめざすものの問題について、つづけて考える。

3.2 「語史から語彙史へ」という考え方

さて、個別の語について語史研究をすることは、何をめざすものなのか。あるいは、その先にどのような研究の発展を見込んだ上でなされるものなのか。語史をえがくことの目的、あるいは、その先に見とおされるべき問題・研究の方向として、前述したような、語彙史としてまとめるということが挙げられる。つまり、語史は通常一語を対象として論じるものであるが、それだけでは日本語史上の位置付けがしにくいために、その一語だけでなく、ほかの複数の語とも関わる形で論じなければいけないというものである。

前述の前田の指摘等に見られる考え方である[9]が、語史をもとに語彙史へと視野・範囲を広げるためのアプローチとしては、たとえば、以下のような種類のものが挙げられる[10]。

①体系的に関連のある語をまとめてあつかう

②同じような変化をしている語をあつめる

以下、この2つについてまず考えていく。

①は、その語を含む数語が何らかの体系性をもっている場合に、その体系の一部として、当該の語を論じ、それを体系の中に位置づけるというものである。たとえば、宮地敦子（1973）の身体語彙、安部清哉（1985）の温度形容語彙、といったように、複数の語が全体で体系を成していると考えられるばあいに、それぞれの通時的関連を視野に入れながら全体の歴史を考えるというものである。

あるいは、類義・対義関係にある数語を扱うものもあろう。一語の歴史だけではわからないことを、類義・対義関係にある語との通

語史研究の方法　249

時的関係をもとに、論じるものである。たとえば、浅野敏彦（1973）は、漢語「綺麗」の日本語への受容過程を記述するとともに、和語「うつくし」「きよし」との交渉関係や、「うつくしい」「きれい」の方言分布との対応も視野に入れて論じたものである。また、遠藤好英（1978）は、〈夕方〉を表す語彙の体系を、一日の中での時間の表し分けという観点から論じたものである。前掲（4）で前田が「語義の点で関連のあるものとして捕らえる」というのは、こういった視点をふまえたものであろう。

　たしかに、このように研究を広げていけば、単独の語史ではわからないこともわかるようになり、あるいは、より大きい全体の中に個別の語史を位置づけることができるようになろう。ただし、これらは、扱う語・体系の外延が比較的はっきりしているものと言える。したがって、全体の枠組みを設定したうえで、個別の語史が応分にあつまれば、ある程度その足し算で「語彙史」研究ができあがるということになる。もちろん、体系をふまえてそのように足し算することを視野に入れた上で個別の語史をえがくということではあるが。つまり、体系や全体を明らかにしたいという目的があらかじめあり、そのうえで、単独の語史は、その体系全体を明らかにするための一部、という位置付けがあたえられることになるものである。

　それに対し、②は、その語を含む数語が同じような変化をしている場合に、そのような事例の1つとして、当該の語を論じ、変化の詳しい実態を明らかにするというものである。例えば、オ段とウ段の交替現象の1つとして「はぐくむ」と「はごくむ」をとりあげた前田富祺（1965）が挙げられる*11。あるいは、個別の語史をえがくことによってわかることを、複数まとめて論じるというものもある。たとえば、前掲小野正弘（1985a）などの、小野正弘による一連の研究は、そうしたものの1つであり、中立的な意味を持つものが、プラスの方向へ意味変化する事例が複数みられることを主張したものである。これらの場合は、扱う語の外延は必ずしもはっきりせず、①のようにあらかじめ設定されるものではない。個別の語史によって明らかになるある変化が、当該のその語に限った話でないということ、あるいはそのようなものが一定程度広く見られるも

のであるということを示すとともに、その事例の1つとして、個別の変化の詳しい過程を論じることになる。

このように、単独の語史を語の集合の歴史としての語彙史へと広げる考え方としては、①②のような方向がまずは考えられる。①と②は、外延があらかじめ定まっているかどうかという点でことなる。しかし、いずれも、類似の、あるいは関係する事例をあつめて大きいまとまりにする、という点で、同様の方向性をもつものと、まとめることができよう。

さらに、個別の語史をえがき、そこからわかることどうしの関係を、何らかの基準・観点をもとに、全体として関連付ける、という方向もあり得、③として挙げる。

③個別の語史からわかる変化のありかたをあつめ、体系づける

たとえば、前田富祺（1985）の、第二部第三章は、語形変化の類型をまとめたものであり、同じく第四章は語義変化の類型をまとめたものである。このばあいは、事例の外延はあらかじめ定まっているものではないという点で、②とおなじであるが、似た変化をするものをあつめるというだけでなく、変化のしかたを複数あつめ、それら相互の関連を、さらにおおきいまとまりのなかに位置づけようとするものである。

ほかには、松下貞三（1987）における、「漢語受容史の構造（未完）」と題した、漢語の受容と意味変化のしかたを体系づけたものがあげられる。これは、漢語の受容と変容という観点から「恩」「聖」「法」などの個別の語史をえがき、それらの全体を、どのような語がいつどのような要因で変化してきたかという、意味の変遷の「構造」としてまとめたものである。そしてそのような、「語史」をふまえて日本語の歴史全体にかかわる研究へとすすめる方向・方法について、松下貞三（1987）は「語史から国語史へ」という表現で説明している。

このように③の考え方は、言語変化のありかたを、よりおおきい視点からとらえる方向へも進んでいくこととなる。①・②がどちらかといえば部分的・局所的な語の集合としての語彙を対象とするのに対し、③は、特定の観点からみた（日本語の）語彙全体に関わる

歴史的変化をあつかうものへも進んでいき得るものといえる*12。

したがって、日本語に固有の変化・変遷としてまとめることもできるし、または、そのような変化を言語普遍的に起こり得るものとしてまとめることもできよう*13。

ここまで述べてきた、語史をもとにした語彙史研究の方法とその論文例をまとめると、図2のようになる。「体系的関連性」「変化の同形性」というのは、それぞれここで述べた①・②の考え方に対応する。両者は扱う語の外延がきまっているか否かによってことなる。そして、「全体的・体系的」の方向へすすんでいくものは、ここで述べた③の考え方に対応する。扱う語の外延が決まっていないという点で②と共通するものがおおく、図の右よりに集中する。それに対し、①・②に含まれるものは、一般に、「部分的・局所的」な語の集合を扱うものといえる。

以上のように、語史をもとにして、それをより大きい単位である語彙史へと進めていくという考え方があり、その方法にはいくつかの種類があることをみてきた。それでは、そのことと、本稿で述べてきた語史Ⅰ・語史Ⅱの区別とはどのようにかかわることになるのだろうか。

まず①の体系的関連性によるものは、扱う語の外延が比較的はっ

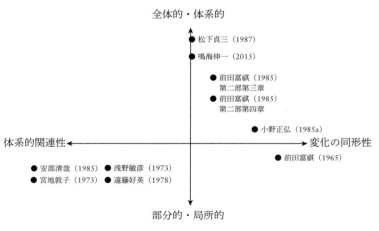

図2　語史研究をもとにした語彙史研究の種類

きりしているものについて、その歴史的な出現・交代の様相をえが
くという点で、語史Ⅰに近いかんがえかたといえる。それに対し、
②の変化の同形性によるものは、変化のあり方を抽象したうえでま
とめることになるという点で、語史Ⅱに近いかんがえかたといえる。
そして、③の個別の語史からわかることどうしの関係を全体として
体系づけるものは、前述したとおり、扱う語の外延がきまっていな
いという点で②と共通するものであり、また、基本的に変化のあり
方を抽象したうえでそれらどうしの関係をまとめるものであるとい
う点からも、語史Ⅱに近いかんがえかたといえる。ただし、同形の
変化をあつめたうえで、変化のしかたどうしの関連という、さらに
おおきいまとまりの中に位置づけるものであるから、最終的には全
体の体系性をふまえてまとめることになる。したがって、図2では、
右寄りに集中するとはいうものの、一般化をよりすすめていけば
（図の上側へいくほど）、「体系的関連性」の要素も含むことになる
とかんがえられる。

　さて、そのように研究を進めていくためには、当然ながら、その
もととなる個別の語史ができるだけ言語変化を説得的に説明するも
のになっている必要がある。研究が進んでいく方向を見定めながら、
あるいはそのような視野の広がりを備えたうえで、できるだけ当該
の語史を魅力的なものにしていくことが、語史研究そのもののめざ
すところではないだろうか。

　したがって、必ずしも関連する例・似たような例や、全体の体系
を明確に示すことができなくても、その語史自体が価値あるもので
あるということはあり得ることであろう。山内洋一郎（1982）の
次の指摘は、そのようなことを言ったものであろう。

(10)語には、その語自体の使用頻度が低く、或いはさしたる特
　　　性を持たなくても、その語史を明らかにすることによって、
　　　一つの変遷の型をはっきりと示すことができる語がある。
　　　一つの型の代表となりうるのである。或いは、他にも同類
　　　があるだろうという背景を予想させ新しい言語史的事実を
　　　示すことができるのである。よしや、それが終に類例を持
　　　つに至らなくとも、語はそのように変遷することもあるか

語史研究の方法　　253

と、語の変遷の微妙なさまを示して認識を深めるならば、

　　それもまた価値のあることかと思われる。　（山内洋一郎1982）

こうした、語の集合を必ずしも直接あつかわない形で語彙史につな

げることのできる語史というものも、語史研究としてはあることに

なろう＊14。

4.　語史で論じられることと論じられないこと

　前節までで、語史研究の分類と、個別の語史がどのような問題へ

と広がっていくものであるか、ということを述べてきた。語史Ⅰ・

語史Ⅱいずれのばあいでも、文献から用例をあつめ、個々の用例や

用例間の関係に、適切な日本語史的位置づけが与えられれば、それ

でその語の歴史があきらかになったということが、とりあえずは言

えることになる。しかし、当然のことながら、仮に文献資料から用

例数が少なからずあつまったとしても、その語にまつわるあらゆる

側面が明らかになるとはいえないであろう。用例の収集・分析から

直接明らかにしやすい側面と、直接明らかにはしにくい側面が存在

すると考えられる。そこで本節では、いくつかの例をもとに、語史

をえがくことによって論じられることと論じられないことについて、

特に、本論での語史Ⅰ・語史Ⅱという区別との関連から考える。

4.1　意味・用法の変化・拡大と、その要因の解釈

　語の意味・用法について、基準を立てていくつかに分類し、それ

を年代順にならべて、何らかの傾向が見いだされれば、その語の意

味・用法は、そのように通時的に変化したものと考えられる。そし

て、次の段階として、なぜそのように変化したのか、ということを

問題にすることもできる。しかし、その要因の説明というものは、

用例の出現傾向そのものから無理なく導き出されるものであるか、

あるいは、用例の出現傾向に対する説得的な解釈になっていること

が必要であろう。

　例えば、ジスク・マシュー・ヨセフ（2009）は、日本語「うつ

す」の意味変化に、漢字「写」が影響を与えたことを主張したもの

である。そこでは、固有日本語の「うつす」の意味が、「場所をう
つす」のような「移動」系と「鏡にうつす」のような「複製」系の
2つに分かれるとしたうえで、漢字「写」が「うつす」と訓ぜられ
ることによって、「仏典をうつす」のような「書写」系の用法や、
「詩に心情をうつす」のような「描写」系の用法が、日本語「うつ
す」に生じた、ということを論じている。

　漢籍・仏典のほか、上代から近世に至る多くの文献資料から大量
の用例を収集したうえでの主張であり、典型的な語史（語史Ⅱ）研
究によるものということができる。「うつす」の意味・用法が、そ
のように分類され、それが通時的にそのような傾向を見せるならば、
「うつす」の意味の変化・拡大の歴史が明らかになったといえよう。

　しかし、阿辻哲次（2009）が「意味変化が真に漢字「写」の訓
の影響にのみよるものか等になお検討の余地が残る」と評するよう
に、用例の出現傾向からわかる、「うつす」の意味変化が、日本語
内部の自然な意味変化によるものでないことを証明することは難し
かろう。漢字の訓の影響ということはおこり得ることではあろうが、
このばあい、漢字「写」の影響ということが、「うつす」の語史か
ら直接明らかにしやすいものであるかどうかを考える必要があろう。

　ジスクが類例のひとつとして挙げるのは、佐藤喜代治（1987）
が指摘する「あそぶ」の事例である。日本語「あそぶ」が、漢字
「遊」の影響で〈本拠地から離れて学問を修める〉という意味を生
じたというものである。確かに、日本語の「あそぶ」にはもともと
〈遊戯する〉という意味しかなく、それが、ある時期のある資料
（ここでは本居宣長「玉あられ」）に〈本拠地から離れて学問を修め
る〉という意味で使用されていたばあい、それを漢字「遊」の影響
によるものとするのは、十分に説得力のある説明といえよう。しか
し、それは、その用例の解釈の問題、つまり、そこにそのような用
例があること自体についての説明であり、本稿でいう語史Ⅰの方法
によるものである。「あそぶ」の語史（語史Ⅱ）をえがいたうえで、
その用例の出現傾向から導かれることでは必ずしもない。

　その点、「あそぶ」のばあいは、〈遊戯する〉という意味と〈本拠
地から離れて学問を修める〉という意味は、はっきり区別できるほ

語史研究の方法　　255

どに離れており、なおかつ、後者の意味がその後も日本語の中に定着したとはいえないことから、漢字の訓による限定された影響であるということが比較的説明しやすい状況であるということがいえよう。それに対し、「うつす」のばあいは、意味の区別がやや連続的で十分離れているといえないうえに、それが日本語の中に自然に定着していっていることから、内部の自律的な変化の可能性が残るともいえよう。

　もちろん、日本語内部の自然な意味変化にのみよるものとも言い切れないではあろうが、要因の解釈が、オーソドックスな語史（語史Ⅱ）研究によって無理なく導かれるものであるかどうかについては、検討の余地があるのではないだろうか。このように、変化に対する要因の説明のしかたも、語史Ⅰ・語史Ⅱでことなるばあいがあるといえる。

4.2 「全然」にまつわる言語使用者の意識

　語の歴史には、その語の使用者の意識が関わりをもつ場合がある。「全然」は、そういった言語規範意識とのかかわりで最も盛んに論じられてきた語のひとつといえよう。

　「全然」については、「全然〜ない」のように、打消をともなわなければならない、という規範意識が、ひろく浸透しているといえる。一方で、打消をともなわない用例もふるくからあるということも、多くの研究によって指摘されており、研究者の間ではある程度共通の認識となっているといえよう。もっとも、それが一般の言語使用者の規範意識に強い影響をあたえるものとはもちろん言えない。後述する新野直哉（1997）等ではそうした「全然」についての誤った、つまり事実に合わない「本来の」用法観を「迷信」と呼んでいる。そのようなわけで、「全然」についての語史的研究も、調査・考察の観点に、そのような使用者の意識とのかかわりを含むものが多くなる。

　たとえば、鈴木英夫（1993）は、漢語「全然」が、近世後期に明清白話小説をとおして受容されたということを主張したものである。それとともに、打消をともなわないものも日本における初期の

使用例から見られることや、昭和後期になると〈非常に〉の意味の新しい用法が見られることなども指摘するが、個々の用例の存在を指摘することに重点があるという点で、基本的には語史Ⅰの研究といえよう。

　それに対し、たとえば新野直哉（1997）は、用法を分類し通時的傾向をさぐった語史Ⅱの研究といえるものである。そこでは、「〜ない」を伴わないものにおける「全然」の被修飾語句を、「不」「無」「非」などの否定の接頭辞を含む語、「反対」「別」「違う」「異なる」などの2つ以上の事物の差異を表している語句、「削除」「分離」などの否定的なニュアンスを含んだ語、「有害」「失敗」などマイナスの価値評価を表す語句、などに分類し、明治から昭和戦前までの約40年間で顕著な変化は見られないとしている。

　このように、実例をもとに「全然」が打消をともなっているか、ともなっていなくても打消に近い表現をともなっていないか、という観点から用法の変化をさぐる研究は、これ以外にもなされてきている。それらは、端的にいって、現代のような規範意識が発生する原因を、用法の変化であとづけられるかどうかをさぐるものといえよう。つまりこのばあい、たとえば打消を伴う用例の増加が見られれば、そのことで「迷信」発生の要因を説明しようとすることになろう。

　しかし、このばあいも、「全然」の使用の実態そのものとしての用例の出現傾向と、それについての規範意識とが直結するとはかぎらない点に注意が必要である。この点については、新野直哉（1997）にも、

　　「"全然"が否定を伴う用法が一般的になった」時期・理由ということと、「"全然"が否定を伴うべき副詞と考えられるようになった」それとは区別して考えなければならない

とある。このように、使用実態そのものがただちに規範意識を生み出すとみとめられるわけではなかろう。打消をともなうかともなわないかの調査からわかるのは、「全然」の用法の変化（の有無）であり、まさに「全然」の語史（語史Ⅱ）そのものである。それに対し、規範意識は、個々の用例の使用の背後にあるものであり、語の

歴史から直接に導かれるものとは必ずしもいえない＊15。

　また、打消をともなわなければならないという一般の言語使用者
による規範意識も、研究者がするように過去の用例を調査したうえ
でのものでないわけであるから、文献に見られる語史としての言語
事実と合わないとしてもそれは当然のことである。このばあい、現
在の新しい（と聞き手が感じる）用法に対する違和感（あるいは嫌
悪感）の根拠を、「肯定をともなって使用するものではない」とい
ったように、打消の有無（だけ）に帰してしまうことが（研究者か
ら見て）誤り、あるいは不適切なのである。したがって、その説明
が言語史的事実に合わないものであったとしても、そうおもうこと
で違和感や嫌悪感がなくなるわけではなかろう。それに対して、そ
れまでの用法とどこが異なるのか（あるいは異ならないのか）とい
ったことの正確な説明は、そのことこそ、研究者がすべきことであ
る。「全然」の場合は、現象の説明の適否とは別に、「肯定をともな
って使用してはいけない」という規範意識がひとり歩きして、広く
浸透してしまっており、研究者が過去の文献に見られる事実をいく
ら指摘したところで、おおくの人が共有している規範意識を変える
ことはむずかしい（また、その必要も特に無いといえよう）。現象
の説明の適否と、言語使用についての規範意識とは、別の問題であ
ろう（もっとも、その両者がもつれあっているところに「全然」の
問題のむずかしさがあるのであろうが）。

　このように、語史研究そのものから直接明らかにしにくい問題も
あるといえる。語史Ⅱは、用例間の関係を説明することをめざすも
のであるが、変化の要因や使用者の意識といったものが、用例の出
現傾向にそのまま表れるとはかぎらない。個々の用例の解釈の問題
として説明すべきばあいには、語史Ⅰの方法によることも必要とな
る。扱う素材や明らかにしようとする問題に対して、適切なアプロ
ーチをとる必要があることが、この語史Ⅰ・語史Ⅱの区別からも指
摘できるといえる。

5. おわりに

本稿では、語史研究の方法を、用例の扱い方と分析・考察のしかたによって分類したうえで、語史研究の目的や問題点を考察した。

ここでしめした研究方法の分類は、必ずしも典型的な語史研究にのみあてはまるものではなかろう。本稿でしめした分類方法にしたがうばあいでも、本稿で挙げた事例以外の、語史ではない事例の方がむしろ説明しやすいといったことも部分的には認められようし、また、それぞれの事例の分類のしかたには異論もあろう。

しかし、仮にこのように分類することによって、語の歴史についての、どのような言語事象を、どのような手段であきらかにすることができて、そのことがどのようなよりおおきい問題へつながっていくのか、ということを示すことができるのではないだろうか。

今後、より多くの事例をふくめて考察をすすめれば、分類が詳細になるだけでなく、そういった、個別の語史をえがくことの先にある問題意識と研究方法とのかかわりや、語史研究の価値を高めるために何が必要か、といったことが、よりあきらかになっていくものと考える。

---

*1　たとえば、小松英雄（1973）の以下の指摘は、主に本稿で述べる語史II
の方法による研究における、方法論的に無自覚な態度に対する批判と考えられ
る。

　　現今における、国語史研究の動向をみてみると、わるいことに、ある領域
　　の研究について、問題の設定からその解決にいたるまでの路線の類型が固
　　定してきて、あとは、それをひたすらなぞるだけの研究が簇出するという、
　　顕著な傾向がうかがわれる。たとえば、特定の語法の変化について、問題
　　を設定し、もうしあわせたように、特定の出版社の古典叢書を中心資料と
　　して、おなじみの用例分布表をつくり、そして、なんらかの帰結をみちび
　　くというたぐいのもののおおくが、すなわちそれである。真も贋も、体裁
　　だけはほとんどかわりがない。
*2　本稿では、一篇の論文で、一語ないし数語をとりあげ、通時的に、また、
資料横断的に論じたものを中心に、「語史」の例として挙げる。特定の時代や

特定の資料に限定したものは、とりあげない。また、本稿では、語史研究の事例を挙げる際には、のちに著書の一部になったものでも、初出の論文による。それに対し、研究方法についての言及・指摘などや、複数の論文をまとめなおした部分を挙げる際には、著書によるばあいもある。

＊3　文法研究の分野における、方法論的な議論の例として、文法論の立場を分類した尾上圭介（1984）（1990）が挙げられる。本稿は、この分類を参考にし、語史研究について、研究方法の分類を試みるものである。

＊4　例えば、青木毅（1992）は、もともと「時間の経過」を表さなかった日本語の「おくる（送）」が、中国韻文資料における〈時が去り行くのを見送る〉という比喩的意味を表す「送」字の影響を受けることによって、〈時を過ごす〉という意味を表すようになったことを主張するものである。これは、個々の用例の存否や解釈が問題になっているという点で、立論の根拠としては全体的に語史Ⅰの方法によるものであるが、問題となる用法の各資料における多寡の傾向を時代差・文体差の観点から分析するものでもあるという点で、語史Ⅱの要素をふくむことになる。ほかに、2.2で挙げた事例のなかでも、たとえば、根来司（1980）は、時代・作品を通じてある程度用例の見られる「をかし」をとりあげたものであり、その出現傾向全体をふまえて論じたものとみれば、語史Ⅱ的要素もないとはいえない。また、小林隆（1983）は、用例の通時的分布傾向に対して位相的観点からの解釈をすることが最終的な目的と言えることから語史Ⅱとしたが、その前段階として、〈顔〉を意味する複数の語形の存在とその文献上の交代関係を示す部分は、文献上の事実の指摘という点では語史Ⅰ的要素をもつともいえる。

＊5　本稿では、「語史」と「語誌」の用語の区別に関わりのある指摘のみをとりあげる。

＊6　「地理」と「地誌」の違いになぞらえれば、阪倉篤義（1980）に次のようにあるように、語の経歴を記録したものを「語誌」ととらえることも可能であろう。

　　　われわれが意図する語源研究というのは、（略）ある語が、かつての時代に行われていた際の形式と意味との関係を、たとえ痕跡的にせよ、明らかにし得るかぎり遡って（したがって、それには当然、限界がある）、その由来をたずね、そして更に、それを出発点として、以後その語が、形式及び意味・用法の面でどのように変化して現在に至っているか（あるいは消滅するに至ったか）という経歴を跡づけることを、主たる目的とするものである。それは、すなわち、語の歴史を明らかにすることであり、その意味では、むしろこれは、「語史」研究と呼ぶにふさわしく、またその経歴の記録という意味で、「語誌」と呼ぶこともできるものである。

＊7　同一箇所で用語の区別に言及したものではないが、前田富祺（1988）の「語の文化的背景（語にまつわるエピソードなども含めたいわゆる「語誌」）をさぐることも重要な作業である」といった指摘も、同様の考え方によるものであろう。

＊8　小野正弘（2001）も、小林隆（1984）の指摘に言及しながら述べたものである。

＊9　ほかに、「語誌から語彙史へ」という表現で、語彙史記述にとっての語史

研究の有用性を論じる阪倉篤義（1971）がある。そこでは、「それぞれの語誌が、それぞれの時代の語彙において、意義・用法・語形のうえでどのような位置をしめていたかという、そういう履歴をあきらかにするような語誌」が重要であり、「特徴的な一語をとって、その語誌を記述することによって、語彙史の一面をうきぼりにすることも可能になる」と述べる。

＊10　この①・②の分類と同様の考え方は、既に小野正弘（1985b）にもみられる。

＊11　ただしこのばあいは、音韻史の問題としてまとめることも可能であろう。

＊12　小野による一連の研究は②の例として挙げたが、小野正弘（2001）では、語における中立的意味とプラス・マイナスの意味との関係を、語法とのかかわりを視野に入れてまとめるという研究の方向が論じられており、そのようなばあいはここでいう③にふくめることもできよう。

＊13　たとえば、鳴海伸一（2015）における、「漢語の国語化」の類型は、日本語と中国語の言語接触という特殊事例における言語変化のしかたをまとめたものであり、時間的意味の発生の類型・程度的意味の発生の類型は、日本語に限らず他の言語においてもそのような意味変化が起こり得るものとして、言語普遍的な現象としてまとめたものとみることができよう。

＊14　注9に掲げた阪倉の指摘や、前田富祺（1980）の「語彙の変遷を象徴するような語」としての「鍵言葉」という考え方も、必ずしも関連する語例を示しながら論じるものでないという点で、これと共通するといえよう。

＊15　もっとも、使用実態と規範意識のあいだには何らかの関係があることは考えられる。たとえば、規範意識の定着・普及が使用実態（についての意識）によって支えられるということはあろう。新野直哉・橋本行洋・梅林博人・島田泰子・鳴海伸一（2014）の、以下のような説明は、何らかの因果関係をさぐろうとするものの一例とみることができよう。ただし、使用実態と規範意識の関係をどうとらえるかは、この説明のかぎりでは明らかでない。

　　　副詞が日常的な使用の中で"強調"のニュアンスを帯びてくると、次第に否定と共起する率が高まる傾向があり、そこから"迷信"が生じる、という通言語的・言語類型論的現象と捉えるべき側面がある

参考文献

青木毅（1992）「"時間の経過"を表す「オクル（送）」の成立について」『鎌倉時代語研究』15: pp.99–125. 武蔵野書院

阿辻哲次（2009）「講評」『漢字教育研究』10: pp.4–5. 日本漢字能力検定協会

浅野敏彦（1973）「綺麗　うつくし　きよし―漢語と和語」『同志社国文学』8: pp.82–94. 同志社大学国文学会

安部清哉（1985）「温度形容語彙の歴史―意味構造から見た語彙史の試み」『文芸研究』108: pp.39–51. 日本文芸研究会

遠藤好英（1978）「記録体における「夕方」の語彙の体系―「後二条師通記」の場合」『国語と国文学』55（5）: pp.31–46. 東京大学国語国文学会

尾上圭介（1984）「文法（理論・現代）」『国語学』137: pp.20–34.（昭和57・

58 年展望号）国語学会

尾上圭介（1990）「文法論―陳述論の誕生と終焉」『国語と国文学』67（5）: pp.1–16.東京大学国語国文学会

荻野綱男（2013）「外来語の語形のゆれ―チックとティックー」『計量国語学』29（1）pp.34–39.計量国語学会

小野正弘（1985a）「中立的意味を持つ語の意味変化の方向について―「分限」を中心にして」『国語学』141: pp.28–38.国語学会

小野正弘（1985b）「天気の語史―中立的意味のプラス化に言及して」『国語学研究』25: pp.11–27.東北大学文学部国語学研究刊行会

小野正弘（2001）「通時態主導による「語彙」「語彙史」」『国語学研究』40: pp.1–11.東北大学文学部国語学研究刊行会

木村義之（2010）「第 4 章 語彙」沖森卓也編『日本語ライブラリー 日本語概説』朝倉書店

小林賢次（1988）「「タダシ（但）」考―院政・鎌倉時代を中心に」『国語国文』57（8）: pp.18–36.京都大学文学部国語学国文学研究室

小林隆（1983）「〈顔〉の語史」『国語学』132: pp.51–64.国語学会

小林隆（1984）「変化の要因としての語彙体系」『国語学研究』24: pp.1–9.東北大学文学部国語学研究刊行会

小松英雄（1973）『国語史学基礎論』笠間書院

阪倉篤義（1971）「第 1 章 語彙史の方法」阪倉篤義編『講座国語史 3 語彙史』pp.3–28.大修館書店

阪倉篤義（1980）「語源」国語学会編『国語学大辞典』pp.419–422.東京堂出版

佐藤喜代治（1968）「「学生」「学匠」並びに「書生」」『文化』32（1）: pp.1–17.東北大学文学会

佐藤喜代治（1978）「語彙史」佐藤喜代治編『国語学研究事典』pp.276–277.明治書院

佐藤喜代治（1987）「漢字と日本語」佐藤喜代治編『漢字講座』3: pp.1–24.明治書院

佐藤武義（1990）「「黄なり」から「黄色なり」へ」『東北大学教養部紀要』54: pp.47–70.東北大学教養部

佐藤武義（1994）「「黄なり」から「黄色い」へ」佐藤喜代治編『国語論究 5 中世語の研究』pp.284–299.明治書院

佐藤亨（1979）「訳語「病院」の成立―その背景と定着過程」『国語学』118: pp.11–23.国語学会

澤村美幸（2007）「方言伝播における社会的背景―「シャテー（舎弟）」を例として」『日本語の研究』3（1）: pp.17–32.日本語学会

ジスク・マシュー・ヨセフ（2009）「和語に対する漢字の影響―「写」字と「うつす」の関係を一例に」『漢字教育研究』10: pp.6–45.日本漢字能力検定協会

信太知子（1981）「「～をそむく」から「～にそむく」へ―動作の対象を示す格表示の交替」『国語語彙史の研究』2: pp.127–147.和泉書院

鈴木英夫（1993）「新漢語の受け入れについて―「全然」を例として」松村明

先生喜寿記念会編『国語研究』明治書院

田中牧郎（2005）「漢語「優秀」の定着と語彙形成―主体を表す語の分析を通して」『雑誌『太陽』による確立期現代語の研究―『太陽コーパス』研究論文集』博文館新社

張愚（2014）「「むざん」の語義変化―形容詞の統語的機能との関わりから」『日本語の研究』10（1）：pp.32–47. 日本語学会

鳴海伸一（2015）『日本語における漢語の変容の研究―副詞化を中心として』ひつじ書房

新野直哉（1997）「「"全然"＋肯定」について」佐藤喜代治編『国語論究6 近代語の研究』：pp.258–286. 明治書院

新野直哉・橋本行洋・梅林博人・島田泰子・鳴海伸一（2014）「漢語副詞の受容と展開―〈漢語の和化〉と否定との呼応」（ブース発表、日本語学会2013年度秋季大会研究発表会発表要旨）『日本語の研究』10（2）：pp.117–118. 日本語学会

根来司（1980）「「をかし」と歌系列、文系列」『国語語彙史の研究』1：pp.29–49. 和泉書院

橋本行洋（2006）「「食感」の語誌―新語の定着とその要因」『日本語の研究』2（4）：pp.92–107. 日本語学会

原田芳起（1977）「文学的発想における"さいはひ"―中古物語文学に関する試論」『松蔭国文学』15：pp.15–27. 大阪樟蔭女子大学

日野資純（1999）「国語史研究の一方向―基礎語史研究の意義とその実践」『国語学』196：pp.13–25. 国語学会

前田富祺（1965）「ハグクムとハゴクム」『文芸研究』47：pp.41–54. 日本文芸研究会

前田富祺（1978）「語史」佐藤喜代治編『国語学研究事典』明治書院

前田富祺（1980）「語彙史」『国語学大辞典』東京堂出版

前田富祺（1985）『国語語彙史研究』明治書院

前田富祺（1988）「Ⅷ 語史と語源」『日本語百科大事典』大修館書店

前田富祺（2007a）「語彙」飛田良文・遠藤好英・加藤正信・佐藤武義・蜂谷清人・前田富祺編『日本語学研究事典』明治書院

前田富祺（2007b）「語彙史」飛田良文・遠藤好英・加藤正信・佐藤武義・蜂谷清人・前田富祺編『日本語学研究事典』明治書院

前田富祺（2014）「語史」佐藤武義・前田富祺編集代表『日本語大事典』朝倉書店

松下貞三（1987）『漢語受容史の研究』和泉書院

宮地敦子（1973）「身体語彙の変化―「かうべ」「かしら」「あたま」「なづき」など」『国語学』94：pp.1–15. 国語学会

山内洋一郎（1982）「語史試論」『国語語彙史の研究』3：pp.1–16. 和泉書院

山田孝雄（1949）「日和考」『国語学』2：pp.79–108. 国語学会

吉田光浩（2012）「第3章 ことばの歴史」沖森卓也編『日本語ライブラリー 語と語彙』朝倉書店

文体史はいかに可能か

山本真吾

1. 文体史の記述をめぐって

1.1 文体史の記述の困難さ

　文体は、その定義自体必ずしも共通理解が得られているとは言いがたく、これをどのようにとらえるかによって研究方法や記述の仕方も変わってくる。定義が一定しない状況ではその史的変遷を記述することも容易にはかなわないことは想像の及ぶところであろう。しかし、文体を、日本語史の立場、すなわち、語学か文学かの別では語学的観点であり、個別か類型かの別では類型的に捉えるものであるとして、この立場に限定して文体史の記述を行おうとしても、なおそれが容易ではないという理由について、まず最初に述べてみたい。

　文体は、Pierre GUIRAUD（1951）の説く最大公約数的定義に従えば、

　　文体の効果は、文体的異形（variantes stylistiques）の存在、
　　すなわち、同じひとつの概念（un même concept）を表現する
　　言語形態がたくさんあって使い手がその中から選択できるとい
　　うことを（中略）前提としてなりたっている。

ということであり、「同じひとつの概念」を前提としてその異形態による表現手段のうちの1つを選択するときに文体的特徴及びその効果が記述し得るということになる。

　この「同じひとつの概念」を文法的単位で見た場合、単語レベルでは比較的厳密に規定され得るが、文、文章と大きな単位になるにつれ、その同義性はゆるやかにしか捉えられない。文章レベルになると、同義性を備えた文章相互にその表現手段の選択といった比較は現実には成り立たない。

　このように考えるとき、古代の日本語で書かれた文章から近代、

現代に至る文章を対象として、その文体についての通史を描くことが果たして可能であるかという問題に突き当たることになる。文章の史的展開を辿る際に、一本の線上にそれぞれの文章を位置づけるような単純な流れでは描かれない。一般に、文章の目的、用途によって選択される言語表現は異なり得るが、その文章の目的・用途自体が時代によって異なっているのでそれぞれの文章を時代ごとに比較してみても、文体の流れを連続的に捉えることはできない。

　古代の日本語の文章で今日伝わっているのは、たとえば、奈良時代であれば記紀万葉、平安時代は仮名文学作品、漢籍・仏典の訓点資料、公家日記などの記録類などであるが、これらの文章内容に厳密に同義性を認めることは困難である。そこで、これまで採られてきたのは、同じジャンルの文章を相互に比較して文体を記述する方法と、文章中の単語の同義性に基づいて文体を記述する方法とであった。前者は、同じ歌物語というジャンルの共通性にゆるやかな同義性を一応認めて、伊勢と大和、平中の相互の文体的特徴を明らかにするといったアプローチなどがこれに該当し、後者は、同じ使役を担う助動詞に「す・さす」と「しむ」とがあって、その選択によって和文体か漢文訓読体かに分かれるという手法がこれに属する。

1.2　文体史と表記史

　文体分析は、先の同義性のものさしをどこに設定するかによってさまざまなアプローチが成り立つ。語彙、文法、敬語、音韻等の言語構成要素について同義的異形態（＝文体的異形）を見出すことから分析は始まる。だが、こういった複数の観点からの分析を可能にするためには分析対象の文章が表音文字で綴られていて、一々の語形が確定されていなければならない。

　奈良時代以前の文章は漢字専用文であり、平仮名、片仮名が発生した平安時代以降とは文章表記の点で大きく異なっている。万葉仮名の部分以外の漢文体について、どのような言語を綴ったかを音声として正確に復元することが出来ない（つまり、書き手がどのような日本語を書き留めようとしたかが正確には分からない）以上、仮名で書かれた文章と同じ厳密さをもって音韻、語彙や語法をものさ

しにすることは困難であると言わざるを得ない。

したがって、漢字専用文と仮名交じり文の文章とでは文体分析の観点の採り得る幅という面で同列には扱えず、文体史として無条件に繋げることはできない。文体史記述の可能性をめぐる議論は、この日本語表記史の制約を前提にして展開する必要がある。

1.3　文体史記述の不連続

日本語文体史を古代から近現代に至る通史として記述することは未だ実現されておらず、そこにはいくつかの断絶が認められる。第一のそれは、漢字専用時代の上代と、平仮名・片仮名の成立した平安時代以降の間に認められる。表記史の制約上、流れとして無条件に両者を比較して記述することができないことは先に述べたとおりである。その次の断層は、平安鎌倉時代と、室町時代末期以降の間であろう。平安時代から鎌倉時代までの文体史の記述と室町時代末期以降のそれとの間の懸隔は甚だしく、未だ埋められていないのが現状である。

この不連続性には、当時の文章における言と文との問題が深く関係している。これまでの日本語史では、①平安時代は言と文が一致していた（平安時代「言文一途」論）が、②平安末・鎌倉時代以降、言と文は次第に乖離してゆき、③明治時代～大正時代、言文一致運動によって、再び言と文は一致を取り戻したという見解が大勢を占めていた（金水敏 2011）。平安時代がそもそも「言文一途」であったかどうかについても疑義が持たれ、再検討が始まっているが、ここでは、特に②の「言文二途」について問題の所在を明確にしておきたい。

　　射さうな者はないか？　　那須の与一は小兵なれども、手はきい
　　てござる：証拠はあるか？　　そのことでござる：かけ鳥を三寄
　　りに二寄りはたやすうつかまつると申す：さらば召せとて召さ
　　れたに　　　　　　　　　　　　　　　　　　　（天草版平家物語）
これを原拠となった平家物語と比べてみると、
　　「射つべき者はなきか」。「さん候。下野の国、那須の太郎助孝
　　が子に、与市助宗こそ小兵なれども、手はきいて候へ」。「証拠

はあるか」「さん候。翔け鳥を三よせに二よせはかならずつか
まつる」と申す。「さらば召せ」とて、召されたり。

(百二十句本平家物語)

のようであり、天草版平家物語に口語文としての特徴が顕著に窺え
る一方、原拠本（この場合は百二十句本）の古典平家は基本的には
平安時代の語彙、語法に準拠している。

　言と文の関係史の上で問題となるのは、天草版平家物語のような
口語文の生成過程であり、これを記述する際に障壁となっているの
は鎌倉時代から南北朝、室町時代後期にかけての言と文との関係が
分からないことに因る。

　鎌倉時代から南北朝、そして室町時代後期にかけて、文章の主流
は平安時代の文体を規範とする擬古文や漢文訓読文であった。この
前代の言語規範を文語体として墨守しつつ、徐々にこの制約を弛緩
させ、口語の混在を許容してゆくことになる（土井光祐2007）。キ
リシタン資料の１つである天草版平家物語をはじめ、抄物や狂言台
本などの口語文が室町時代末期に出現するが、その手前の鎌倉時代
から南北朝、室町時代後期の文章は一般には文語文であり、末期の
口語文とは直ちに連続性を認めることはできない。また、この口語
文の内実も多様であって、キリシタン資料は京都の教養ある男性の
話し言葉、抄物は講義の場における話し言葉、狂言台本は庶民の話
し言葉を伝えているらしい（木田章義2013）。

　３つめの大きな断層は幕末明治期に認められるが、この言文一致
に至る道程については当時の記録が多く残されており、実態解明に
ついてもそれ以前の文体研究よりは比較的進んでいると見られる。

　したがって、今後、通史として日本語文体史を記述するためには、
この室町時代末期の多様性を有する口語文と、鎌倉時代から室町時
代後期にかけての文体とを繋げて記述することがまず課題となるが、
その前提となる作業としては、平安時代に成熟した文語規範の解明
と鎌倉時代の多種多様な文献資料の中からこの文語規範が弛緩する
文や記事を発掘しその中の口語を選り分けるといったデリケートな
手続きが不可欠となろう。文献は転写を経ず、こういった口語の潜
んでいそうな良質の資料を見つけ出し、文語に含まれる微かな口語

的徴証の観察から着手して、文語との相対化を測りつつ、表現価値
を再構するという地道な作業を積み重ねてゆくほか手立てがない。

　しかし、筆者にはこの口語の発掘もさることながら、より急がれ
るのは平安時代に形成された文語の正体の解明であると考えている。
以下にはこの点をやや詳しく検討してみたい。

2.　平安時代の文体範疇

2.1　和文体と漢文訓読体

　平安時代の文体研究における画期的な業績と言えば、築島裕
（1963）を最初に挙げなければならない。築島は、和文の代表とし
て『源氏物語』、漢文訓読文の代表として興福寺蔵『大慈恩寺三蔵
法師伝』院政期点（以下『慈恩伝』と略称）を取り上げ、両者のす
べての語彙についてこれを対照比較し、両者に共通する語を除く、
「源氏物語に見えないもの」及び「源氏物語にも見えるが、用法や
用例が限られているもの」を訓点特有語と認め、これの存在する理
由を、1つに『源氏物語』が貴族の宮廷生活を描き、『慈恩伝』が
玄奘三蔵の伝記（印度への紀行、帰朝後の訳経）を記すといった表
現世界の違いに求めるが、更に文体史の上で重要な事実として、比
況の「ゴトシ・やうなり」、使役の「シム・す、さす」、程度大の副
詞「スコブル、ハナハダ・いみじく、いたく、いと」、不可能表現
を担う「アタハズ・え…ず、…あへず」（片仮名書きの前者が漢文
訓読語・平仮名書きの後者が和文語）など、同義的異形態の存在を
数多く指摘した。これによって、平安時代の文体が和文体と漢文訓
読体という二大文体範疇を形成していることが明らかになった。

　漢文訓読に特有の語彙、語法の存することはそれ以前からも注意
されていたが（山田孝雄1935、春日政治1936）、これを各品詞に
亘って語レベルで数多く認められることを具体的に示し、両者の対
立を体系的に解明した功績は大きく、この知見はその後さまざまな
方面に影響を与えた。

2.2 築島裕（1963）の影響

築島裕（1963）の成果を踏まえてこれを簡明に説いた平安時代語の概説書が築島裕（1969）として刊行された。築島裕（1963）では、先の同義的異語形の対立のうちの訓点資料の方に見られる語を「訓点特有語彙」と呼ぶ（ただし、「漢文訓読語」という語も使用されており、その場合訓点資料を訓み下した文中に使用される語の意で用いられる）、その後、築島裕（1969）ではこれを「和文語」と対立させて「漢文訓読語」と称している。

この知見が学界に周知されるや、これを承けてさまざまな研究が展開することになったが、この主な方向性を整理すると以下の7つに集約される。

（1）和文体と漢文訓読体の文体範疇が形成された要因についての研究

（2）『源氏物語』などの和文体の作品を軸として訓点資料と対比する研究

（3）和文語、漢文訓読語の語性についての研究

（4）資料の示準性に関する研究

（5）両文体共通語彙の意味用法についての研究

（6）文体範疇の階層化に関する研究

（7）和文語、漢文訓読語の後代文献の受容（影響）に関する研究

このうち、（7）は和漢混淆文の研究や近代の諸文体に関する研究がこれに該当するが、和漢混淆文については後に改めて述べることとする。

（1）は、山口佳紀（1967）がいち早く考究しているが、なぜこのような文体差が形成されたかという、この知見についての本質的追求が、その後必ずしも深化しなかったのは憾まれる。（2）については、築島裕（1963）が『慈恩伝』を軸として和文作品との語彙比較を行ったのに対して、塚原鉄雄（1966）は『竹取物語』『土左日記』『伊勢物語』などの平安初期散文や『源氏物語』の方を軸として訓点語彙との比較を行うといった手法を提示して考察を加えている。（3）については、和文語と漢文訓読語を女性語、男性語と規定する先行説（遠藤嘉基1952）を否定して、築島裕（1949）

は、訓点語は「当時の口語に遠く」、「訓点語は漢文をよむ時の言語」であると説き、これに対して、和文語は「当時における談話語（日常会話語）に最も近いもの」（築島裕1963）とした。関一雄（1993）は築島裕（1963）の和文語に対する見解に批判を加え、物語用語としての和文語の性格付けを試み、また石塚晴通（2013）も源氏物語特有語彙に『白氏文集』等の訓読により創り出された語があると指摘し、『源氏物語』を当時の日常会話語とする見方には否定的な見解を提示する。(4) については、和文の資料選択に関して、山口佳紀（1967）が発表され、王朝仮名文学作品の代表（筆者の言う「示準文献」山本真吾（2014a））としては『源氏物語』より『浜松中納言物語』を選択すべき主張を提示された。その理由として、「1100年前後の慈恩伝に配するに、1005年頃成立の源氏物語では、年代的隔たりがあり過ぎて共時的に扱うに難がある。」「もし和文を固定的な表現類型として捉えたいなら、創造性や展開の可能性を孕んでいた源氏物語よりも非創造的な、源氏物語の亜流と目されるような作品の方が適当であろう。」といった点が挙げられている。訓点資料の側では、小林芳規（1966）は院政期加点の慈恩伝と平安後期成立の源氏物語とでは共時論的に対照させることに問題があると批判し、大坪併治（1966）は築島の説く和文特有語が平安初期訓点資料に見えると批判した。この小林及び大坪の批判については、築島裕（1992）によって自身がこの疑義に応えている。(5) は、一般の文体論は同義性を前提として複数の異なった表現形式から1つを選択することを問題にするが、この場合両者に共通する語形について、その意味用法の選択を論ずるものである。動詞「をしふ（教）」は和文にも普通に使用される語であるが、「人＋を＋をしふ」の用法は漢文訓読に特有のものと見られ（山本真吾1993）、「すみやか」も和文と訓点資料とでは用法が異なる（山本真吾1988）。(6) は、平安時代の文体がどのような範疇に分かち得るかという問題意識の下、和文語については、歌語と散文語とに分かれ、漢文訓読語については、漢籍訓読語（近藤泰弘2011）の存在が気づかれており、下位分類を施し、階層化して文体を構造的に捉えようとする。

2.3　変体漢文の存在証明

　築島裕（1963）の影響は、もう1つの新たな文体範疇の存在証明にも及んだ。上代以来の変体漢文は、その後も日本語の文章表現に深く根を下ろして書き継がれることになる。和文体と漢文訓読体の対立が顕著になった平安時代後期においても、公家日記や文書がこの漢字専用文を原則とする変体漢文で書かれている。前述のように表記体の制約があって他の文体とは単純に比較することは難しい部分もあるが、峰岸明（1986）は、築島裕（1963）が訓点資料の語彙、語法を仮名文学作品のそれと比較したその手法を変体漢文に適用することで、和文語や漢文訓読語に並んで記録語も同義的異語形を有し、三項対立を示す語群の存在を説き、記録体の存在証明を行った。

　時刻の推移を表す動詞は、和文では「なる」、漢文訓読文では「イタル」が多く用いられるなかで、記録体の文章では「およぶ」が選択される。この他にも、「おだし・オダヒカナリ・穏便」（和文・漢文訓読文・記録体の順）、「すこし・スコシキ・少々」、「とく・スミヤカニ・早（はやく）」、「もろともに・トモニ・相共（あひともに）」などが指摘され、平安時代の文体範疇は、和文、漢文訓読文に加えて記録体が認められることになった。ただ記録体の語彙、語法のすべてが、和文や漢文訓読文に対して対立的であるわけではなく、それぞれに共通するものも多く含まれている。また、変体漢文については、「和化漢文」「漢式和文」「擬似漢文」などなおその呼称の定まらない部分があって問題を多く含んでいる（山本真吾2006）。

2.4　築島裕（1963）以後の研究の問題点

　築島裕（1963）が刊行されてから、おおよそ50年になる。訓点資料の語彙を体系的、総合的に調査し、こういった語彙群の実態を解明した築島裕（1963）の価値は今なおその輝きを失ってはいない。しかし、これを承けた研究がその後健全に進展していったかというと必ずしもそうとはいえない面もあり、そろそろ反省の時が来ているのではないかと思われる。築島裕（1963）の知見は、王朝

仮名文学作品には見えず、訓点資料のみに見える語彙に着目しこれを抽出する作業によって導き出した事実に基づく成果であり、これを漢文訓読語と呼称したのであったが、訓点資料から離れて、片仮名交じり文や変体漢文などの、訓点資料以外の文章にこの語が用いられる文体の性格を「漢文訓読的」「漢文訓読調」あるいは「漢文訓読系」と呼ぶようになって、その内実が不透明になってしまった。築島裕（1963）はこれが公にされるや直ちに和漢混淆文や変体漢文の研究に応用されたが、聊か性急に過ぎた点もあるように思う。「漢文訓読的な（あるいは漢文訓読調（系）の）」文章というのは依然その輪郭はぼやけたままである。

2.5　「訓点語」の位相解明の方法論

「訓点資料に用いられる語形」という本来の意味で今一度「訓点語」という術語に戻したとして、その「訓点語」について、和文や記録体の文章の語彙、語法との相違があることが認められたときに、その要因が何に基づくかの追求はなお十全でない。

　訓点資料に用いられた語＝「訓点語」は、確かに漢文訓読の場で使用されたものであるが、そのすべてが漢文を訓読するために醸成された語というわけではなかろう。確かにそうした漢文を訓読する上で創り出された語も存したであろうが、当時の男性貴族の会話語（山本真吾 2013）を訓読の際に用いた場合もあれば、寺院の学僧という特定の社会的属性を有する者の使用語彙であった可能性もある。しかし、これらは、訓点資料に当該語が見えるという事実から、さらにさまざまな操作を施して解釈しなければならない性質のものである。

　平安時代の仮名文学作品には見えず訓点資料にのみ見える「訓点特有語」の性格がどのようなものであるかという、もう一歩突っ込んだ議論へと深めるためには、どのような観点を据えておくことが必要であろうか、そのすべてを網羅し得てはいないと思うが、さしあたり分析に際しては次のような諸点を念頭に置く必要があろう。

（1）言語活動の場；表現行為か理解行為か

　漢文訓読という〈理解行為〉の場における「訓点語」と、そこか

ら離れて片仮名交じり文や変体漢文（記録体）という〈表現行為〉の場において使用された「訓点語」を分けて、その意味用法まで共通するかそうでないかを分析する必要がある。〈表現行為〉の場における使用状況は和漢混淆文の考察に応用されているが、後述のように問題を多く含む。

（2）文献資料の性格

位相論的な観点で「訓点語」の性格を明らかにするためには以下のような点がポイントとなろう。

α　表現内容；中国古典作品（漢籍）か仏教経典か。仏書の場合、事相書か教相書か。

β　書記者の性差；男性か女性か。

γ　書記者の社会的属性・おいたち；貴族か、学僧か、役人か。また、京都出身か否か。

λ　文脈・場面；雅か俗か。くだけたところか緊張した場面か。

（3）出現状況

（1）（2）の諸点から「訓点語」の一々の語の性格を解明するためには、当該語が平安鎌倉時代のどのような文献に出現するかといった状況把握が重要な情報となる。

i　平安時代文献における語の出現状況

ア　訓点資料に広く見られる語もあれば、平安時代初期訓点資料に偏る、漢籍訓点資料に偏る、仏典訓点資料に偏るといった傾向性を示す語もあり、この点を調査する。漢籍と仏典ではその原漢文の文体自体が異なっており、これに相応して訓点語も変異する可能性は当然ある。

イ　仮名文学作品にも見えるかどうかを調べる。源氏物語には見えないが他の仮名文学作品には見える語もあるので注意が必要である。

ウ　変体漢文（記録体）にも見えるかどうかを確認する。ただし、漢字表記語を主とするので語形を確定しにくいという問題は依然として残る。

ii　院政鎌倉時代文献における出現状況

『今昔物語集』と『平家物語』の双方に見える、一方にしか見え

ないといった切り口から検討する。この２書は同じ和漢混淆文として一括りにされることもあるが、平安時代の「訓点語」の使用状況は大きく異なっているようである。これを手懸かりにすることも検討されてよい。

　iii　iとiiの意味用法の差異の有無と解釈

　i平安時代文献、ii院政鎌倉時代文献の出現状況の調査を踏まえて、さらに意味用法の上で差異が見られるかどうかについて、検討すべきである。この観点を加味することによって、iiはiを受容したと考えるか、iiは和文や漢文訓読文のそれとは別の位相にあった言語の流れを継承していると考えるか、あるいは双方を想定すべきかといった議論に繋げることができる。後述の和漢混淆文の問題にも関係するが、これまで、平安時代の「訓点語」が後の説話集や軍記に使用されるという事実を指摘する場合に専らその語形にのみ注意されてきた向きがあるが、それでは不十分である。「訓点語」のひとつひとつの事例に沿って個別の語ごとに今後精密な検討を加える必要がある。

3.　和漢混淆文の諸問題

3.1　和漢混淆文研究小史

3.1.1　「和漢混淆文」という術語とその定義

　「訓点語」を〈表現行為〉の場に用いるという観点は、今日の和漢混淆文の研究に大きな影響を与えた。ここでは、その意義と問題点について考察したいのであるが、その前提として、この「和漢混淆文」という術語の指す内容が未だ定まっていないという状況についてまず最初に述べておかなければならない。「和漢混淆文」という術語の起源とその使用の経緯については、見坊豪紀（1959）と西田直敏（1982）の論に的確に整理されており、抑もこの術語の使用された当初よりその用い方には２つの流れがあり、１つに、日本語の文章の歴史を述べるに際し、元来中国語文である漢文を日本語に調和させて綴る文章の称として用いる、すなわち、史的認識の産物としての用法があり、今ひとつには、明治の書き言葉の標準的

文体を模索するに当たって、新井白石や貝原益軒など江戸時代の漢学者が啓蒙的に書いた漢字平仮名交じりの文章をそれと称する、いわば表現の文体としての用法があったと説かれる。特に、前者は、平家物語の文学作品としての達成を含意することになり、国文学史の文体呼称として広く流布するようになる。その後、橋本進吉は『日本文学大辞典』に国語学者として「和漢混淆文」の用語を取り上げて定義を試み（橋本進吉 1932）、築島裕（1980）の定義に受け継がれ現在に至っている。そこでは、「従来用いられた概念は必ずしも明確ではないが」と断った上で、「和文と漢文（訓読）との混用の文の意に用いられ」ると説く。表記体について「多く漢字仮名交り文をさ」すとしながらも、「漢字仮名交り文は表記分類上の概念であり、和漢混淆文は文脈分類上の概念であって、対立するものではない」と補足する。また、時代規定とジャンルについては「主として鎌倉時代以降の『平家物語』『太平記』等の軍記物語等の文体」を挙げ、その文体要素は「中古の和文と漢文訓読文の語法に基づき、漢語を多く加え、更に中世以降の俗語などをも併用し、その中には変体漢文の要素も多いのが普通である」と説明するものであって、今日学界に広く通行している。

3.1.2 「和漢混淆文」についての否定的見解

「和漢混淆文」の認め方について否定的見解を表明したもののうち、研究史上特に注目されるのは、前田富祺（1972）、山田俊雄（1977）、塚原鉄雄（1980）の論である。前田は、「『平家物語』は、時には俗語・古語を用い、漢語を用い、その場面に応じて文体を変えているのである。そのような意味では単純に 1 つの文体ということはできない」と説き、その文体の可変的、動的な側面に注意し、「和漢混淆文」についての消極的処理を行った。これを踏まえ、山田は「つまり、文体の一種としての「和漢混淆文」とは、「和文」ならざるものを包含する文章というにとどまるものであって、1 つの文体として、それを確立したものとは認めがたい」と断じ、「『平家物語』の「和漢混淆」の成功は、むしろ、洗練の度を加えて生長した、その物語特有の個性的な完成というべきもので、一般的に、

言語史的な観点から見ての上代以来の「和漢混淆」の手法の総決算というような、内的な脈絡を緊密に保持した、歴史の意志とのみは理解しがたい」と主張して、その文体呼称の否定的見解を明快に論じた。さらに、塚原は、混淆のあり方の一様ならざる点に注意を払い、「和漢混淆文という術語の使用を停止」することを訴え、特に「和漢混淆文」の創始と達成のそれぞれの代表作として位置づけられる向きの多かった、今昔物語集の文体を「折衷国文」、平家物語のそれを「統合国文」として区別する論を展開した。

3.1.3 「和漢混淆文」と表記体

「和漢混淆文」の定義に関して問題となる点の1つは、表記との関わりである。春日政治（1946・1983）は、鎌倉時代の和漢混淆文の文体について「草仮名・片仮名の使用の殆ど対等となったこと」「漢字と仮名との交用の偏倚しなくなつたこと」「片仮名交り文の表記様式も草仮名文体に合致し始めたこと」の特徴を挙げて、用字や表記様式との関連にも言及している。一方、築島裕（1980）は、先述のとおり「和漢混淆文」の術語を表記体とはひとまず切り離す考え方に立っていおり、峰岸明（1986）の論などに受け継がれている。

3.1.4 「和漢混淆文」の時代規定とその文献資料

定義が定まらないので、日本語史の論文で「和漢混淆文」として扱われている個々の文献名を通覧しても一定せず、外延も明確でない。甲（欒竹民1998）では、古くは東大寺諷誦文稿、新しいものでは天草版平家物語まで、平安時代から室町時代末期に至る、諷誦文、説話、軍記、抄物、キリシタンの諸文献をそれと認めるものもあれば、乙（鈴木恵1985）のように、院政鎌倉時代の、説話と軍記に限定して扱う論文もある。さらに細かく見れば、たとえば徒然草を、和漢混淆文と認めるか、あるいは擬古文として扱うかについても区々である。

文体史はいかに可能か　277

3.2 和漢混淆文研究の問題点

3.1ではこれまでの和漢混淆文の研究史について概観してきた。これを踏まえて、和漢混淆文研究の問題点について筆者の考えるところを纏めて提示してみたい。

まず、「和漢混淆文」の定義の問題についてであるが、これが曖昧であるのは、〈和〉と〈漢〉の要素の認定、時代規定、文献資料の外延のそれぞれが明確に示されていないもしくは研究者間に共通理解が得られていないことが主たる要因であったと考える。加えて、これまでの「和漢混淆文」に関する否定的見解に対して正面から検討することも理論整備の上では欠かせない作業であろう。その上でその術語の使用を継続するか否かの結論が導かれることになろう。

〈和〉〈漢〉の要素の認定に関して、さらに細かくその問題点を指摘するならば、まず第一に、具体的な文献資料によるより網羅的な調査が残されている。源氏物語と慈恩伝院政期点との比較による異なりは、たしかにその和文体と漢文訓読体の全容を端的に物語るものであり、ほぼ主要な語彙の全貌が示されたことは大きな収穫であった。しかしながら、今日電子テキストの時代を迎え、平安時代の仮名文学作品について短時間で正確に検索の行えるようになった昨今、ようやく平安仮名文学作品における源氏物語の個性的側面を捨象し得る環境が整った。平安時代の仮名文学作品の中で、言語データとして纏まった分量を有しながら必ずしも十分に調査がなされていない文献としては、特に宇津保物語と三宝絵詞とが注意される（山本真吾2007）。これらは源氏物語の成立より早く、加えて源氏物語に見えない「訓点語」の散見する事実がある。一方、訓点資料に関しては更に事情は複雑で今日発見されている莫大な資料群の個々の異なりがどのようであり、どのような点で共通するかの訓点資料内部の語彙、語法の《変異》の問題は尚未知の事柄が多い。加えて、〈和〉〈漢〉のそれぞれの要素の下位レヴェルでの範疇化も近年着手されたばかりである。仮名文学作品のジャンルの異なり、訓点資料の多面性、更には、公家日記、往来物、漢詩文等の日本漢文文献の諸特徴に応じてどのような〈和〉〈漢〉のそれぞれの内部の《変異》が見られるかが大きな問題として残されている。

第二には、和文語と漢文訓読語の性格について未だ尚解釈の余地が残されているように思われる。これは先に述べたような方法で「訓点語」及び「和文語」の洗い直しが求められている。

　第三に、「和漢混淆文」について時代の上限下限をどのように設定するかについて定める必要があろう。櫻井光昭（1984）は、4範疇（和文体、漢文訓読文体、記録（文）体、和歌文体）の位相差が最も歴然として存在した時期（＝11・12世紀）に確立した文体を認め、それと比較するならば非常にルーズな概念の文体、13・14世紀を中心とした時期の可変的文体として「和漢混淆文」の温存を主張する。しかしながら、以前平救阿闍梨作の表白類を学界に紹介した際に（山本真吾1996）、時代規定の上でも、平安時代の和漢混淆現象の実態についても見直しの必要であることを述べたが、これに類する文献の発掘調査が尚残されており、さらにこれと鎌倉時代の文献とがどのように連続するか（しないか）の検討も望まれる。

3.3　『今昔物語集』の文体記述の問題点

3.3.1　『今昔物語集』の文体研究史

　和漢混淆文の語学的研究にとって、『今昔物語集』と『平家物語』はその中心的存在であった。今、この『今昔物語集』について文体研究の史的展開を辿れば、そこにいくつかの画期が認められ個々の研究を位置づけることが可能のようである。私に整理したところを示すとおおよそ次のようになろう。

　第1期＝大正末〜昭和45年頃（1923〜1970年）

　第2期＝昭和40年代（1965〜1974年）

　第3期＝昭和末〜平成15、6年頃（1984〜2004年）

　第4期＝現在（2004〜2014年）

　第1期は、『今昔物語集』が出典文献の表現を踏襲した結果、巻第20を境として前半と後半とで文体が異なるという視点からこれを実証してゆく研究が主流となった時期である。具体的には、坂井衡平（1923）を萌芽とし、大坪併治（1936）に始まる研究で、更に綿密になり、巻毎ではなく、説話毎の和文調の度合、訓読調の度

文体史はいかに可能か　　**279**

合を追求する方向に向かう。最も徹底してこれを行ったのは、松尾拾（1967）である。これによって、『今昔物語集』は、前半は漢文訓読調が強く、後半は和文調が優るということが具体的に証明され、本集をいわゆる和漢混淆文の先蹤と位置づける認識が形成されることとなったが、この研究の推進を背景的に支えたのは築島裕（1963）及び築島裕（1969）であった。漢文訓読（特有）語と和文（特有）語の二項対立を成す語群を文体指標（ものさし）に採用することによって『今昔物語集』の文体を解明する研究が大いに進展したと見られる。この流れはおよそ昭和45年頃まで続く。しかし、取り上げる指標を替えれば同じ趣旨の論文が量産されることになり、研究手法のマンネリ化を助長したことも否めない。

　第2期は、これまでの研究とは異なり、より構造的に『今昔物語集』の文体を把握しようとする研究が出現した時期である。その画期を成すのが、山口佳紀（1966）である。これ以前の（筆者のいう第1期の）研究は、『今昔物語集』が基本的に出典文献の表現を踏襲して、出典が漢文文献であれば漢文訓読調に、和文文献であれば和文調にと「変化」する、この側面に注目して分析が進められてきたわけであるが、むしろ『今昔物語集』の「不変」の側面、すなわち撰者自身が『今昔物語集』の表現行為にどのように参加しているかという側面に目を向けるべきであるという主張である。馬渕和夫（1965）の発想を受け継いだことを表明したうえで、従来の手法で解明されてきたA出典に左右される文体（出典文献の表現を踏襲する態度）、B撰者固有の文体、このAとBの和としてC今昔物語集の文体が形成されたというような文体構造が示され、そして、このB撰者固有の文体をめぐって、議論が活発になったのがこの第2期である。山口佳紀（1966）では「由」の用法を吟味検討し、撰者固有の文体、すなわち『今昔物語集』の文体基調は（漢文訓読、和文、変体漢文の三範疇のうちであれば）変体漢文に近い（もしくは「今昔体」とでも称すべき独自の地位を与えるべきであるとも述べる）とする説を提示した。これを承けて、山口仲美（1969）は「事无限シ」をものさしにして調査した結果、文体基調を「和文脈製訓読語」であるとした。さらに、舩城俊太郎（1969・1983）は

「何ソ」「何ト」「何テ」などの語を取り上げて、文体基調は当時の僧侶の口頭語であると主張している。

第3期は、第2期を受けて次の世代の研究者によって展開する時期である。昭和末頃に第2期の研究が著書として纏められ刊行されるようになる。これに刺激を受けた研究がこの時期発表されるようになるが、この第3期の特徴は『今昔物語集』の文体基調をどの文体範疇に属するかという類型的文体として捉えようとする方向と『今昔物語集』撰者の個性的文体を追求する方向とに分けて考える志向性が強まってきたことである。後者に関して、この期の代表的な研究には、藤井俊博（1993）と青木毅（2004）などが挙げられる。ともに撰者の個性的文体として、その文体基調の形成には特定の文献の影響が強く作用したと考えるが、藤井俊博（1993）はこれを『法華験記』であるとし、青木毅（2004）は『水鏡』のような漢文翻訳文に求める。

第4期は、コンピュータを用いて大量言語データの処理が可能となったことからコーパスの手法を導入して『今昔物語集』の文体に迫ろうとする研究が出現したことがある。田中牧郎・山元啓史（2014）がこの代表的成果として挙げられよう。今後はこの新手法の可能性を注視したい。

3.3.2 『今昔物語集』の文体研究の問題点

『今昔物語集』の文体に絞って、語学的な立場からその研究史を眺めてみたが、実は、『今昔物語集』全体に一貫して流れる文体基調といったものを想定し、これを撰者独自の表現の中に求めるという構造的把握は大きくは誤っていないにしても実態としてはもう少し複雑で、少なくとも撰者固有の表現の中にも、『今昔物語集』撰者の表現態度として一貫して変わらない側面と編纂の過程で表現態度そのものが変わってゆく動的な側面という二面性が認められるという点は無視できない。

表現の様相を「文体」として記述する上では「変化」と映る前半と後半の文体的変異も、「表現態度」としては出典文献の表現に忠実であろうとする点において一貫していると見るべきで「不変」で

文体史はいかに可能か　281

あると考えられる。ところが、たとえば同じ「奇異」なる熟字を用いる場合でも、前半では漢文訓読調に馴染むように「奇異（キイ）ナリ」と漢語形容動詞で表し、後半になると「奇異（アサマ）シ」といった和語形容詞に交替してゆく事実が指摘されている（浅野敏彦 1975、小峯和明 1985、藤井俊博 2003）。また、漢文訓読調の強い前半では撰者の付加した表現も訓読的な表現を採用し、後半の和文調の強い巻では撰者の表現も和文調に傾くといったことも気づかれている（青木毅 1992）。こういった現象は前半と後半の文体の異なりに呼応して撰者自らの表現も変化させる動的、可変的態度であると認められ、表現態度としても「変化」していると捉えられるのである。

つまり、従来の出典の影響を受ける表現は「変化」、出典に左右されない撰者固有のそれは「不変」という等式はいささか厳密を欠き、撰者固有の表現態度にも全巻を通底する一貫した「不変」の面と本集の撰述過程や出典文献の文体に応じて変動する「変化」の側面とがあって、この「不変」と「変化」の両者を区別しつつ、最終的にはこれらを統合してゆくような志向性が望まれよう。『今昔物語集』の表現形成、文体構造の解明には、「文体（表現的様相）」における「変化」「不変」と、「表現態度」における「変化」「不変」という、次元の異なる「変化」「不変」の両方の側面を弁別しつつ議論を重ねてゆくことが肝要であると思われる（山本真吾 2015a）。

また、文体基調について、筆者は、現段階ではそれを変体漢文であるとか、僧侶の口頭語であるとかというように１つに限ることはできないと考えている。結論を急がずにひとつひとつ文体指標となり得そうな表現の吟味を積み重ねてゆくことが実は近道ではないかと思う。

3.4 『平家物語』の文体記述の問題点

3.4.1 『平家物語』の文体研究史
平家物語は、所謂和漢混淆文の上乗なるもので、そのよく漢語を用ゐて国文に調和せしめたる伎倆はわが文章史上に於ける偉観なり

（山田孝雄 1949）

この平家物語の文体要素は、概ね①中国の漢文乃至それを本邦において訓読した漢文訓読文、②中古の和文、③変体漢文（記録体）の文章、④中世以降の俗語、の４つの言語要素の混淆により成る文章であると理解されてきた。さらにもう少し構造的に整理を加えると、

　Ⅰ　前代的要素の受容…①中国漢文乃至漢文訓読文、②中古の和
　　　　　　　　　　　　文、③記録体の文章、といった前代の如
　　　　　　　　　　　　何なる文体範疇に属する言語要素を受容
　　　　　　　　　　　　しているか、といった、前代の言語の受
　　　　　　　　　　　　容の様態という側面
　Ⅱ　当代語の使用………④中世以降の俗語、すなわち、前代には
　　　　　　　　　　　　認めがたい、あるいは少なくとも文献に
　　　　　　　　　　　　記し留められることのなかった新しい言
　　　　　　　　　　　　語要素の摂取という側面

の２つに大別して捉え直すことができる。そして、Ⅰは、さらに、

　　Ⅰ・ⅰ　漢の要素
　　　・ⅱ　和の要素

に分けられ、その和の要素である、②中古の和文は、物語・日記・随筆といった散文の文体と、和歌の文体とに分けられ、文体範疇の細分化がなされてきている。一方の、漢の要素についても、①中国漢文乃至その訓読文と、これとは別に我が国の漢文体に特有の言語要素の存在することが判明し、その核となる③記録体の文章を中心に研究の深まりを見せている。さらにこれに加えて、日本漢詩文の言語要素の受容も指摘され（山本真吾2006）、また、一口に訓点資料といっても広く一般に見られる語ではなく、漢籍の訓読文に限定的に用いられる語の受容といったことも知られるようになった。

　このように、前代のⅰ漢の要素にしても、ⅱ和の要素にしても、分析が深まるにつれ、あたかも受精卵が胚を形成するまでに細胞分裂をしてくびれてゆく卵割の一齣のように、下位の文体範疇の存在が認識されてきたのである。Ⅱについても、小林芳規（1988）によって、延慶本平家物語の会話文の用語についての吟味が総合的に行われ、深化が見られる。

文体史はいかに可能か　　283

3.4.2 『平家物語』の文体研究の問題点

　今後の『平家物語』の文体研究の課題は、こういったさまざまな位相にある文体要素がどのように分布し、どのような表現的様相を示すかを記述することがまず求められよう。『平家物語』の文体を語るのに従来の和と漢の要素だけでは論じ尽くせない。『平家物語』の文体は巨大な類聚の産物であり、さまざまな表現位相の語彙、語法が未だ埋もれている可能性がある。山本真吾（2015b）で「あきだる」を取り上げ、これが基本的には上代語であって、平安時代の訓点資料一般には見出されず、ごく一部の漢籍訓点資料に見える語であることを報告した。

　今後は、このような新たな表現位相にある語彙、語法を発掘することにより、『平家物語』の貪欲な類聚の産物としての文体を明らかにするのみならず、これに表裏の関係にあるものとして平安時代語の言語位相の多重性についても解明されてゆくことが期待される。

　また、『今昔物語集』ではほとんど問題にならないが、『平家物語』については必ずと言ってよいほど検討を迫られるのが、諸本論である。

　平家物語の諸本研究は、国語学者山田孝雄により始まった。その後は、高橋貞一ら日本文学研究者にバトンタッチされ、進展してきた。一方、本文、索引の刊行によって覚一本を専ら用いていた日本語史研究者も、北原保雄・小川栄一（1990、1996）が刊行されて以降は、再び延慶本に目を向けるようになった。今や文法史、語彙史等における鎌倉時代を語る文献資料として必ず用いられる文献の1つともなっている。しかし、山田孝雄以降、日本語史研究者がその後の諸本研究の成果を摂取しようとする姿勢は概して希薄であって、いわば無条件に鎌倉時代語の示準文献として聖典化されてしまったふしがある。

　延慶本と長門本との共通本文は、「旧延慶本」にすでに存した部分と見られ、その成立は鎌倉時代の範囲に収まるものと考えられている。しかし、延慶本と長門本との共通本文には見えず、延慶本の独自箇所に使用される副助詞「ばし」、格助詞「で」、完了「た」などは、応永年間（15世紀）まで下る可能性を孕む箇所であって、

これらの諸語は、延慶本及びその類縁の平家物語諸本に拠るだけでは「鎌倉時代の口語」であることは証明できないといった問題もあり、Ⅱ④の要素の時代規定には注意を要する。さらに、格助詞「で」は延慶本の「第三本」部分に偏っていることも注意しておきたい。延慶本本文の等質性を吟味することも今後の課題である（山本真吾 2014b）。

4. 文体史はいかに可能か

4.1 「事実の羅列」から脱却するために

　文体史に限らず、日本語史研究が「歴史」であるためには、研究者の主体的歴史観に立脚した、言語事実の相互に因果の関係性を認めてこれを説明する志向性が求められよう。資料から切り取られた言語事実の発掘は、偶然に見いだされた現象の集積の域を出ず、研究主体の認識と理解の介在しないものを「歴史」と言うことはできない。ただこれまで縷々述べてきたのは、平安鎌倉時代に限っても、文体的事実そのものの認め方がなお皮相的な段階であることを示したつもりである。これまで和漢混淆文に用いられてきた文体指標は、同義的でありながら仮名文学作品と訓点資料のどちらかに一方しか見られない語形であり、その限りにとどまるものであった。当該語が分析対象の文章にどのような位相語として用いられているかの追求なしにはこの時代の文体的事実を正確に記述することは出来ない。土台のぐらついたところに歴史的解釈を施しても無意味な知的作業に陥るしかない。本稿の主張の１つはここにある。「事実の羅列」から真に脱却するためにはまず事実を正確に認めなければならない。

4.2 文体史記述の可能性　歴史社会的文体史記述の試み

　ただ、この事実の解明が果たせたとして、今後この課題に向き合うために、どのような方法論が成り立つであろうか。近世には、すでに文体史研究の先駆的著述である伴蒿蹊『国津文世々の跡』（1777〈安永6〉年刊）があるが歴史の理法によって貫かれた著述とは言いがたい。幸い、平安時代和文については、渡辺実（1981）

という好個の模範的著述がある。作品ごとに文章の表現的様相を羅列するのではなく、筆者の明確な歴史的文学観に立脚した文章の史的展開が解説されている。

　さらに作品ごとの文体的特徴を繋げて、人の営みとしてその因果を説明する試みとして提案したいのは、歴史社会的記述の導入である。塚原鉄雄（1961）は、国語史研究について、「言語現象だけを、孤立的に対象化するのではなく、人間生活との関連において対象化する立場」を説いたが、文体史こそ最もこの立場を欲する領域ではなかろうか。文体はその時代ごとに文章の言語のみならず、表現内容も区々である。その表現内容は時代の社会、文化、生活、宗教の史的展開の影響下にあることが多い。こういった歴史社会的観点を捨象して言語のみに特化し内的記述を行うのではなく、外的説明を施して「なぜ」そのような文体様相を呈するに至ったかの理由に迫る試みである。

　たとえば、1つの試みとして、鎌倉時代の文体を「類聚と価値化」の歴史として記述するのはどうであろう。

　鎌倉時代の文体は、和と漢の要素のみならずさまざまな位相語を貪欲に取り込む姿勢が窺われる。それとともに、無価値に取り込んだそれぞれの同義的位相語についてある基準を設けて価値化し、新たに意味用法上の区別を与えて用いるような姿勢も看取される。それは、『平家物語』における延慶本から覚一本への異名（唐名）の整理（山本真吾2006）や、藤原定家『下官集』の「お」「を」の仮名遣いの規範、『徒然草』の助動詞「き」「けり」の運用や兼好の言語規範（山本真吾1994）などを通して具体的に描くことができるのではないかとの見通しを持っており、こういった鎌倉時代の文体における「類聚」と「価値化」の有り様は、当時の社会、文化、宗教の諸現象とも連動するもののようである。院政期以降、貴族社会に多種多様な異質のものが流入するが、これらを処理し、対峙するためにまず情報収集と蓄積を行った。この「類聚」文化を経て、それに洗練を加え、価値の弁別を行う「価値化」を施すといった当時の社会の動きを捉えることができるのではないか。未だ詳述する用意が整っていないが、真言宗の小野・広沢両流の相違を請雨経法と

孔雀経法という別に求める守覚法親王『追記』の説（速水侑 1975）
や王法仏法相依、公武の二元政治体制の形成にも相似形を見出すこ
とができると思われる。

　以上、文体史の記述が「歴史」たり得るために、本稿では、まず
日本語文体の「事実」を現段階の皮相的なレベルからさらに深く掘
り下げて解明することが前提であることを主張し、その上で歴史社
会的観点から文体史記述の可能性を提示してみた次第である。

参考文献

青木毅（1992）「いわゆる『出典に左右される文体』を通して観た『今昔物語
　　集』撰者の文体志向」『国文学攷』134: pp.1–18. 広島大学国語国文学会
青木毅（2004）「『今昔物語集』における副詞「イマダ」の性格について」『国
　　文学攷』182: pp.11–25. 広島大学国語国文学会
浅野敏彦（1975）「漢語『希有』について」『解釈』21（3）: pp.3–10. 解釈学会
石塚晴通（2013）「日本語表現の原動力としての漢文訓読」第 108 回訓点語学
　　会研究発表会発表要旨『訓点語と訓点資料』131: p.101. 訓点語学会
遠藤嘉基（1952）『訓点資料と訓点語の研究』京都国文学会
大坪併治（1936）「禁止表現法史」『国語国文』5（10）: pp.1–53. 京都大学文学
　　部国語学国文学研究室
大坪併治（1966）『平安時代における訓点語の文法』風間書房
春日政治（1936）「和漢の混淆」『国語国文』6（10）: pp.1–33. 京都大学文学部
　　国語学国文学研究室
春日政治（1946・1983）『国語文体発達史序説』第 6 章和漢混淆体の成立（『春
　　日政治著作集 2』勉誠社）
木田章義（2013）「第 7 章文体史」『国語史を学ぶ人のために』pp.215–260. 世
　　界思想社
北原保雄・小川栄一（1990・1996）『延慶本平家物語　本文篇』『索引篇』勉
　　誠社
ピエール・ギロー・佐藤信夫訳（1984）『文体論』（文庫クセジュ）白水社
金水敏（2011）「言語資源論から平安時代語を捉える—平安時代「言文一途」
　　論再考」『訓点語と訓点資料』127: pp.80–89. 訓点語学会
見坊豪紀（1959）「『和漢混淆文』という名称の起源」『国立国語研究所論集 1
　　ことばの研究』pp.303–314. 国立国語研究所
小林芳規（1966）「訓読資料として観た『興福寺本大慈恩寺三蔵法師伝古点の
　　国語学的研究・訳文篇』」『国語学』65: pp.105–113. 国語学会
小林芳規（1988）「鎌倉時代の口頭語の研究資料について」『鎌倉時代語研究』
　　11: pp.39–69. 武蔵野書院
小峯和明（1985）「今昔物語集の表現形成『国文学研究資料館紀要』11: pp.55–

128. 国文学研究資料館

近藤泰弘（2011）「平安時代の漢文訓読語の分類」『訓点語と訓点資料』127: pp.120–131. 訓点語学会

坂井衡平（1923）『今昔物語集の新研究』誠之堂書店

櫻井光昭（1984）「『平家物語』に見る和漢混淆現象」『国語語彙史の研究』5: pp.125–144. 和泉書院

鈴木恵（1985）「平安鎌倉時代に於ける「ナヲバートイフ」と「―トナヅク」について」『鎌倉時代語研究』8: pp.89–116. 武蔵野書院

関一雄（1993）『平安時代和文語の研究』笠間書院

田中牧郎・山元啓史（2014）「『今昔物語集』と『宇治拾遺物語』の同文説話における語の対応―語の文体的価値の記述」『日本語の研究』10（1）:16–31. 日本語学会

塚原鉄雄（1961）『国語史原論―日本国語の史的展開』塙選書

塚原鉄雄（1966）「仮名文章語と訓点共通語」『訓点語と訓点資料』34: pp.1–17. 訓点語学会

塚原鉄雄（1980）「諷誦文稿の史的座標」『国語国文』49（9）: pp.1–22. 京都大学文学部国語学国文学研究室

築島裕（1949）「平安朝時代の漢文訓読について」『国語と国文学』26（5）: pp.76–87. 東京大学国語国文学会

築島裕（1963）『平安時代の漢文訓読語につきての研究』東京大学出版会

築島裕（1969）『平安時代語新論』東京大学出版会

築島裕（1980）「和漢混淆文」国語学会編『国語学大辞典』pp.937–938. 東京堂出版

築島裕（1992）「平安時代の訓点資料に見える「和文特有語」について」『文化言語学―その提言と建設』pp.39–56. 三省堂

土井光祐（2007）「明恵関係聞書類の資料的性格と学統―講説聞書と伝授聞書とをめぐって」『文学』8（6）: pp.25–36. 岩波書店

西田直敏（1982）「和漢混淆文の文体史」森岡健二・宮地裕他編『講座日本語学7 文体史1』pp.188–214. 明治書院

橋本進吉（1932）「和漢混淆文」藤村作編『日本文学大辞典』7: pp.440–441. 新潮社

速水侑（1975）『平安貴族社会と仏教』吉川弘文館

藤井俊博（1993）「今昔物語集の文体と法華験記―「更ニ無シ」をめぐって」『国語学』173: pp.1–14. 国語学会

藤井俊博（2003）『今昔物語集の表現形成』和泉書院

舩城俊太郎（1969）「今昔物語集の疑問副詞『何ソ』『何ト』『何テ』」『国語学』77: pp.42–57. 国語学会

舩城俊太郎（1983）「今昔物語集の「弥ョ」をめぐって（1）（2）」『国語学』135・136: pp.16–24, 24–31. 国語学会

前田富祺（1972）「古代の文体」佐藤喜代治編『講座国語史6 文体史・言語生活史』pp.45–113. 大修館書店

松尾拾（1967）『今昔物語集の文体の研究』明治書院

馬渕和夫（1965）「『今昔物語集』における言語の問題」『解釈と鑑賞』24（7）

pp.25–34. 至文堂

峰岸明（1986）『平安時代古記録の国語学的研究』東京大学出版会

山口仲美（1969）「今昔物語集の文体に関する一考察―『事无限シ』をめぐっ
　　て」『国語学』79: pp.1–19. 国語学会

山口佳紀（1966）「今昔物語集の文体基調について―『由（ヨシ）』の用法を通
　　して」『国語学』67: pp.1–19. 国語学会

山口佳紀（1967）「形容詞より見たる漢文訓読語と和文語の性格」『東京大学教
　　養学部人文社会科学紀要』44: pp.123–146. 東京大学出版会

山田俊雄（1977）「和漢混淆文」『岩波講座日本語10 文体』pp.255–277. 岩波
　　書店

山田孝雄（1935）『漢文の訓読によりて伝へられたる語法』宝文館

山田孝雄（1949）『平家物語』岩波書店

山本真吾（1988）「今昔物語集に於ける「速ニ」の用法について」『鎌倉時代語
　　研究』11: pp.159–184. 武蔵野書院

山本真吾（1994）「兼好の言語規範意識の一側面―『徒然草』第百六十段（門
　　に額かくるを）を手懸りとして」『人文論叢〈三重大学人文学部文化学科
　　研究紀要〉』11: pp.39–49. 三重大学人文学部文化学科

山本真吾（1993）「平安時代に於ける動詞「をしふ（教）」の意味用法について―
　　訓点資料の用例に注目して」『訓点語と訓点資料』92: pp.17–26. 訓点語学会

山本真吾（1996）「平救阿闍梨作の諷誦文類について―11 世紀前半期の漢字仮
　　名交り文資料として」『訓点語と訓点資料』98: pp.26–44. 訓点語学会

山本真吾（2006）『平安鎌倉時代における表白・願文の文体の研究』汲古書院

山本真吾（2007）「平安時代の和漢混淆現象と和漢混淆文」『国語語彙史の研
　　究』26: pp.43–69. 和泉書院

山本真吾（2013）「「きらふ」続貂―宣命の言葉と漢文訓読語」『国語語彙史の研
　　究』32: pp.17–29. 和泉書院

山本真吾（2014a）「日本語史研究の示準文献をめぐる一考察 ―『今昔物語集』
　　を例として」『国文学踏査』26: pp.217–228. 大正大学国文学会

山本真吾（2014b）「鎌倉時代口語の認定に関する一考察―延慶本平家物語による
　　証明可能性をめぐる」『話し言葉と書き言葉の接点』pp.187–203. ひつじ書房

山本真吾（2015a）「『今昔物語集』話末評話の漢語の性格」『国語国文』84（1）
　　: pp.1–16. 京都大学文学部国語学国文学研究室

山本真吾（2015b）「『あきだる（飽足）』の史的展開―中世軍記物における訓点
　　語の受容」『日本語史の研究と資料』pp.116–130. 明治書院

欒竹民（1998）「「民烟」小考」『鎌倉時代語研究』21: pp.84–107. 武蔵野書院

渡辺実（1981）『平安朝文章史』東京大学出版会

Guiraud, Pierre（1951）*La Stylistique*, Presses Universitaires de France.

付記　初校中に、乾善彦「『和漢混淆文』と和漢の混淆」（『国語と国文学』
93–2、2016 年6 月）が公になった。本稿「3. 和漢混淆文の諸問題」に関係す
る記述も見られ有意義な論が展開されているが、当該論文は主として日本語書
記史の立場から論じており、本稿とはねらいや観点を異にしていると見られる
ので、加筆・修正等をせずに脱稿時のままとした。

歌の表現史

萬葉集と古今集

多門靖容

1. はじめに

　文を超える表現の分析、またその分析に基づく表現史を考える際、
文を超えることにはふたつの設定が考えられる。

　ひとつは「文→文章」と、表現形の単位を拡大して超えていく方
向である。これによる表現分析は文章論と呼ばれ、これに基づく表
現史は文章史と呼ぶべきものになる。

　いまひとつは「文→文1〜n」と、表現形の単位は拡大せず、表
現形のサンプルを拡大して、すなわち一文を数的に超えて類型を探
る方向がある。本稿では萬葉集と古今集の歌を扱い、これを行
う*1。

　萬葉集歌と古今集歌の表現比較は和歌史研究上、多くの蓄積があ
る。本稿では、今まで指摘されていない表現項目、指摘はあったが
詰めて比較されていない表現項目を取り上げ、それらを関与的に論
ずるよう努める。またその考察を踏まえ、萬葉集の特徴である類歌
性についても言及する。

2. 意味論的な説明

　「萬葉集歌と古今集歌はどう違うのか」という問いへの端的な答
え、業界用語に頼らず、たとえば外国語に訳せばそのまま外国人に
理解できるような答えは可能か。

　この節では、以下、意味論的な説明の有効性について考える。

　古代和歌の特徴を語る用語として、心物対応構造歌（鈴木日出男
氏）、景と情（清水克彦氏）、といったものがある。心物対応構造歌
は、心と物が対応する歌ということだから、詠歌の内容に目を付け

た、意味論的な用語である。

　ただ尼ヶ﨑彬（1988）が指摘するとおり、萬葉歌に限らず、和歌はいつの時代でも、基本的に心物対応構造であった。古今集の仮名序によれば、和歌とは「心に思ふことを見るもの聞くものにつけて言ひ出」すものである。

　萬葉集なら萬葉集の特徴を言うためには、それが心物対応構造歌群だと言うだけでは不足で、どのような心と物かという規定が要る。心と物をパラメータとして、その集でパラメータがどんな値を取り、どんな域で動くか、という二次設定が必要になる。心物対応構造歌と言うだけでは一次的な規定にならず、この点は「景と情」についても同じ、なのである。

　萬葉集自体が持つ意味論的な用語として「寄物陳思」というのがある。巻目録に使われている用語である。部分的に詞を変えた「寄物発思（1270番歌題詞など）」、「就所発思（1267番歌題詞など）」や、モノに具体物を当てる「依梅発思（1653番歌題詞など）」という用語もある。心物対応構造と概念の作り方は一緒、というか、心物対応構造の方がこれらの用語を参考に作成されたと思われるが、萬葉歌の特徴を言うためにこの用語を使う際、「物」や「思」の意味論的な規定が必要である点は、心物対応構造と変わりがない。

3.　萬葉集の特徴を述べ上げる

　古今集と比較した時、はっきり指摘できる萬葉集の表現特徴を例歌とともに挙げたい。今まであまり着眼されることのなかった事項を含み、かつ抽象的な事項でなく、明確な言語的特徴と言えるものを挙げる。

3.1　固有名詞（人名）使用

　萬葉集では、題詞でなく、歌中に固有名詞（人名）を使う歌がある。地名は古今集にも見られるが、人名は古今集には見られない。そして萬葉集における人名使用が、特殊なニュアンスを帯びることに、以下注意する。

（1）勝鹿の真間の井見れば立ち平し水汲ましけむ手児名し思ほ
　　ゆ　　　　　　　　　　（萬1808）類例1807、431、432、433

（2）葦屋の菟原処女の奥つ城を行き来と見れば音のみし泣かゆ
　　　　　　　　　　　　　　　　　（萬1810）類例1809

（3）墓の上の木の枝なびけり聞きしごと千沼壮士にし依りにけ
　　らしも　　　　　　　　　　　（萬1811）類例1809

「（真間の）手児名」「葦屋の菟原処女」「千沼壮士」は伝承中のそ
の名の人を詠んだ歌で使われている。この類の歌が古今集にないこ
とも興味深いが、今は上の（1）〜（3）でなく、（4）以下の人名
使用歌の表現性に注意する。

（4）憶良らは今は罷らむ子泣くらむそれその母も我を待つらむ
　　そ　　　　　　　　　　　　　　　　　　（萬337）

（5）松反りしひてあれやは三栗の中上り来ぬ麻呂といふ奴
　　　　　　　　　　　　　　　　　　　　　（萬1783）

（6）玉箒刈り来鎌麻呂むろの木と棗が本とかき掃かむため
　　　　　　　　　　　　　　　　　　　　　（萬3830）

（7）仏造るま朱足らずは水溜まる池田の朝臣が鼻の上を掘れ
　　　　　　　　　　　　　　　　　　　　　（萬3841）

（8）童ども草はな刈りそ八穂蓼を穂積の朝臣が腋草を刈れ
　　　　　　　　　　　　　　　　　　　　　（萬3842）

（9）いづくにぞま朱掘る岡薦畳平群の朝臣が鼻の上を掘れ
　　　　　　　　　　　　　　　　　　　　　（萬3843）

（10）ぬばたまの斐太の大黒見るごとに巨勢の小黒し思ほゆるか
　　も　　　　　　　　　　　　　　　　　　（萬3844）

（11）駒造る土師の志婢麻呂白くあればうべ欲しからむその黒き
　　色を　　　　　　　　　　　　　　　　　（萬3845）

（12）里人の見る目恥づかし左夫流児にさどはす君が宮出後姿
　　　　　　　　　　　　　　　（萬4108）類例4106、4110

以下、順に見ていくが、（4）の罷宴の歌はしばらく置く。

（5）は直前の1782番歌（妻に与ふる歌一首）「雪こそは春日消
ゆらめ心さへ消え失せたれや言も通はぬ」と対で、妻からの返歌と
いう体の歌。1782番歌が「雪ならば消えもしようが、お前は心ま

歌の表現史　293

で消え失せてしまったのか、音沙汰もない」と文句を言うのに対し、（5）では「呆けてしまったのか、中上りにさえ来ない、麻呂という奴は」と夫にしっぺ返しをする。後にも述べるが「といふ奴」という表現も萬葉歌の特徴を示すもので、話題主を引き下げて待遇する表現である。

（6）の「鎌麻呂」以下（11）「土師の志婢麻呂」までは「といふ奴」のような表現は付されていないが、内容から、固有人名で指示される人物が、軽侮の対象であることが明らかである。人名のダイレクトな使用と軽侮のニュアンスとが結びついている。

（12）とそれに関連する和歌について述べる。家持は赴任地の越での部下、尾張少咋が、土地の遊行女婦である「左夫流」に迷ったことを戒める長歌（4106番歌）を詠んだ。（12）も同趣旨で、こちらは短歌。4110番歌は尾張少咋の本妻が少咋の家に駆けつける内容の、こちらも短歌である。

（12）および関連歌は3830番歌〜3845番歌の持つ、からかいを含んだコミカルな感じがあるかどうか微妙である。詠者である家持が、少咋よ、何をしているのだ、と憤っているとも取れるし、ゴシップ騒ぎを起こした少咋へのからかいがあると取れなくもない。ただし、いずれであっても、少咋を迷わせた「左夫流」への軽侮の感情の表出はあり、この点は3830番以下のコミカル歌群と共通する。

以上のように見たうえで、最初の（4）に戻る。上までの固有名詞使用のニュアンスを（4）にも当てて解することが許されるなら、自称の「憶良ら」は「わたくし憶良め」というニュアンスの、一種の謙譲表現として使用されている可能性がきわめて高い。

3.2　人称詞使用

人称詞使用について、萬葉集と古今集では顕著な違いがあり、早くから指摘がある。佐竹昭広（1971）は「全般的に、万葉集は「われ」という語の使用のはなはだ顕著な歌集である」と明快に述べている。

今、古典対照語彙表を使って、萬葉集と古今集の主だった自称詞の数を比べると以下のようである。

ア萬43・古0、アレ萬170・古1、ワ萬39・古0、ワレ萬320・
古81、アガ萬406・古0、ワガ萬649・古140。

対称詞はどうか。これも萬葉集、古今集を見ると即座に気づかれる
が、萬葉集で頻繁に使われる「君」「吾妹」「我背」などの呼びかけ
詞は古今集においては消え、代わりに呼びかけ性の薄い「人」とい
う表現で、パートナーが指示されるようになる。

3.3 待遇表現使用

古今集では敬語が使用されない。これに対し、萬葉集では敬語が
使用されている。このことも以前から指摘がある。ただし、古今集
に敬語が皆無だ、というのは事実と異なる。

(13) ひととせにひとたび来ます君待てば宿かす人もあらじとぞ
思ふ 　　　　　　　　　　　　　　　　　　　　　　　　(古419)

(14) 須磨の海人の塩焼衣をさをあらみ間遠にあれや君が来まさ
ぬ 　　　　　　　　　　　　　　　　　　　　　　　　　(古758)

(15) 君まさで煙絶えにし塩竈のうらさびしくも見えわたるかな
　　　　　　　　　　　　　　　　　　　　　　　　　　　(古852)

(16) わが庵は三輪の山もと恋しくはとぶらひ来ませ杉立てる門
　　　　　　　　　　　　　　　　　　　　　　　　　　　(古982)

補助動詞か本動詞かの違いはあるが、上の四首には共通して尊敬
語マスが用いられている。

(17) みさぶらひ御傘と申せ宮城野の木の下露は雨にまされり
　　　　　　　　　　　　　　　　　　　　　　　　　　(古1091)

(17) は、都から来た官人に土地の者が呼びかけた体の歌で「お
供の人よ、ご主人にお傘をどうぞと申し上げなさい」と詠む。接頭
辞と動詞で、尊敬語、謙譲語を併用する例である。

一方、萬葉集で一番使用頻度の高い敬語の形式は、尊敬の助動詞
スであろう。用例は多いが、興味深い例を一例のみ挙げる。

(18) 大宮の内にも外にも光るまで降らす白雪見れど飽かぬかも
　　　　　　　　　　　　　　　　　　　　　(萬3926④零須白雪)

連体節で底名詞の直上に尊敬のスがある例。これによる敬意の対
象は帝である。天平18年正月、大雪が降り、元正帝の御所に雪掻

歌の表現史　295

きに参じた家持たちは、酒宴に召され、歌を奏すよう命じられる。家持の（18）歌は奉られた歌群の最後を飾るもので、スの使用により、降雪に関わらせて帝を強く言祝いでいる。

　ところで、萬葉集では敬語使用、古今集ではおおむね敬語不使用というのは、間違ってはいないが、踏み込み不足の説明である。既に前項で「麻呂といふ奴」（萬1783）という、話題主を下に遇する表現を見た。重要なのは、この類の、下に遇するものが、古今集に全く見られないことである。

　これは、萬葉集と古今集が広く**待遇表現**という観点から対比、説明されるべきだということであり、敬語の使用・不使用という従来の説明は狭小なのであった。関連する他の例を見よう。

（19）忘れ草我が下紐に付けたれど醜の醜草言にしありけり

（萬727）

（20）うれたきや醜ほととぎす今こそば声の嗄るがに来鳴きとよめめ　　　　　　　　　　　　　　　　　　　　　　　（萬1951）

（21）忘れ草垣もしみみに植ゑたれど醜の醜草なほ恋ひにけり

（萬3062）

（22）〜狂れたる醜つ翁の言だにも我には告げず〜（長歌・萬4011）

（23）ますらをや片恋せむと嘆けども醜のますらをなほ恋ひにけり　　　　　　　　　　　　　　　　　　　　　　　（萬117）

（24）今日よりは顧みなくて大君の醜のみ楯と出で立つ我は

（萬4373）

　（19）（20）（21）（22）の「醜（の・つ）」は、現代でいえば「バカ〜」「アホ〜」のニュアンスで、忘れ草やほととぎすを直接引きずり下ろし待遇する例である。

　（23）（24）は、詠者が自分に「醜の」を使い、下に待遇し、謙譲語的に使用している例である。以上のような卑罵の用法も謙譲の用法も、古今集には見られない。あと少し、他の例を見る。

　紀女郎、大伴宿禰家持に贈る歌二首

（25）戯奴がため我が手もすまに春の野に抜ける茅花そ召して肥えませ　　　　　　　　　　　　　　　　　　　　　（萬1460）

（26）昼は咲き夜は恋ひ寝る合歓木の花君のみ見めや戯奴さへに

見よ　　　　　　　　　　　　　　　　　　　　　（萬1461）

大伴家持の贈り和ふる歌二首

(27)我が君に戯奴は恋ふらし賜りたる茅花を食めどいや痩せに
　　痩す　　　　　　　　　　　　　　　　　　　（萬1462）

(28)我妹子が形見の合歓木は花のみに咲きてけだしく実になら
　　じかも　　　　　　　　　　　　　　　　　　（萬1463）

　紀女郎と家持の贈答歌。紀女郎は（26）で自分を「君」とし、
（25）（26）で家持を「戯奴」としている。二人でふざけ合って歌
を交わしているのである。家持は（27）で自分を「戯奴」とする
が、既に固有名詞と「醜ノ」で見たのと同様、謙譲語的な使用であ
ることは明らかである。

　前項で卑罵表現として「中上り来ぬ麻呂といふ奴（萬1783）」を
見た。奴を自分を指すのに使えば謙譲語的使用になる。用例は以下
である。

　(29)天離る鄙の奴に天人しかく恋すらば生ける験あり

　　　　　　　　　　　　　　　　　　　　　　　（萬4082）

　(30)縦さにもかにも横さも奴とそ我はありける主の殿戸に

　　　　　　　　　　　　　　　　　　　　　　　（萬4132）

　（29）歌のひとつ前の4081番歌で、坂上郎女が家持のことを慕
っているという内容の歌を贈っている。これに応じたのが（29）
歌である。「天人」「奴」をそれぞれ尊敬語、謙譲語と呼ぶことはで
きないが、尊敬語的使用、謙譲語的使用であるとは明確に言える。
（30）は、大伴池主が、歌の贈り相手である家持（＝主）にへりく
だったもの。関連する表現をあとひとつ見よう。

石川女郎大伴宿禰田主に贈る歌一首

　(31)みやびをと我は聞けるをやど貸さず我を帰せりおそのみや
　　びを　　　　　　　　　　　　　　　　　　　（萬126）

　左注によれば（31）は策を弄して田主と交わろうとした石川女
郎が、計画が失敗したため田主に贈った歌である。「泊めもしない
で私を帰した、間抜けな風流人だこと」と、オソという表現で田主
をこき下ろしている。

　以上、自分や相手、また話題となっている第三者や事物について、

歌の表現史　　297

上に遇する形式だけでなく下に遇する形式を多用する点に、萬葉集の特徴が見られた。繰り返しになるが、これは古今集に見られない特徴である。

3.4 働きかけ発話

働きかけ発話の中心は命令形である。古今集のそれについては、中村幸弘（2014）の第一編四章が詳しい。中村氏は古今集の命令形を、Ⅰ不定語に続く命令形、Ⅱ放任表現としての命令形、Ⅲ引用文形式表現のなかの命令形、Ⅳ一首が会話文発言となっているなかの命令形、の4類型に分けている。

中村氏によれば、古今集中、命令形出現歌は50首で出現用例数は51例。4類型別の例数は、Ⅰが4例、Ⅱが1例、Ⅲが7例、Ⅳが39例である。

中村氏の報告には歌番号と表現が記され、どの用例を採ったかが明らかで参考になる。いま稿者の調査メモから、中村氏が挙例していない用例を補うと、それは以下の4例である。

①「さくら花散りかひくもれ（古349）」Ⅳ類相当
②「恋ひ死ねとするわざならし（古526）」Ⅲ類相当
③「恋しくはとぶらひ来ませ（古982）」Ⅳ類相当
④「ならぬ思ひに燃えば燃え（古1028）」Ⅱ類相当

中村氏は対象を肯定命令に限定している。「いまさらに山へ帰るなほととぎす（古151）」のような否定命令は扱っていない。また「春日野は今日はな焼きそ（古17）」のような禁止の類も扱っていない。

いま、自分以外のものにある行動を取らせる働きかけの発話として、否定命令や禁止も含んだ、広い意味での命令表現を考えると、それは古今集中79例を数えることができる。

79例の内訳を述べる。中村氏の挙げられた51例に稿者が上に補足したものが4例で、肯定命令は併せて55例。残りの24例が否定命令・禁止で、その例の歌番号と表現は以下である。

17「な焼きそ」、50「なわびそ」、123「な咲きそ」、145「な聞かせそ」、151「帰るな」、196「な鳴きそ」、226「かたる

な」、246「なとがめそ」、266「なたちそ」、285「吹きな散ら
しそ」、368「なとどめそ」、380「へだつな」、508「なとがめ
そ」、649「いふな」、652「いづな」、662「知らすな」、667
「なとがめそ」、703「思ふな」、719「うらむな」、811「な言
ひそ」、1036「な厭ひそ」、1067「な鳴きそ」、1094「濡らす
な」、1108「洩らすな」。
以上である。

　さらにここで、追加挙例すべきか否か迷うものに、広義命令表現
ではないものの、他への働きかけがあると取ることができそうな一
種の希求表現がある。モガ、ナムを使うもののうち、次の3例がそ
うである＊2。
　　54「滝なくもがな」、998「聞えつかなむ」、999「目にも見え
　　なむ」
　というわけで、どこまでを働きかけ発話とするか、その確定が難
しいが、古今集については、広義の命令表現が79例、周辺的な例
として、他への働きかけがあるとも取れる希求表現3例を足すと、
ひとまず82例がカウントされる。
　次に萬葉集だが、同集の、上に言う広い意味での命令形について、
集中の全ての形式と数を報告する余裕がない。ここでは古今集の歌
数1111を、萬葉集の歌数4515（最終歌番は4516番だが歌数は
4515首）から引いた3404を目安とし、萬葉集3404番歌から
4516番歌までの範囲で、広義命令表現の用例数を数える。すなわ
ち古今集と歌数が同数の範囲（萬葉集全体からすると約四分の一の
範囲）でのカウントである。
　広義命令表現のある歌は以下、歌番号で示す。このうち中村氏の
Ⅲ類の「引用」に当たるものは歌番号の後に（引）と示す。また一
首中に該当表現が複数ある場合、それらを示す。
　ところで、ここで古今集と全く同様に、挙例すべきか否か迷うも
のに、広義命令表現ではないものの他への働きかけがあるものがあ
る。希求モガ（モ）、ヌカ（モ）、コソ、ネ、ニモ、勧誘ナ、イザ〜
ニ、修辞疑問ツヤの用例のうち、対他的な働きかけがあると取れる
ものである。これらについても、ひとまずは歌番号を挙げ、後の

歌の表現史　299

（　　）内に表現を示すことにする。

3410、3416、3421、3425、3426、3428、3436、3439、3440、3441、3444、3445、3448（君が齢もがも）、3449、3452、3454、3455、3456、3457、3467、3484、3499（引）、3501、3515、3518、3519、3526、3535、3575、3580、3582、3584、3585（引）、3586、3592、3612（都に行く人もがも）、3625、3629、3636（引）、3640（行かむ舟もが）、3645（はやも来ぬか. 引）、3648、3651（月ははやも出でぬかも）、3682、3687、3702、3717（引）、3721（舟は漕ぎ行かな）、3725、3736、3745、3747、3748、3751、3753（引）、3764、3765、3766、3774、3778、3781、3785、3791、3806、3809、3811、3824、3825、3828、3829、3830、3832（茨刈り除け・屎遠くまれ）、3837（雨も降らぬか）、3841、3842（な刈りそ・腋草を刈れ）、3843、3846、3847、3853、3854、3862、3866（告げこそ）、3873（起きよ起きよ・人に知らゆな）、3878、3927（引）、3930、3954（打ち行かな）、3957（引）、3973（見に行かな）、3997、4009、4011（引）、4032、4047、4050（引）、4053、4054、4055、4061、4062、4066、4067（ほととぎす今も鳴かぬか）、4077（見に来ね）、4096、4101、4122、4123（雨も降らぬか）、4138（告げつや）、4152（暮らさね）、4153（花縵せな）、4163、4169、4177、4178（い行き鳴かにも）、4179（安眠な寝しめ、ゆめ心あれ）、4189（然し遊ばね）、4190（鵜川立たさね）、4191、4203、4206、4216、4222、4226（行かな）、4227（雪な踏みそね・寄るな・な踏みそね）、4228、4236、4240、4241、4245、4246、4252（折りてかざさな）、4256（七代申さね）、4265（引）、4277（いざ我が苑に）、4285、4295（紐解き開けな）、4326、4329（見も人もがも）、4331、4334、4335、4339、4340、4342、4346、4363（告げこそ）、4365（告ぎこそ）、4366（行かむ雁もが）、4367（偲はね）、4368、4385、4405（引）、4408（親はいまさね・妻は待たせ・告げこそ）、4409、4420、4421、4426、4438、4444、

4446、4448、4457、4465、4466、4473（告げこそ）、4475、
4487、4490、4498、4501（我は結ばな.※「我」は我々の
意で複数）、4504、4512（扱入れな）、4516

　上は歌数173首。用例数は181例。広義命令表現だけ（モガ
（モ）、ヌカ（モ）、コソ、ネ、ニモ、ナ、イザ〜ニ、ツヤを除いた
もの）でも実に149例を数える＊3。

　既に古今集の広義命令表現は79例であり、希求表現のうちの3
例を足して、働きかけ発話は82例であるとした。

　以上から、古今集より萬葉集の方が、対他的な働きかけ発話が圧
倒的に多いことが明らかである。この点は両歌集の違いを明確に示
すものである。

3.5　直示

　品詞で言えば、ココは代名詞、ココダ、ココダク、カクは副詞だ
が、すべて発話場に置かれた時に意味を持つ直示の形式である。古
典対照語彙表での用例数を以下に見る。

　　ココ萬44・古5、ココダ萬16・古0、

　　ココダク萬17・古0、カク萬151・古18

ココダ、ココダクは古今集に用いられず、古今集編纂時には既に古
めかしい語になっていたと考えられる。

　奈良朝のココダ・ココダクとカクの使い分けについて、歌で用い
られる際には、当然音数律の事情があったはずである。その点も考
慮に入れながら、意味については今後検討が深められるべきである。
以下、若干の例を挙げる。

　（32）相見ては幾日も経ぬをここだくも狂ひに狂ひ思ほゆるかも

　　　　　　　　　　　　　　　　　　　　　　　　　　（萬751）

　（33）いでなにかここだ甚だ利心の失するまで思ふ恋故にこそ

　　　　　　　　　　　　　　　　　　　　　　　　　（萬2400）

　（34）夢のみに見てすらここだ恋ふる我は現に見てばましていか
　　　　にあらむ　　　　　　　　　　　　　　　　　（萬2553）

　（32）の「狂ひに狂ひ」、（33）の「甚だ利心の失するまで」、
（34）の「夢のみに見てすら」といった表現から、こんなにも、と

歌の表現史　　301

いう指示の強さが知られるが、一方、カクの方も、次のように副助詞付きで使われたものは思いの程度が強い。使い分けの考察が慎重に進められるべきである。

(35)かくばかり恋ひつつあらずは高山の岩根しまきて死なましものを　　　　　　　　　　　　　　　　　　　　　　（萬86）

(36)古りにし嫗にしてやかくばかり恋に沈まむ手童のごと　　　　　　　　　　　　　　　　　　　　　　　　　　（萬129）

(37)一日こそ人も待ちよき長き日をかくのみ待たばありかつましじ　　　　　　　　　　　　　　　　　　　　　　　（萬484）

ここでは、上例とは別に、直示という点で興味深い用例があるのでそれを見る。

(38)暁の目覚まし種とこれをだに見つついまして我を偲はせ　　　　　　　　　　　　　　　　　　　　　　　　　　（萬3061）

(38)は、歌のみからは「これ」が何か全くわからない。前後の歌が「忘れ草」を詠んでいるので、忘れ草かと推定はできるが、もしそうなら「忘れ草を見ながら私を偲んでください」ということになり、痛烈にアイロニカルな内容である。

歌内容のそれはそれとして、(38)は、配列だけから「これ」の指示内容を示唆する点で、萬葉集歌の、別の意味での状況依存性、現場性の高さを証する歌である。

3.6　萬葉歌の特徴

萬葉歌と古今歌の、具体的な表現に即した違いを見てきた。項目を再掲すると、それらは固有人名、人称詞、待遇表現、働きかけ発話、直示形式であった。以上の項目に関する両歌集の違い、また項目の相互関与性を考えた時に、全体として何が言えるか。

それは一言でいえば、古今集歌に比した、萬葉集歌の、いま・ここ・わたし性の際立ち、これに対応した、メッセージ先としてのあなた性の際立ちであり、メッセージ内容としては、わたしの思いからする対他訴求性の際立ちである。これらのすべての面に関し、萬葉歌が古今歌に比べはるかに際立ちが強いことを、3.1項から3.5項の観察は明らかにしている。

また、ここに言う対他の「他」とは、むろん人が主ではあるが、人だけではない。梅や桜や忘れ草などの植物、ほととぎすやうぐいす、雁や鶴などの動物も含まれる。

　さて、このような対他訴求性の強い内容が、定型短詩というかたちで表出される時、起こり得る表現特徴として他に何があり、それはどのような状況で生まれやすいか。次項ではこれに関わる、**類歌性**について、検討を進める。

4. 類歌性をどう捉えるか

　萬葉集歌と古今集歌を大きく分ける観点として、類歌性、ということがある。古今集と比べて萬葉集の特徴を言えと言われた場合、あれこれ言わずに「集が類歌群を為す」と一言で済ませて良いくらいだと稿者は考えている。以下に、類歌のあり方の一例を紹介する＊4。

（39）紫草のにほへる妹を憎くあらば**人妻故に**我恋ひめやも

（萬21）

（40）赤らひく色ぐはし児をしば見れば**人妻故に**我恋ひぬべし

（萬1999）

（41）篠の上に来居て鳴く鳥目を安み**人妻故に**我恋ひにけり

（萬3093）

（42）うちひさす宮道に逢ひし**人妻故に**玉の緒の思ひ乱れて寝る
　　　夜しそ多き　　　　　　　　　　　　　　　　　　　（萬2365）

（43）大船の泊つる泊まりのたゆたひに物思ひ痩せぬ**人の児故に**

（萬122）

（44）千沼の海の浜辺の小松根深めて我恋ひ渡る**人の児故に**

（萬2486）

（45）海原の路に乗りてや我が恋ひ居らむ大船のゆたにあるらむ
　　　人の児故に　　　　　　　　　　　　　　　　　（萬2367）

（46）あしひきの山川水の音に出でず**人の児故に**恋ひ渡るかも

（萬3017）

（39）〜（42）は「人妻故に」の類歌群、（43）〜（46）は「人の

児故に」の類歌群だが、後に示すように（39）〜（46）をまとまりとし、一段抽象度を上げて、類歌群として括ることもできる。

　細かく言えば、（39）〜（41）は短歌で四句目に、（42）は旋頭歌で三句目に、それぞれ「人妻故に」が来ている。

　（43）〜（46）は、（43）（44）が短歌で五句目に、（45）が旋頭歌で六句目に、それぞれ「人の児故に」が来ている。（43）（44）（45）は「人の児故に」という理由節が、主節の述語の後ろに来ている倒置歌である。

　（46）は短歌で「人の児故に」が四句目に来ている。理由節はそのまま主節の述語にかかり、これは非倒置歌である。

　（39）〜（46）の歌群は、（46）という例外があるものの、おおむね「人妻故に」が非倒置歌で、「人の児故に」が倒置歌である点が興味を引く。

　これについて、なぜそうなのか、という問いが当然立つ。稿者は、（43）（44）（45）が倒置歌であるのは、それらが序歌であることが大きな要因であると考えているが、今はこの問題は措く＊5。

　いま、類歌であることを保証する表現のうち、定まって揺れのないところを**ゴシック**で、表現は若干異なるがほぼ同内容をいうところを〈　〉であらわし、可変的なところをＳ（スロット。空所の意味で使う）であらわすと、（39）〜（42）、（43）〜（46）は以下のように示される。

　（39）〜（42）→　［　Ｓ　］［　**人妻故に**〈我恋ふ〉　］

　（43）〜（46）→　［　Ｓ　］［　〈我恋ふ〉**人の児故に**　］

　先に述べたように、これらはもう一段抽象化して、合わせて扱うこともできる。その場合、（39）〜（46）は下のように一般化して書かれる。

　（39）〜（46）→　［　Ｓ　］［　〈人故に〉〈我恋ふ〉　］

　さて、上の［**人妻故に**〈我恋ふ〉］や［〈我恋ふ〉**人の児故に**］は**表現**と意味的規定、［〈人故に〉〈我恋ふ〉］は意味的規定のみで書かれているが、ともに一首の歌のフレーム（枠）部分であることに変わりはなく、スロットである［　Ｓ　］部分と補い合い、一首を構成する。

304　　多門靖容

本節で例として挙げた短歌（39）（40）（41）（43）（44）（46）についていえば、初句から三句がスロット、四句と五句がフレームになっていて、全体としてこの数首はスロット歌群を為している、と言うことができる。

スロット歌群というのは意味論的な規定ではない。本稿3節で挙げた「心物対応構造歌」「景と情」といった用語と比べていただきたい。またスロット歌群というのは統語論的な規定でもない。それは類歌を発生させる枠組みそのものに着目した規定である。

類歌性の説明に、スロットとフレーム、という用語を使いたい。いま、ここでのわたしの対他感情を述べるのに、既にある表現型（フレーム）を使う。資源として活用し、3.6項で述べた、思いの吐露を行う。

型の活用により生み出された歌は、新たに資源に参入する。個人の詠歌が新たに資源の一部になる。著作権に縛られたり、何かあればパクリだとネットで叩かれる現代と、心をのべることばの蓄積状況が異なるのである。

以上のことを、3.6項での考察と併せ言えば、萬葉集歌は公の表現型を使って私の心を歌うものだ、とまとめることもできる。

5. スロット生成の実際

この項ではスロット生成の実際を見る。

フレーム＋スロットのかたちで類歌が発生するためには、原理的に一回の引用行為があれば良いが、その生成の実際はどのようなものなのか、具体例を引き、見ていこう。

5.1　個人内再利用

（47）今造る久邇の都は山川のさやけき見ればうべ知らすらし

（萬1037）

（48）今造る久邇の都に秋の夜の長きにひとり寝るが苦しさ

（萬1631）

自分の作歌で使える表現があればそれを次の詠歌で利用することが

考えられる。（47）は題詞に「家持讃久邇京作歌」とあって、これ
は京ぼめの歌。この初句、二句を再利用したのが（48）で、題詞
には「家持贈安倍女郎歌」とあり、恋歌である。全く異なる詠歌状
況で同一フレームが利用されている。類歌の発生のわかりやすい例
である。

5.2 贈答

藤原朝臣広嗣、桜花を娘子に贈る歌一首

（49）この花の一よの内に百種の言そ隠れるおほろかにすな

(萬 1456)

娘子、和ふる歌一首

（50）この花の一よの内は百種の言持ちかねて折らえけらずや

(萬 1457)

厚見王、久米女郎に贈る歌一首

（51）やどにある桜の花は今もかも松風速み地に散るらむ

(萬 1458)

久米女郎、報へ贈る歌一首

（52）世の中も常にしあらねばやどにある桜の花は散れるころか
　　　　も

(萬 1459)

　通常、贈歌・答歌の対は引用がなければ成立しにくい。このため
フレームとスロットが容易に発生し類歌群を為す。（49）では広嗣
から娘子へ歌が贈られ、（50）では娘子から広嗣へ歌が返されてい
る。この対はフレーム、スロット位置が移動していない例である。
（51）では厚見王から久米女郎へ歌が贈られ、（52）では久米女郎
から厚見王へ歌が返されているが、この対はフレーム位置が移動し
ている例である。（51）は「（桜が散って）あなたと共に見ること
ができない」という含意を歌い、（52）は「二人の仲も桜も不定
だ」と切り返している。

5.3 宴

　宴においてはフレームを使った詠歌のリレーによって、参加者が
気分的に乗っていくということが起こる。

306　多門靖容

次は、天平十年十月、橘諸兄旧宅において橘奈良麻呂が宴を催した際の詠歌群である。実際は奈良麻呂の1581番歌に始まり家持の1591番歌まで、一貫して「もみち（葉）」を主題に詠歌が展開するが、ここではその歌群のなかで、「手折り来て〜かざしつ」をフレームとする三首を挙げる（これらは歌のあとに歌の題詞がくる）。

（53）もみち葉を散らまく惜しみ手折り来て今夜かざしつ何か思はむ

（萬1586）

右の一首、県犬養宿禰持男

（54）奈良山をにほはす黄葉手折り来て今夜かざしつ散らば散るとも

（萬1588）

右の一首、三手代人名

（55）露霜にあへる黄葉を手折り来て妹はかざしつ後は散るとも

右の一首、秦許遍麻呂

（萬1589）

　宴の参加者が次々の引用によって歌い、連帯感を高めていくのは現代でも変わらない。少し古くなるが、クレージーキャッツの「○○節」類の楽曲は、歌詞がフレーム＋スロット構成で替え歌としての活用度が高いが、その特性が要因となって酒宴の場で盛んに歌われた＊6。

　既に3.3項で一部を紹介したが、天平18年正月、大雪が降った際の酒宴の歌群を下に引く（以下五首は、題詞に「詔に応ふる歌一首」が付くが、全て省く。これらは題詞のあとに歌がくる）。

左大臣橘宿禰

（56）降る雪の白髪までに大君に仕へ奉れば貴くもあるか

（萬3922）

紀朝臣清人

（57）天の下すでに覆ひて降る雪の光を見れば貴くもあるか

（萬3923）

紀朝臣男梶

（58）山の峡そことも見えず一昨日も昨日も今日も雪の降れれば

（萬3924）

葛井連諸会

（59）新しき年の初めに豊の稔しるすとならし雪の降れるは

歌の表現史　　307

（萬3925）

大伴宿禰家持

(60)大宮の内にも外にも光るまで降らす白雪見れど飽かぬかも

（萬3926）

橘諸兄→紀清人では「降る雪」「〜れば貴くもあるか」がフレーム。
「降る雪」の位置は清人歌で移動している。紀清人→紀男梶では
「降る」「雪」の接続を変えてフレーム部を若干変更。紀男梶→葛井
諸会では「雪の降れ〜」がフレーム。最後の家持は尊敬語を入れて
フレームを活かしている。

(61)高円の野の上の宮は荒れにけり立たしし君の御代遠そけば

　　大伴家持　　　　　　　　　　　　　　　　　　（萬4506）

(62)高円の峰の上の宮は荒れぬとも立たしし君の御名忘れめや

　　大原今城真人　　　　　　　　　　　　　　　　（萬4507）

(63)高円の野辺延ふ葛の末つひに千代に忘れむ我が大君かも

　　中臣清麻呂　　　　　　　　　　　　　　　　　（萬4508）

(64)延ふ葛の絶えず偲はむ大君の見しし野辺には標結ふべしも

　　大伴家持　　　　　　　　　　　　　　　　　　（萬4509）

(65)大君の継ぎて見すらし高円の野辺見るごとに音のみし泣か

　　ゆ　　甘南備伊香真人　　　　　　　　　　　　（萬4510）

上の五首は、聖武天皇の離宮であった高円離宮を追慕し詠まれた
歌群である。家持→真人では初句から三句が若干の表現の変更のみ
で受け継がれるが、真人以降は漸次新しい形態素が入り、それが位
置を変えながらフレームとなり、いわばリレー式で詠歌が続いてい
る。

(66)玉桙の道に出で立ち別れなば見ぬ日さまねみ恋しけむかも

　　　　　　　　　　　　　　　　　　　　　　　　（萬3995）

右の一首、大伴宿禰家持が作。

(67)我が背子が国へましなばほととぎす鳴かむ五月はさぶしけ

　　むかも　　　　　　　　　　　　　　　　　　　（萬3996）

右の一首、介内蔵忌寸縄麻呂が作。

(68)我なしとなわび我が背子ほととぎす鳴かむ五月は玉を貫か

　　さね　　　　　　　　　　　　　　　　　　　　（萬3997）

308　　多門靖容

右の一首、守大伴宿禰家持が和へなり。

　上の三首は天平十九年四月二十六日、大伴池主の館での宴の際に詠まれたものである。（66）と（67）は「〜なば〜けむかも」部分がフレーム、（67）と（68）は三句四句の「ほととぎす鳴かむ五月は」がフレームとなって詠歌がリレーされている。

　（69）油火の光に見ゆる我が縵さ百合の花の笑まはしきかも

(萬4086)

　右の一首、守大伴宿禰家持。

　（70）灯火の光に見ゆるさ百合花ゆりも逢はむと思ひそめてき

(萬4087)

　右の一首、介内蔵伊美吉縄麻呂。

　（71）さ百合花ゆりも逢はむと思へこそ今のまさかも愛しみすれ

(萬4088)

　右の一首、大伴宿禰家持が和へなり。

　上の三首は天平感宝元年五月九日、秦伊美吉石竹の館での飲宴の際のもの。石竹が百合の花縵を三枚作って高坏に重ね載せ客に贈呈した際に詠まれた歌である。（66）〜（68）と同様、これらもフレームとスロットの位置がズレながら歌群をなしている例として挙げた。

　宴の歌群はこれ以外にもあるが、ここで止める。場の匂いが濃く漂う宴歌群が萬葉集には多数収録されている。そういう群そのものが古今集にないことも、留意すべきである。

5.4　付ける

　この項と次の項は、例歌は挙げるが、内容は稿者の想像である。以下に述べるような動機を仮定すると、今ある類歌群を説明しやすいという話で、内容が真実か否かの証明は難しい。

　（72）東人の荷前の箱の荷の緒にも　妹は心に乗りにけるかも

(萬100)

　（73）春さればしだり柳のとををにも　妹は心に乗りにけるかも

(萬1896)

　（74）宇治川の瀬々のしき波しくしくに　妹は心に乗りにけるか

歌の表現史　　309

も　　　　　　　　　　　　　　　　　　　　　　　（萬2427）

　（75）大舟に葦荷刈り積みしみみにも　妹は心に乗りにけるかも
　　　　　　　　　　　　　　　　　　　　　　　　　　（萬2748）

　（76）駅路に引き舟渡し直乗りに　妹は心に乗りにけるかも
　　　　　　　　　　　　　　　　　　　　　　　　　　（萬2749）

　（77）いざりする海人の梶の音ゆくらかに　妹は心に乗りにける
　　　　かも　　　　　　　　　　　　　　　　　　　　（萬3174）

上のような類歌群は萬葉集に多い。四句、五句の「妹は心に乗りに
けるかも」がフレームで、スロット部に創意で序を入れ、全体、序
歌を作成する体である。

　フレームトカケテスロットトトク、ココロハ歌意。このような三
段謎の構造が、歌を作る楽しみを支えていたのではないか。三段謎
の楽しみは、創意によって付ける楽しみである。

　用例では、あなた（あの娘）が私の心に乗りかかる、その乗りか
かり方として、それぞれ「結ぶようにしっかりと」「たわむように
しなやかに」「引っ切りなしに」「隙間もなくみっしりと」「真っ直
ぐに（又はぴったりと）」「ゆっくりそろそろと」という様態が提案
されている。

　もともと序歌は、上から時系的に比喩を展開することで、別のと
ころに連れて行くスリルを味あわせるものであった。ところが、フ
レーム部が固定されることで（三段謎のXトカケテが固定される
ことで）、付け合いの機知に興味が移ってきたと思われる。付け合
いといっても皆で一斉にやって一挙に歌群ができるということでは
もちろんなく、既にある歌を意識しながら、自分ならこの素材だ、
と付ける楽しみ方である。

　付け合いの楽しみを保ちつつ、時代を下った古今集では、三段謎
のココロ（カテゴリー）を分出し、「〜ものは〜にぞありける」の
ように分析的に述べる表現が流行する。知巧性（森重敏1967の表
現）が前に出る一方で、時系的に展開されるスリルの方は後退した
わけである。

　ココロを分出した歌は後の梁塵秘抄などに見られ、韻文を超えて
いえば、枕草子や二中歴の類聚章段にも見られる。三段謎構造は、

歌に限らない、文学テキストの表現史記述の重要な視点となり得るものだが、ここではこれ以上展開しない。

5.5 学習・試作

前項は表現の楽しみのためという観点からのものであった。この項は、詠歌の学習のため、という観点からのものだが、例歌は5.4項で挙げたものでかまわない。あるいは、以下のものでも良い。

(78) うち渡す竹田の原に鳴く鶴の　間なく時なし我が恋ふらくは (萬760)

(79) 恋衣着奈良の山に鳴く鳥の　間なく時なし我が恋ふらくは (萬3088)

(80) 衣手の真若の浦の砂地　間なく時なし我が恋ふらくは (萬3168)

要するに三十一文字を詠む力量がない人にすべて詠ませず、スロットのところに付けてごらんと指示して、フレームの方は詠作の補助に使用するというものである。仮に上を例とすれば「ひっきりなしに続くものを入れてみよう」という指示になるわけで、現代で第二言語学習者に空所補充のプラクティスをさせるのと同じである。

歌が詠めないと不都合があった。にも関わらず、詠歌の得意不得意はあったはずで、不得意な人の学びの手立てとしてフレーム利用があった、と考えるのである*7。

5.6 歌謡化

この項で述べることは前々項で述べたことと趣旨は同じである。次は萬葉歌一首と催馬楽一曲である。

(81) [大君の三笠の山の] 帯にせる細谷川の音のさやけさ (萬1102)

(82) [真金吹く　吉備の中山] 帯にせる　ナヨヤ　ライシナヤ　サイシヤナ　帯にせる　帯にせる　帯にせる　ハレ　帯にせる　細谷川の　音のさやけさや　ライシナヤ　サイシナヤ　音のさや　音　のさやけさや (催馬楽31)

[　　] 部がスロット部であるが、楽しみのための引用の際、萬

歌の表現史　311

葉歌が先にあって歌謡化していったのであり、その逆ではないと思われる。また、（81）→（82）という直接の派生関係ではなく、民謡のような祖型歌があり、それが（81）歌にもなり（82）歌にもなったという可能性はある。ただ、どのような派生の仮説を立てても、その証明は難しい。

また（81）の詩句がたまたま催馬楽に歌として残っているだけで、今は残っていないが同様の過程を経た歌が他にもあったと想像することは十二分に可能であろう。

6. まとめと課題

この稿ではまず、固有人名、人称詞、待遇表現、働きかけ発話、直示形式といった観点から萬葉集歌と古今集歌を比較し、萬葉集の、わたしの思いに基づく対他訴求性が古今集歌に比べ強いということを言語表現の面から確認した。

ついで、対他訴求性が強い内容が、定型短詩のかたちで表出された場合に起こり得る事象として、類歌性を取り上げ、フレームとスロットという整理で引用の諸相を見た。

古今集歌と萬葉集歌、それぞれの特徴を析出するのに、本稿の採った方法は、前半については現代語の発話分析に示唆を得た項目がある。本稿の記述に新味があるとすれば、それはこの項目設定であろう。

後半の、類歌の説明にフレームとスロットという用語を採用したのは、類歌現象の同語反復のような印象を与えるかもしれない。しかし萬葉歌を「スロット歌群を為す」と言う方が、たとえば3節で検討した意味論的な用語を使って言うよりは、まだしも一次的、直接的な説明になっていると考える。

類歌については今後も考察を続けたい。また上に述べた前半の事柄と後半の事柄の関係については、今後、よりいっそう関与的に説く必要があると考えている。

＊1　ただし若干断りが必要で、歌一首＝一文のように語ったがこれはいささか不正確である。

　　　憶良らは今は罷らむ子泣くらむそれその母も我を待つらむそ　　　（萬337）
これはよく知られた萬葉集の罷宴の歌だが、文を単位に言えば三文で構成されている。これより少なく、二文で構成されている歌もある。

　　　藤波の花は盛りになりにけり奈良の都を思ほすや君　　　（萬330）
ここでは、和歌が一文でない、二文、三文の、散文で言えば短い談話態で成立していても、音数律という別の規則があることで、表現類型を考えることは可能だと考え、考察を進めることにする。ここで歌数について一言いえば、現在我々が目にする萬葉集歌の総数は4515首で（国歌大観によるナンバリングでは4516首だが、石上乙麻呂作長歌一首に1020、1021の2つの番号が付されている）、歌種で最大なのは短歌の4185首。また、古今集歌は国歌大観によるナンバリングで1111首であり（ナンバリングの重複はない）、最大の歌種は短歌で1102首である。

＊2　54、998、999以外のものについてふれる。750「我を思はむ人もがな」、950「宿もがな」、1000「見るよしもがな」、1098「吹く風を人にもがもや」は単純な希求と見て、対他性は薄いと解釈した。

＊3　モガ（モ）用例については、3965（手力もがも）、4134（愛しき児もがも）、4128（縫はむ物もが）、4383（母が目もがも）は、対他性が薄いと見て用例に入れなかった。ただ、これらの例に限らず、働きかけ発話の範囲を確定するのは難しい。

　　　闇の夜の行く先知らず行く我を何時来まさむと問ひし児らはも　（萬4436）
この歌中の「何時来まさむ」は単なる情報求めの疑問表現ではない。早く帰ってという希求のニュアンスが取りやすい例である。今回取り上げなかったが、厳密には考慮すべき例である。

＊4　本稿で例に挙げる「人妻故に」と「人の児故に」の類歌群について、稿者は阪口由佳（2014）からその存在に気づいた。また、類歌性は古今集にも見られ、その性格についての考察もある。が、この稿では、その種類、量とも圧倒的な萬葉集について、まず私なりの整理を述べた。

＊5　多門靖容（2015）「スリルとサスペンスの話」『2015年度春期日本語学会大会予稿集』（同大会シンポジウム『「うた」の日本語研究』発表予稿）参照のこと。このシンポで多門は掛詞・連体修飾節（スリル）と倒置（サスペンス）が古代和歌を考える際、鍵になることを示しているが、あとひとつの鍵が本稿4節、5節で述べるスロット性である。すなわち、古代和歌を考える際、鍵語はスロット、スリル、サスペンスの3Sである。

＊6　以下、大瀧詠一（1986）から引く。「（五万節について）放送禁止自体そう多くはないが、またすぐに録音し直すことも非常に稀で、それが大ヒットするなど、日本レコード史上実に珍しいケース。その際、「五万節」の替え歌が全国各地で歌われたが、中には放送禁止以上の内容があったであろうことは想像に難くない。」

＊7　萬葉集の巻二十では、家持が難波に集う防人達に歌を提出させている。歌

歌の表現史　313

は 176 首提出されたが、集に採録されているのは 84 首。半分以上が「拙劣歌」とされ「取り載せず」という処置であった。ただ「拙劣歌」でも三十一文字の体は為していたはずである。ここでは、それ以前の、一首詠むまで、が困難な層を考えたい。

資　料

古今和歌集（片桐洋一校注. 日本古典新書）
萬葉集（小島憲之・木下正俊・佐竹昭広校注. 旧日本古典文学全集）

参考文献

尼ヶ﨑彬（1988）『日本のレトリック』筑摩書房
大瀧詠一（1986）CD「クレイジーキャッツ・デラックス」ライナーノーツ東芝
阪口由佳（2014）「物思ひ痩せぬ人の児ゆゑに―巻二・122 歌の表現」奈良女子大学若手研究者プログラム発表資料
佐竹昭広（1971）「万葉びとの思想とことば」『国文学』16（3）: pp.12–17.（佐竹 1980 所収）學燈社
佐竹昭広（1980）『萬葉集抜書』岩波書店
鈴木日出男（1970）「古代和歌における心物対応構造―万葉から平安和歌へ」『国語と国文学』47（4）: pp.1–21.（鈴木 1990 所収）
鈴木日出男（1990）『古代和歌史論』東京大学出版会
多門靖容（2015）「スリルとサスペンスの話」『2015 年度春期日本語学会大会予稿集』同大会シンポジウム『「うた」の日本語研究』発表予稿集
中村幸弘（2014）『和歌構文論考』新典社
森重敏（1967）『文体の論理』風間書房

あとがき

　本書の端緒となったのは、2013年10月26日に静岡大学で開催された日本語学会2013年度秋季大会におけるシンポジウム「日本語史はいかに叙述されるべきか」（企画者＝本書編者）である。このシンポジウムではパネリストとして、青木博史、肥爪周二、矢田勉の3氏をお迎えし、また、小野正弘氏に指定討論者をお願いした。フロアからの意見も含め、そこでの討論においては日本語史叙述についての鋭い意見が、さまざまな観点から出された。現代の多様な方言史まで包括できるような単線的ではない言語史叙述の必要性という論点や言語史叙述と時代区分という問題、言語変化の要因と「偶然」といった問題などが出され、刺激的な議論であった。ただ、なにぶん限られた時間での討論であって、さらに議論を深めたい、さらに多くの方々から御自身のもつ叙述の立場をうかがいたいと思う気持ちが残ることになった。そこで、やはり限りはあるものの、シンポジウムの内容を含めつつ、さらにシンポジウムに登壇された方以外にも御自身のお考えを披露していただこうと考えたのが、本書『日本語史叙述の方法』である。

　これを機に、日本語史叙述についての議論という、歴史叙述そのものではなくメタな議論も議論としておこない得る、また、叙述の方法を試すという実践をおこない得る環境に若干なりとも近づけたのであれば、幸いである。今後、それぞれの研究者が自身の叙述方法を何らかの形で示すことになれば議論も活性化し、日本語史研究の新展開も期待できるのではないかと考えるところである。

　ところで、日本語学会2013年度秋季大会は、2013年10月16日に発生した台風27号の直撃の可能性があった。テレビの天気予報の進路予想は静岡に向いているようにも見え、場合によっては、大会が中止になるおそれもあった。もし、そうなったらどうなるん

だろうか、などと心配していたが、結果的には要らぬ心配、ありがたいことに台風は南にそれて進み、無事開催のはこびとなった。シンポジウムが終わって外に出てみると雨はもうやんでいた。おそらく、会場においでになったどなたかに、晴れ女・晴れ男がおいでになったのだろう。その方に衷心から感謝申し上げる。もちろん、シンポジウム・研究発表会の開催に御尽力くださったみなさま（とくに静岡大学の久島茂先生をはじめとするみなさま）、また、台風接近もかえりみず会場においでくださったみなさまにも感謝申し上げたい。

　また、このような企画を御理解くださり、本書の刊行を御快諾くださったひつじ書房松本功編集長、丁寧に編集を進めてくださった渡邉あゆみ氏にも深謝申し上げる。

2016年7月
編者識

執筆者一覧

五十音順

（＊は編者）

青木博史（あおき ひろふみ）

1970年生、九州大学大学院人文科学研究院准教授

主著・主論文：『語形成から見た日本語文法史』（ひ
つじ書房、2010）、『日英語の文法化と構文化』（共
編著、ひつじ書房、2015）

乾 善彦（いぬい よしひこ）

1956年生、関西大学文学部教授

主著・主論文：『漢字による日本語書記の史的研究』
（塙書房、2003）、『シリーズ日本語史4 日本語史の
インタフェース』（共著、岩波書店、2008）

大木一夫（おおき かずお）＊

1966年生、東北大学大学院文学研究科准教授

主著・主論文：『山田文法の現代的意義』（共編著、
ひつじ書房、2010）、『ガイドブック日本語史』（ひ
つじ書房、2013）

小野正弘（おの まさひろ）

1958年生、明治大学文学部教授

主著・主論文：「『源氏物語』発話部の漢語―和語要
素との親和性」（『国語と国文学』91-9、2014）、
『感じる言葉 オノマトペ』（角川学芸出版、2015）

小柳智一（こやなぎ ともかず）

1969年生、聖心女子大学文学部教授

主著・主論文：「文法変化の方向」（『KLS』35、2015）、
「語彙–文法化―内容語生産と機能語生産」（『文法と
語彙への統合的アプローチ―生成文法・認知言語学
と日本語学』開拓社、2016）

高山知明（たかやま ともあき）

1963年生、金沢大学人間社会研究域歴史言語文化学
系教授

主著・主論文：『日本語音韻史の動的諸相と蜆縮涼鼓
集』（笠間書院、2014）、「連濁と濁音始まりの付属
形式―個別言語研究の意義」『日本語研究とその可能

性』（開拓社、2015）

多門靖容（たもん やすのり）＊
　1961年生、愛知学院大学文学部教授
　主著・主論文：『比喩表現論』（風間書房、2006）、
　『比喩論』（風間書房、2014）

鳴海伸一（なるみ しんいち）
　1978年生、京都府立大学文学部准教授
　主著・主論文：『日本語における漢語の変容の研究』
　（ひつじ書房、2015）、『三省堂現代新国語辞典 第五
　版』（共編、三省堂、2015）

肥爪周二（ひづめ しゅうじ）
　1966年生、東京大学大学院人文社会系研究科准教授
　主著・主論文：「Φ音便について」（『訓点語と訓点資
　料』132、2014）、"Some Questions concerning
　Japanese Phonology: A Hisrotical Approach"（*ACTA
　ASIATICA*, 111, 2016）

福島直恭（ふくしま なおやす）
　1959年生、学習院女子大学国際文化交流学部教授
　主著・主論文：『書記言語としての「日本語」の誕生
　―その存在を問い直す』（笠間書院、2008）、『幻想
　の敬語論―進歩史観的敬語史に関する批判的研究』
　（笠間書院、2013）

矢島正浩（やじま まさひろ）
　1963年生、愛知教育大学教育学部教授
　主著・主論文：『近世語研究のパースペクティブ』
　（共編著、笠間書院、2011）、『上方・大阪語におけ
　る条件表現の史的展開』（笠間書院、2013）

矢田　勉（やだ つとむ）
　1969年生、東京大学大学院総合文化研究科准教授
　主著・主論文：『国語文字・表記史の研究』（汲古書院、
　2012）、「近世における文字教育の一側面―変体仮名
　習得をめぐって」（『国語文字史の研究』15、2016）

山本真吾（やまもと　しんご）

　　1961年生、白百合女子大学文学部教授

　　主著・主論文：『平安鎌倉時代に於ける表白・願文の文体の研究』（汲古書院、2006）、「鎌倉時代口語の認定に関する一考察—延慶本平家物語による証明可能性をめぐる」（『話し言葉と書き言葉の接点』ひつじ書房、2014）

索　引

A-Z

Bloomfield　126
narrative　4
Seeley　132

あ

アイデンティティー　33
あきま　82, 91, 92
ア行表記　85
アヤワ三行の統合　90
有坂法則　92

い

一方向性　62
一方向性／主張・提示型　196, 200, 206
稲岡耕二　147-149
いま・ここ・わたし性　302
意味変化　215
因果関係　12, 14

う

紆曲的　197, 198
歌木簡　150
ウタを書く歴史　149
ウ段開拗音　85, 89, 90

え

エスカルピ　133
江戸語　187, 205-207
江戸ことば　31

江戸多用型　200
江戸っ子　32

お

オ段甲乙　92
オノマトペ　80
音韻変化の原因　15
音象徴　111, 113
音節組織の組み替え　89, 91
音便形　42-44

か

ガーベレンツ　131
開拗音　82, 93
開拗音の定着　90
カ行合拗音　81
格助詞「で」　284
過剰な要素　134
化政期　205
『学研漢和大字典』　231
家督　215
家督相続　225
家督若公　218
仮名　159
仮名書歌　151
上一段　175-178, 181
上方語　187, 205-207
上方多用型　200
上二段　172-178, 183
家名相続　219
含意　56
漢熟語　104
寛政期　205

321

漢籍訓読語　271
感動詞　67
間投助詞　67
漢文訓読系　273
漢文訓読調　273
漢文訓読的　273
喚喩　220
勧誘　191, 199
完了「た」　284

き

擬音語・擬態語　107, 113
擬古文　277
記述的語史　238, 244
機能語化　56
規範意識　256-258, 261
旧民法　225
行間を読む　239
共有指向性／説明・打診型　196, 199,
　　200, 206
教養度　137

く

ください　27
句頭部　61, 63, 66, 67
訓読　145

け

言語史研究　46
言語生活史　3
言語的発想法　21
言語変化の機構・型　16
言語変化の方向性　17
言語変容類型論　20
『源氏物語』　269
言文一途　267
言文二途　267

こ

語彙史　235, 247, 249-252, 254, 260,
　　261
コイネ　20
行為要求　191, 201
口蓋化　82
口蓋垂音　83
後期江戸語　27, 33, 39, 44, 46
口語文　268
構成体　59
構造主義言語学　123
興福寺蔵『大慈恩寺三蔵法師伝』院政期点
　　269
構文論的環境　232
合拗音　83, 92, 93
合拗音の整理　90
合拗音の表記　84, 91
語幹　174, 175, 180, 182, 183
語史　215, 235, 236, 244, 247, 248, 253,
　　259, 260
語誌　244-247, 260
語史I　237, 239, 240, 241, 244, 247,
　　249, 253, 255, 257, 258, 260
語史II　238, 239, 242-244, 248, 249,
　　253, 255-260
コセリウ　127, 154
小谷博泰　147
滑稽本　34, 35
語頭バ行音　79
小松英雄　129
コリャード　114
今昔体　280

さ

採用　63
栄原永遠男　150
サ行・タ行合拗音　84
3項構造　10, 13, 22
三段謎の構造　310

し

字余り句　86
恣意性　136
自己表明行為　43
視座　29, 47, 49, 51
事実の羅列　239, 248
事象群　135
自然意味変化　227, 228
下一段　175-181
下二段　172, 174, 177-180, 183, 184
洒落本　34, 35
正倉院文書　157
上代特殊仮名遣　82
情報価値　127
書記　146
自立的機能語　55
資料との相関重視　244
唇音退化　97, 99
進化の歴史　155
唇歯音　116, 120
新濁　104
心的侵害　44
心物対応構造歌　291

す

推意　56
推古期の万葉仮名　83
勧め　203
スロット歌群　305

せ

清濁　105, 109
接近音　117
接続詞　65
接続助詞　65
折衷国文　277
宣命書き　152

そ

相補分布　102
僧侶の口頭語　281
促音　102, 113
促音化　104
組織化・統合化　9, 12
ソシュール　126, 130, 146

た

待遇表現　296
体系的関連性　252, 253
対他訴求性　302
多機能化　61
濁音化　104
多表記性　136
ダントー　7
談話標識　202

ち

中央語　187, 207
長母音　88
長母音形式　41-43, 46, 48, 49
直截的　197
直示　301

て

提案・依頼・命令　191, 199
丁寧さ　38, 45, 46
デキゴト化　223, 230
出来事の歴史的意味づけ　13
適用範囲の拡張・縮小　230

と

当為表現　201
同音反復　118
統合　223, 229
統合国文　277
同等視　228

索引　323

時枝誠記　1
突発的意味変化　227, 228

な

内容語　55
内容語化　56
中田薫　219
仲間意識　41
なせえ　30, 39, 40

に

二重母音　86, 87
日常会話語　271
『日葡辞書』　102
『日本国語大辞典』第二版　215
日本語史研究　47
日本における漢字使用　146
人称詞使用　294
人情本　34, 35

ね

ねえ　47

は

配慮　38, 45, 46
配慮表現　45
ハ行子音の摩擦音化　76
パ行　110
働きかけ発話　298
撥音　102
ハワイ語　96
反語表現　207
半濁音　111

ひ

非音便形　42-44
否定疑問　188
否定疑問文　189

非標準形式　41
比喩　229
標準形式　41, 43

ふ

複合語　58
副助詞「ばし」　284
付属的機能語　55
分解圧縮法　91, 93
分岐　229
文献　170, 171, 181, 182
文語文　268
分析的傾向　13, 19
文体基調　280-282
文体的異形　265
文体の価値　42
文体的対立　42-44, 46

へ

平安初期の拗音の仮名表記　85
変異形　42, 44
変化の型　18
変化の傾向性　17, 18
変化の同形性　252
変化・変異の抽象重視　244
変化・変異論的語史　238, 244

ほ

ボアソナード　226
母音連接　43, 86, 87
方言　170-172, 181, 182, 184
封禄相続　219
墨書土器　160

ま

マルティネ　127
萬葉集における人名使用　292

み

民法 225

む

無声化 117

め

命令形命令 201
命令表現 35
メディア論 133

も

木簡 146, 147, 157
モデル的叙述 18
物語り 4
物語りの構造 10
物語文 6, 8

や

ヤ行動詞 179, 180, 183, 184
山田孝雄 132

よ

拗音の生成 90
拗音を含んだ和語 90
要素史的国語史研究 2

り

理想的編年史 7
理想的編年史家 7
両唇摩擦音 116

る

類歌性 303
類聚と価値化 286

れ

歴史記述 29, 30, 49–51
歴史叙述の不断の更新 21
歴史哲学テーゼ 5
連接後部 61, 63, 66, 67
連接母音形式 41–44, 46, 48, 49
連体修飾 58
連濁 105

わ

和漢混淆文 274
和文脈製訓読語 280

ひつじ研究叢書〈言語編〉第142巻
日本語史叙述の方法
Methods and Techniques for
a Narrative History of the Japanese Language
Edited by Ooki Kazuo and Tamon Yasunori

発行	2016年10月27日　初版1刷
定価	7200円+税
編者	©大木一夫・多門靖容
発行者	松本功
ブックデザイン	白井敬尚形成事務所
組版所	株式会社 ディ・トランスポート
印刷・製本所	株式会社 シナノ
発行所	株式会社 ひつじ書房
	〒112-0011　東京都文京区千石2-1-2 大和ビル2階
	Tel: 03-5319-4916　Fax: 03-5319-4917
	郵便振替 00120-8-142852
	toiawase@hituzi.co.jp　http://www.hituzi.co.jp/

ISBN978-4-89476-797-3

造本には充分注意しておりますが、落丁・乱丁などがございましたら、
小社かお買上げ書店にておとりかえいたします。
ご意見、ご感想など、小社までお寄せ下されば幸いです。

刊行のご案内

〈講座　言語研究の革新と継承 1〉

日本語語彙論 I

斎藤倫明 編　定価 3,600 円＋税

〈講座　言語研究の革新と継承 2〉

日本語語彙論 II

斎藤倫明 編　定価 3,600 円＋税

メタファーと身体性

鍋島弘治朗 著　定価 5,800 円＋税

ガイドブック日本語史

大木一夫 著　定価 2,200 円＋税